教育部人文社会科学研究规划项目（批准号：13YJA820069）的研究成果

重大法学文库

资本市场诚信法律制度研究

Research on Fiduciary Law Institutions of Chinese Capital Market

张路 著

中国社会科学出版社

图书在版编目(CIP)数据

资本市场诚信法律制度研究／张路著．—北京：中国社会科学出版社，2017.4
（重大法学文库）
ISBN 978-7-5161-9945-9

Ⅰ.①资⋯　Ⅱ.①张⋯　Ⅲ.①信用制度-法律-研究-中国　Ⅳ.①D922.282.4

中国版本图书馆CIP数据核字(2017)第041962号

出 版 人	赵剑英
责任编辑	梁剑琴
责任校对	周　昊
责任印制	李寡寡

出　　版	中国社会科学出版社
社　　址	北京鼓楼西大街甲158号
邮　　编	100720
网　　址	http：//www.csspw.cn
发 行 部	010-84083685
门 市 部	010-84029450
经　　销	新华书店及其他书店

印刷装订	北京市兴怀印刷厂
版　　次	2017年4月第1版
印　　次	2017年4月第1次印刷

开　　本	710×1000　1/16
印　　张	15.75
插　　页	2
字　　数	268千字
定　　价	65.00元

凡购买中国社会科学出版社图书，如有质量问题请与本社营销中心联系调换
电话：010-84083683
版权所有　侵权必究

《重大法学文库》编委会

顾　问：陈德敏　陈忠林
主　任：黄锡生
副主任：张　舫
成　员：黄锡生　刘西蓉　秦　鹏　张　舫
　　　　王本存　程燎原　陈伯礼　胡光志
　　　　曾文革　齐爱民　宋宗宇　杨春平
　　　　张晓蓓　焦艳鹏　张　燕

出版寄语

《重大法学文库》是在重庆大学法学院恢复成立十周年之际隆重面世的，首批于2012年6月推出了10部著作，约请重庆大学出版社编辑发行。2015年6月在追思纪念重庆大学法学院创建七十年时推出了第二批12部著作，约请法律出版社编辑发行。本次为第三批，推出了20本著作，约请中国社会科学出版社编辑发行。作为改革开放以来重庆大学法学教学及学科建设的亲历者，我应邀结合本丛书一、二批的作序感言，在此寄语表达对第三批丛书出版的祝贺和期许之意。

随着本套丛书的逐本翻开，蕴于文字中的法学研究思想花蕾徐徐展现在我们面前。它是近年来重庆大学法学学者治学的心血与奉献的累累成果之一。或许学界的评价会智者见智，但对我们而言，仍是辛勤劳作、潜心探求的学术结晶，依然值得珍视。

掩卷回眸，再次审视重大法学学科发展与水平提升的历程，油然而生的依然是"映日荷花别样红"的浓浓感怀。

1945年抗日战争刚胜利之际，当时的国立重庆大学即成立了法学院。新中国成立之后的1952年院系调整期间，重庆大学法学院教师服从调配，成为创建西南政法学院的骨干师资力量。其后的40余年时间内，重庆大学法学专业和师资几乎为空白。

在1976年结束"文化大革命"并经过拨乱反正，国家进入了以经济建设为中心的改革开放新时期，我校于1983年在经济管理学科中首先开设了"经济法"课程，这成为我校法学学科的新发端。

1995年，经学校筹备申请并获得教育部批准，重庆大学正式开设了经济法学本科专业并开始招生；1998年教育部新颁布的专业目录将多个部门法学专业统一为"法学"本科专业名称至今。

1999年我校即申报"环境与资源保护法学"硕士点,并于2001年获准设立并招生;这是我校历史上第一个可以培养硕士的法学学科。

值得特别强调的是,在校领导班子正确决策和法学界同仁大力支持下,经过校内法学专业教师们近三年的筹备,重庆大学于2002年6月16日恢复成立了法学院,并提出了立足校情求实开拓的近中期办院目标和发展规划。这为重庆大学法学学科奠定了坚实根基和发展土壤,具有我校法学学科建设的里程碑意义。

2005年,我校适应国家经济社会发展与生态文明建设的需求,积极申报"环境资源与保护法学"博士学位授权点,成功获得国务院学位委员会批准。为此成就了如下第一:西部十二个省区市中当批次唯一申报成功的法学博士点;西部十二个省区市中第一个环境资源法博士学科;重庆大学博士学科中首次有了法学门类。

正是有以上的学术积淀和基础,随着重庆大学"985工程"建设的推进,2010年我校获准设立法学一级学科博士点,除已设立的环境与资源保护法学二级学科外,随即逐步开始在法学理论、宪法与行政法学、刑法学、民商法学、经济法学、国际法学、刑事诉讼法学、知识产权法学、法律史学等二级学科领域持续培养博士研究生。

抚今追昔,近二十年来,重庆大学法学学者心无旁骛地潜心教书育人,脚踏实地地钻研探索、团结互助、艰辛创业的桩桩场景和教学科研的累累硕果,仍然历历在目。它正孕育形成重大法学人的治学精神与求学风气,鼓舞和感召着一代又一代莘莘学子坚定地向前跋涉,去创造更多的闪光业绩。

眺望未来,重庆大学法学学者正在中国全面推进依法治国的时代使命召唤下,投身其中,锐意改革,持续创新,用智慧和汗水谱写努力创建一流法学学科、一流法学院的辉煌乐章,为培养高素质法律法学人才,建设社会主义法治国家继续踏实奋斗和奉献。

随着岁月流逝,本套丛书的幽幽书香会逐渐淡去,但是它承载的重庆大学法学学者的思想结晶会持续发光、完善和拓展开去,化作中国法学前进路上又一轮坚固的铺路石。

陈德敏

2017年4月

自　序

　　本书根据诚信原则和诚信义务规则及要求，围绕公司私权力治理的核心问题和信息披露理念与制度设计，系统探讨公司法中公司权力治理向证券法的延伸、证券发行注册制、资本市场受信人的诚信义务和民事责任制度、诚信理论视角下的禁止证券市场内幕交易制度、金融衍生品监管中的诚信规则、基于诚信原则的资本市场自律制度、基于诚信义务的证券市场法律责任立法与执法协调、诚信理论视角下的资本市场监管框架建构等重大制度问题。所有问题均以《证券法（修订草案）》为实证落脚点，评议叙结合，以期有助于保护投资者、维护资本市场诚信、防范与化解金融市场系统性风险。

　　作为资本市场法律规制的支柱，证券法的核心是诚信信息披露制度，该制度的宗旨是以公权力的介入来制约监督公司的私权力，将公司法中的私权力治理延伸到公权力领域。这是证券法中公司治理双重权力配置模式的实质所在。除了延伸公司法之外，证券法还是合同法的延伸，在诚信信息披露制度设计中沿用了合同法中的核心范畴，包括"错误陈述"等概念，但证券法于此同样有质的飞跃，将合同法中适用于平等主体之间权利关系的善意（good faith）原则提升为适用于权力关系的诚信（fiduciary）原则，并丰富了诚信原则和制度设计的内容。在资本市场法律责任制度设计中，侵权责任与契约责任并存，证券法也沿用侵权法的传统范畴，采用举证责任倒置等手段追究上市公司董事高管和资本市场其他受信人的民事赔偿责任。

　　笔者认为，我国当前修订《证券法》采取发行注册制是大势所趋，而注册制的前提是要有与之呼应的严格责任制度和执法制度。这次修订

《证券法》何时落定及如何实施，均取决于中国证券市场在现实情况下如何实现注册制与严格的责任及执法制度之间的有机联动。

本书是笔者主持的《诚信法丛书》的组成部分，该丛书此前已经出版了《诚信法初论》和《庞氏骗局的法律分析》两部作品。

本书是笔者主持的教育部人文社会科学研究规划项目"资本市场诚信法律制度建设研究"（批准号：13YJA820069）的研究成果。感谢课题组成员赵金龙、柴松霞、张凝、汪青松、沈茳等为该项目做出的贡献！

是为小序。

张 路

2016 年 8 月 21 日

于北京寓所

目 录

第一章　引论——资本市场权力治理诚信规则的思维创新……… (1)
　第一节　权力治理——资本市场监管的逻辑起点和思维创新……… (1)
　第二节　诚信原则和诚信义务界说……………………………… (3)
　　一　诚信义务何时产生……………………………………… (4)
　　二　诚信义务带有道德色彩………………………………… (4)
　　三　标准、原则与规则……………………………………… (4)
　第三节　受信人的主要义务……………………………………… (6)
　　一　诚信义务的结构和特征………………………………… (6)
　　二　诚信义务的焦点………………………………………… (7)

第二章　公司权力配置与诚信义务规则………………………… (8)
　第一节　引言……………………………………………………… (9)
　第二节　公司治理中的权力配置——模式之争………………… (10)
　　一　效率模式………………………………………………… (11)
　　二　权力模式………………………………………………… (16)
　　三　宪制模式………………………………………………… (17)
　　四　其他模式………………………………………………… (17)
　　五　双重权力模式…………………………………………… (18)
　第三节　公司治理中的诚信义务演进…………………………… (19)
　　一　诚信义务的含义………………………………………… (19)
　　二　各国公司法中统一的诚信义务规则…………………… (20)
　　三　公司治理中诚信义务的演进…………………………… (22)

四　双重权力模式下诚信义务的演进 …………………………（25）
　第四节　阿里巴巴合伙人制度创新 ………………………………（25）
　　一　利用合伙人制度取得对公司的控制权 ………………………（26）
　　二　阿里巴巴合伙人制度实现了对股东中心主义的扬弃 ………（27）
　　三　类别董事的明确在实现分权时促使董事的诚信义务类别化
　　　　………………………………………………………………（27）
　　四　合伙人制度有利于实现管理权与所有权的统一 ……………（28）
　　五　诚信义务规则成为约束公司控制人的关键 …………………（28）
　　六　阿里巴巴合伙人制度为不同司法辖区的诚信义务规则协调
　　　　带来挑战 ……………………………………………………（29）

第三章　证券发行诚信注册制度——证券市场监管理念之争 ………（31）
　第一节　证券市场监管的理念之争 ………………………………（32）
　第二节　我国证券发行监管制度现状、趋势与注册制改革 ………（42）
　　一　我国证券发行监管制度的演进与现状 ………………………（42）
　　二　我国证券发行监管制度发展趋势与注册制改革 ……………（45）
　第三节　豁免制度与众筹监管 ……………………………………（56）
　　一　豁免制度 ………………………………………………………（56）
　　二　众筹监管 ………………………………………………………（59）

第四章　资本市场受信人的诚信义务与民事责任制度 ………………（61）
　第一节　资本市场受信人与看门人概说 …………………………（61）
　　一　资本市场受信人 ………………………………………………（61）
　　二　资本市场看门人 ………………………………………………（67）
　第二节　证券法中的受信人之诚信义务和民事责任制度 ………（76）
　　一　美国证券法中的受信人之民事责任制度 ……………………（77）
　　二　我国证券法中的受信人之民事责任制度 ……………………（80）

第五章　诚信理论视角下的禁止证券市场内幕交易制度 ……………（85）
　第一节　反欺诈与禁止内幕交易和操纵市场的关系 ……………（85）
　第二节　内幕交易的基本问题 ……………………………………（87）

一　内幕交易之经济与法律分析 ………………………………(88)
　　二　普通法中的内幕人购买 ……………………………………(90)
　　三　发行人的活动和短线交易制度 ……………………………(92)
　　四　禁止内幕交易的理论演化 …………………………………(95)
　　五　内幕交易的责任主体范围 ………………………………(102)
　　六　违法故意 …………………………………………………(105)
　　七　10b-5规则的演化及其普遍适用性 ………………………(107)
　　八　内幕交易的特别处罚 ……………………………………(108)
　第三节　我国禁止内幕交易的相关法律规定 …………………(110)
　　一　内幕交易的规制理念 ……………………………………(110)
　　二　内幕交易的预防体系 ……………………………………(112)
　　三　内幕交易的构成 …………………………………………(115)
　　四　内幕交易的法律责任 ……………………………………(118)

第六章　金融衍生品监管的诚信规则 ……………………………(121)
　第一节　衍生品市场的运行逻辑与诚信原则 …………………(121)
　第二节　美国期货衍生品监管中的诚信义务 …………………(123)
　　一　美国期货衍生品法的宗旨 ………………………………(123)
　　二　美国联邦立法中的期货衍生品交易诚信义务 …………(124)
　　三　期监会力推的诚信义务规则 ……………………………(128)
　　四　法院对诚信义务的立场和态度 …………………………(130)
　　五　有关诚信义务方法的改进 ………………………………(131)
　　六　小结——期货衍生品违法行为概说 ……………………(132)
　第三节　我国期货衍生品监管中的诚信义务 …………………(133)
　　一　我国期货衍生品立法的模式、宗旨和原则 ……………(133)
　　二　我国期货衍生品立法的调整范围 ………………………(136)
　　三　期货衍生品法中的典型欺诈行为——兼与证券法比较……(142)

第七章　基于诚信原则的资本市场自律制度 ……………………(151)
　第一节　证券市场自律与诚信义务 ……………………………(152)
　　一　作为命运共同体的金融业自律 …………………………(152)

二　证券市场中的诚信义务与自律……………………（161）
　第二节　我国证券法中的诚信自律监管制度……………（164）
　　一　证券交易场所…………………………………………（164）
　　二　证券登记结算机构……………………………………（169）
　　三　证券业协会……………………………………………（173）

第八章　基于诚信义务的证券市场法律责任立法与执法协调……（176）
　第一节　基于诚信义务的证券市场法律责任概述………（176）
　　一　证券市场法律责任概述………………………………（176）
　　二　民事法律责任…………………………………………（177）
　第二节　基于诚信义务的刑事责任………………………（180）
　　一　基于诚信义务的证券刑事责任………………………（180）
　　二　我国有关证券期货犯罪的相关规定…………………（183）
　第三节　基于诚信义务的行政责任………………………（188）
　　一　美国证券行政责任与执法……………………………（188）
　　二　我国的证券行政责任…………………………………（192）
　第四节　证券市场法律责任及执法协调…………………（194）
　　一　树立证券民事责任、行政责任与刑事责任并重的观念……（194）
　　二　三大责任并用与责任竞合……………………………（195）
　　三　证券民事诉讼的前置程序问题………………………（198）
　　四　尽快落实责任的争诉解决机制………………………（199）

第九章　诚信理论视角下的资本市场监管框架建构………（200）
　第一节　金融监管机构设置模式及国别比较……………（200）
　　一　金融监管模式选择的基本理论研究…………………（200）
　　二　金融监管模式的国别比较……………………………（203）
　　三　国际金融监管改革的趋势和规律……………………（207）
　第二节　改革完善我国金融监管框架统筹协调机制的对策………（210）
　　一　我国现行金融监管体制的现状与问题………………（210）
　　二　改革我国金融监管框架的理论基础、必要性和可行性……（213）
　　三　改革我国金融监管框架的模式选择、策略和结构…（215）

四　我国金融监管框架的统筹协调机制……………………(219)
　　五　金融反腐倡廉制度建设…………………………………(221)
　　六　我国金融监管国际协调合作机制………………………(222)
第三节　证券监督管理机构……………………………………(222)
　　一　证券监督管理机构监管概述……………………………(222)
　　二　证券监督管理机构的职权………………………………(223)
　　三　证券监督管理机构的监管方式与措施…………………(226)
　　四　证券监督管理机构监管权力的制约……………………(227)
　　五　证券监督管理机构监管权力的保障……………………(228)

参考文献………………………………………………………(230)

后记……………………………………………………………(237)

第一章

引论——资本市场权力治理诚信规则的思维创新

第一节 权力治理——资本市场监管的逻辑起点和思维创新

党的十八届三中全会通过的《中共中央关于全面深化改革若干重大问题的决定》明确把市场在资源配置中的"基础性作用"修改为"决定性作用",标志着我们党对社会主义市场经济的认识、对政府与市场关系的认识、对市场配置资源作用的认识有了新的重大突破。党的十八届五中全会通过的《中共中央关于制定国民经济和社会发展第十三个五年规划的建议》指出,要加快金融体制改革,提高金融服务实体经济效率。健全商业性金融、开发性金融、政策性金融、合作性金融分工合理、相互补充的金融机构体系。积极培育公开透明、健康发展的资本市场,推进股票和债券发行交易制度改革,提高直接融资比重,降低杠杆率。规范发展互联网金融。加强金融宏观审慎管理制度建设,加强统筹协调,改革并完善适应现代金融市场发展的金融监管框架,健全符合我国国情和国际标准的监管规则,实现金融风险监管全覆盖。2016年《政府工作报告》指出,要深化金融体制改革。加快改革完善现代金融监管体制,提高金融服务实体经济效率,实现金融风险监管全覆盖。推进股票、债券市场改革和法治化建设,促进多层次资本市场健康发展,提高直接融资比重。加强全口径外债宏观审慎管理。扎紧制度笼子,整顿规范金融秩序,严厉打击金融诈骗、非法集资和证券期货领域的违法犯罪活动,坚决守住不发生系统性、区域性风险的底线。党的决定和国家的政策为我国金融市场的改革发展和《证券法》修订指明了方向，也是资本市场改革和监管制度设计的依据。

资本市场监管的核心立法是证券法。按照美国证券法的规定，证券法的基本宗旨是促进资本形成、促进竞争、提高效益、保护投资者和维护公共利益。① 我国《证券法》就此有不同规定，但也突出了自己的特色，第1条确定《证券法》的基本宗旨为"规范证券发行和交易行为，保护投资者的合法权益，维护社会经济秩序和社会公共利益，促进社会主义市场经济的发展"。我国《证券法（修订草案）》第1条根据资本市场发展需要，进一步突出了中国特色资本市场的本质特性，将《证券法》的宗旨修改为"规范证券发行和交易行为，保护投资者的合法权益，维护社会经济秩序和社会公共利益，服务实体经济，支持创业创新，促进社会主义市场经济的发展"。

我国《证券法》第3条确定了以公开为核心的"三公"原则，第4条规定了诚信（fiduciary）原则。除此之外，《证券法（修订草案）》进一步在总则部分增补了作为公开原则组成部分的披露原则和证券经营机构与证券服务机构的诚信义务原则，第7条规定："证券的发行、交易活动中，发行人应当依法披露信息；证券经营机构和证券服务机构应当勤勉尽责。"

无论证券法的基本宗旨和原则如何界定，证券法的基本架构由反欺诈、包括对券商在内的私权力主体的监管和证券披露注册制度三大核心部分组成。

透过立法看法理，可以发现证券法是公司法的自然延伸，② 同时又有质的飞跃，贯穿其中的主线是对上市公司董事高管等私权力主体的制约和监督。在公司法领域，公司治理的核心是制约监督董事高管的私权力，公司法的所有制度设计均围绕董事高管的私权力治理而展开。然而，由于公司法的私法性质，公司法规范基本上是任意性规范，依靠传统的股东大会、董事会和监事会等权力治理结构无法实现对董事高管私权力的有效制衡。为了实现对公司董事高管私权力的治理，必须要有公权力的介入。这就是我国《刑法》第171条和第172条将公司、企业人员利用职务便利非法占有单位财务或挪用单位资金的行为确定为贪腐罪或挪用资金罪的

---

① 参见美国《1933年证券法》第2条b款。
② 美国联邦证券监管有时被说成创建了一种"联邦公司法"。

原因。

　　证券市场是国家资产。公司一旦进入证券市场，公司治理存在的私权力制约监督问题自然从公司法跨入证券法。由于证券法是监管法，基本上具有公法性质，公司治理中私权力的运行在证券法中受到公权力更多的制约和监督，实现了飞跃。证券法除利用诚信原则强化对上市公司董事高管的私权力进行制约监督外，还借助证券经营机构和证券服务机构对上市公司董事高管的私权力进行制约和监督。同时，由于证券经营机构和证券服务机构拥有不对称优势信息，也是一种私权力拥有者，证券法也要利用诚信原则对其进行制约监督。证券监管机构和自律组织作为权力拥有者，其权力自然也要受到制约监督。而实施对资本市场权力制约监督的基本理念和基础措施，就是信息披露及其相关制度规则。

　　总之，利用诚信原则和制度规则对上市公司董事高管的私权力进行制约监督是证券法和资本市场监管的逻辑起点，对违反披露规定和要求的行为给予民事、行政与刑事处罚和/或纪律处分，根据忠实义务要求，反对和禁止各种形式的资本市场腐败，包括操纵市场和内幕交易等典型欺诈行为，以保护投资者、维护投资者信心和资本市场诚信，防范系统性风险。此外，根据权力诚信原则，对上市公司和资本市场的监管应当划分为对审慎义务之监管和对行为性忠实义务之监管两大组成部分，相应的监管机构设置也应当以审慎监管和行为监管（或保护性监管）两大类型的机构为基本考量，这就是所谓的"双峰监管"模式。

　　故此，笔者根据诚信原则和诚信义务规则及要求，围绕公司私权力治理的核心问题和披露理念与制度设计，系统探讨公司法中公司权力治理向证券法的延伸、证券发行注册制、资本市场受信人的诚信义务和民事责任制度、诚信理论视角下的禁止证券市场内幕交易制度、金融衍生品监管中的诚信规则、基于诚信原则的资本市场自律制度、基于诚信义务的证券市场法律责任立法与执法协调、诚信理论视角下的资本市场监管框架建构等问题，所有问题均以《证券法（修订草案）》为实证落脚点，以期有助于保护投资者、维护资本市场的诚信、防范与化解金融市场系统性风险。

第二节　诚信原则和诚信义务界说

　　诚信义务体现为两个方面：一是披露，系注意义务的要求；二是防止利益冲突等，系忠实义务的要求。二者相辅相成，落实到监管，一为形式监管，二为实质监管。

一 诚信义务何时产生

大多数诚信关系随着双方达成该关系的同意和委托而产生。但是，有些诚信义务可能会在双方达成明确的关系之前或者之后产生。在这些情况下，触发点是委托。例如，如果双方同意未来的基金管理关系，那么只要资金没有委托给管理人，关系的诚信部分就不会产生。然而，即使在双方同意达成主要的关系之前，诚信义务也可能会产生。例如，如果与受信人（fiduciary）①之间的初步讨论涉及保密信息的披露，那么就滥用该信息而言，就产生了诚信义务。这就是为什么根据普通法和专业行为规则，执业律师应对潜在客户承担诚信义务。同样，根据普通法和美国《1940年投资顾问法》，投资顾问对潜在客户承担诚信义务。应当注意，保密信息的委托本身不会产生诚信关系，也不会因滥用而产生相应的法律责任。但在有些情况下，如律师与将成为客户的人面谈时，律师就其获得的信息而言就可能是受信人。

二 诚信义务带有道德色彩

与违反合同相比，违反诚信义务带有道德的烙印，并且能够带来更加严格的法律后果。例如，在破产程序中，破产受信人可免于向其合同债权人偿还债务，但是不免除向其委托人（如为其企业融资的投资者或者合伙人）偿还债务的责任。原因在于违反诚信义务带有盗用（盗窃）受托财产或者滥用受托权力的特征。同样，《美国量刑指南》授权法院对极其恶劣的犯罪提高量刑。提高量刑也适用于通过使用投资者的资金填补自身开支的行为欺诈投资者的人。

三 标准、原则与规则

同其他法律义务一样，诚信义务可以通过标准、原则，或具体规则，或者两者并用来设计并表达。此外，义务与社会或者双方从诚信义务中获取的利益相关。法定义务可以按字面解释，也可以根据作为立法基础的公

---

① 有关受信人概念的分析，详见第四章。

共政策背景解释。明确的规则和更为一般的原则都有其优劣。明确的规则符合"法治"要求,要求法律必须为人所知,不是秘而不宣或者需要猜测。但是,明确的规则可能引致并且允许更多的规避。而且,由于这些规则旨在禁止活动,数量庞大,被监管者和执法监管者的成本都很高。

用标准或者原则表达的模糊规则,可能会引起与"法治"相关的问题。模糊规则空出了灰色地带,存在违反法律和可能出现"隐秘法律"的风险。但是,如果明显的社会不认同或者危害突出了行为的不正当性,那么模糊规则的内容就可能足够明确。例如,美国特拉华州最高法院维持原审法院的判决,认为对监护人的授权并未明确允许监护人进行无偿免费转让。但是联邦最高法院驳回了原审法院在判决中使用的明确规则标准,并因此将案件发回原审法院重审。[1]

此外,模糊规则给受信人带来的风险恰好可以成为对违反法律的威慑。毕竟,如果人们并不知道绝对的规则范围到底在哪里,那么更多的人就可能会避免接近绝对明确的规则。如果执法成本像通常在大多数诚信关系案件中一样高,那么模糊规则就可以通过对盗用受托财产和权力构成更强大的威慑,有助于降低执法成本。在这些情况下,诚信法[2]规则并不一定模糊,但是在适用于各种不同的受信人时,这些规则又可能是模糊的。虽然如此,在违法行为带有不道德的色彩、违反了社会公认的标准并且执法成本较高的情况下,将诚信法适用于特定关系是合理的。

解释方法的不同主要取决于法律的内容。对刑法和税法进行狭义解释可能是合理的,原因是刑法要求无罪推定,而征税则必须明确。在这两种情况下,人们面对的是强大的政府。但是,这种方法在诚信法中则较不合理。受信人较少被假定为诚实,一旦持有受托财产和权力,受信人在对抗委托人方面,则很少是无助的。事实上,情况通常相反,因为在对抗受信人方面,委托人更加无助。

有关具体明确的争论所引发的问题,与法律漏洞的寻找和发现有关。争论反映了对法律解释所持的不同态度。一种解释考虑法律的基础政策。政策来源于明示的授权、法律旨在解决的问题、制定规则的原因以及行为

---

[1] Schock v. Nash, 732 A. 2d 217 (Del. 1999).
[2] "诚信法"在英美法中已经发展成为一个独立的法律部门,我国学者也已经推出了汉语及中国语境中的"诚信法"研究成果。参见张路《诚信法初论》,法律出版社 2013 年版。

的指导准则。另外一种解释方法则强调规则的字面含义。所进行的调查是在词典定义中找出其中蕴含的意思。政策和解决问题是立法机关的事,对含义进行扩张解释是不合理的。对法律的这两种相互冲突的解释方法,至今尚无定论。折中的方法是寻找一个指导规则,即如果漏洞明显与法律旨在制定的政策相抵触,那么,无论法律文本如何规定,均不允许存在漏洞。

第三节 受信人的主要义务

一 诚信义务的结构和特征

诚信义务与诚信关系的定义紧密相关。义务旨在减少委托人的风险。第一个风险的成因是向受信人委托财产或者权力和受信人存在可能滥用委托的潜在诱惑。对委托人的第二个风险来源于受信人服务的可能不当履行。委托和专家服务绝对有益于社会。这些正是鼓励委托人采取的行动。由于诚信义务旨在降低这些行为对委托人带来的风险,这些义务能够反映风险的程度。因此,诚信义务可以通过与委托人自我保护的能力相关的假设和委托人可行的替代保护措施予以校验。

诚信义务可以分为与受托财产和权力相关的忠实义务和与受信人履行服务的质量、注意程度相关的注意义务。以忠实义务为基础,又分为以下许多附加义务:遵守并履行与受托权力或者财产相关的委托指令的义务;善意履行诚信服务的义务;不将诚信服务转委托他人的义务;向委托人报账并披露相关信息的义务;公平对待各委托人的义务。[1]

注意义务要求受信人履行服务并妥善履行服务。受信人履行服务应当审慎、注意并熟练。注意义务与受信人提供、履行的服务质量有关,重点是按照受信人专长留待受信人自由裁量决定的领域。这一义务比忠实义务弱。同盗用委托相关的忠实义务相比,违反注意义务与缺少专长、不上心和疏忽大意相关。故意不去了解也可能构成违反注意义务。但是,对注意义务的方法没有对忠实义务的方法严厉。虽然受托人不是注意标准的担保

---

[1] 参见张路《诚信法初论》,法律出版社2013年版,第123—124页。

人，但是受托人必须遵守注意标准，否则应当对注意方面的任何疏忽大意承担个人责任。

注意义务没有忠实义务的分量重，其禁止性质也没有那么强。评估专家表现的质量本身困难，控制该质量就更难。这同向受信人授予自由裁量权的根本理由相矛盾。受信人的决定无法提前予以规定，原因是决定需要很高的专长，通常还有无法预测的环境。所以，就受信人自由裁量权的行使对受信人作出的指令必然具有总括性。注意义务可以视为在承认受信人自由裁量权和专长的同时，围绕其提供的服务展开。① 也许注意义务的最高要求仅是披露而已，但是违反披露要求和标准，则要承担相应的责任。

此外，还存在委托人与受信人之间的关系涉及受信人服务条款的情况，服务条款包括各种收益。由于他们可能对其义务和权利行使影响和控制权，即使他们有权获得利益，诚信法也限制他们为自己谋取利益的自由。受信人的薪酬和报酬是出现这一问题的主题之一。

二 诚信义务的焦点

诚信义务旨在减少两大主要领域的委托人风险。第一个领域涉及受信人盗用受托财产或者权力的风险；第二个领域涉及委托人因受信人履行其服务的过错而产生的损失。这些服务通常具有专业性，非专家很难评估。然而，这正是鼓励委托人承担的风险。因此，诚信义务的第三个方面所强调是与委托人保护自己的能力和委托人享有的替代保护措施相关的假设。② 这实际上是一种信用博弈，一方面，诚信义务旨在减少委托人承担的风险，另一方面，这种风险正是鼓励委托人要承担的风险。诚信义务要在多大程度上减少委托人承担的风险，完全看委托人达成交易中愿意承担风险的可能。如果诚信义务致使太大的风险依然存在，委托人经过反复博弈，就会退出博弈。除诚信义务外，委托人保护自己的能力和违规时的相应保护措施也成为维系这一信用博弈的关键因素。

---

① 参见张路《诚信法初论》，法律出版社 2013 年版，第 170—171 页。
② Tamar Frankel, *Fiduciary Law*, New York: Oxford University Press, 2011, p. 107.

第二章

公司权力配置与诚信义务规则

资本市场监管的本质是资本市场权力治理,既包括各种监管机构之间的权力配置与制衡,又包括对各市场投融资主体和服务机构的权力治理。资本市场最重要的主体是公司,尤其是公众公司。因此,资本市场监管的主要对象就是公众公司,监管的核心是约束公司治理结构中董事高管的私权力。公司、证券不分家,资本市场监管将对公司的监管从公司法延伸到证券法和期货法等市场规制法领域,专门就证券法和期货法等市场规制法的执行成立监管机构。公司法中董事高管的私权力治理主要围绕董事高管的诚信义务规则展开,本质上是任意性规范。虽然我国当前主流学术观点认为公司法是任意性规范和强制性规范的混合体,但阿里巴巴集团公司上市采取的合伙人制度有力地证明,董事高管完全可以绕过公司法规定的强行性规范。因此,公司法无法对董事高管的私权力进行有效约束,董事高管的私权力必须借助公权力进行约束,体现为证券法中的注册制和强制诚信披露义务规则,由资本市场监管机构执行、监督。换言之,就是资本市场监管机构依照诚信原则,按照诚信原则所要求的披露规则,以监管权力制约董事高管的私权力。本章以阿里巴巴上市采取的合伙人制度为例,探讨作为公司私权力治理或者约束手段的诚信义务规则之演化规律。[①]

[①] 国浩律师事务所合伙人周媛律师对本章内容有很大贡献,特此鸣谢。

第一节 引　言

阿里巴巴2014年9月19日正式登陆纽约证券交易所，以218亿美元的融资额创造了美股史上最大规模的IPO。此前，阿里巴巴拟采用合伙人制度赴港上市遭到拒绝。[①] 阿里巴巴坚持采取控制董事候选人提名权的"合伙人制度"，最终导致与香港联交所谈判破裂。然而，对于阿里巴巴在美国成功上市，市场上仍然存在截然不同的两种声音。质疑之声，主要是对阿里巴巴合伙人制度导致的权力集中表示担忧。

阿里巴巴发言人表示，阿里巴巴的"合伙人制度"是一种机制创新，没有挑战香港市场奉行的"同股同权"标准。"我们从未提议过采用双重股权结构（dual class）的方案……我们的方案充分保护了股东的重要权益，包括不受任何限制选举独立董事的权利、重大交易和关联方交易的表决权等。"[②] "虽然阿里巴巴代表在公开场合一直否认合伙人制度是一种双重股权的安排，但实际上它确实会导致诸如加强控制权的类似双重股权安排的效果。"[③] 彭博社评论认为："阿里巴巴合伙人制度是在多重股权和传统结构之间探索中间地带。"[④]

阿里巴巴在香港上市遭到拒绝，其原因实质是合伙人制度引起的公司治理中的权力配置问题。对阿里巴巴赴美上市存在的质疑，主要反映长期投资者的投资价值导向。与短期投资者不同，长期投资者关注公司基本面存在的长期盈利可能和长期风险，长期风险主要表现在公司架构和治理模式方面。此外，东西方公司治理价值理念不同，也是产生怀疑的原因。

阿里巴巴上市最大的成功，既不是让公司进入了全球市值最高的科技公司的行列，也不是造就了大陆新首富和遍地的百万富翁，而是阿里

[①] 本章所言论"合伙人制度"中的"合伙人"，是指阿里巴巴集团控股有限公司依据一定的标准选拔的作为公司核心管理者的人，与我国《合伙企业法》中的"合伙人"截然不同，"合伙人制度"本身与"合伙制"也不同，系非正式制度安排。
[②] 蔡崇信：《阿里巴巴为什么推出合伙人制度》，中国证券网，2013年9月27日。
[③] 杨狄：《上市公司股权结构创新问题研究》，《现代经济探讨》2014年第2期。
[④] 《马云释疑为何选择合伙人制度：没有人是完美的》，中国企业家网，2014年5月22日。

巴巴合伙人制度的确立；而合伙人机制是对未来商业模式和公司治理结构的大胆实验。借用马云的说法，"合伙人制度也许会是我们中国对世界的一个巨大贡献"①。阿里巴巴合伙人制度设计从世界很多大公司那里得到了启发，吸取了灵感，承载着阿里巴巴人对未来确保合伙人精神，确保公司的使命、愿景和价值观的持续发展等更多的期望。阿里巴巴的合伙人制度是类别股多重股权与合伙制度的巧妙结合，在传统股权结构框架下吸取了多重（含双重）股权的优势，达到了多重股权实质上所追求的控权效果，同时又充分利用了合伙机制②的优势，实现了控制权与所有权的实质分离，完全超越了传统公司法以所有权为基础的多重股权安排。

公司法的两大基本要素是权力配置和公司董事高管与股东之间的诚信义务，③ 这也是公司治理的核心内容。本章沿着公司治理中的权力配置和诚信义务这两大核心要素，透析阿里巴巴合伙人制度在公司法和公司治理上的制度创新。

第二节　公司治理中的权力配置——模式之争

公司权力配置问题是阿里巴巴这次上市出现问题和引起争论的焦点。关于公司权力配置，学术界历史上一直存在着公司治理模式之争。争论的中心大都集中在董事会与股东的关系问题上，④ 其中最有代表性的是效率模式、权力模式和宪制模式。

---

① 郭斐然：《阿里巴巴最大的成功是合伙人的成功》，求是网（http：//www.qstheory.cn/wp/2014-09/29/c-1112683239.htm），2014年9月29日。

② 这里的"合伙机制"并非合伙法中的合伙制度，而是借用合伙制度合理内核的非正式制度安排。

③ Roberta Romano, "Is Regulatory Competition a Problem or Irrelevant for Corporate Governance?", Yale Univ. Int'l Ctr. for Fin., Working Paper, No. 02—05, 2005, available at http：//papers.ssrn.com/sol3/papers.cfm? abstract_ id=693484.

④ Margaret M. Blair, "Reforming Corporate Governance: What History Can Teach Us", *Berkeley Bus. L. Rev.*, Vol. 1, 2004.

一 效率模式

效率模式又称为经济契约模式，包括"股东中心说""董事会中心说"和"企业家中心说"。

（一）股东中心说

"股东中心说"（shareholder primacy）最早起源于历史上的非法人公司。英国的注册公司从概念上被视为非注册公司的延续，而非注册公司则是"授产契约公司"（the deed of settlement company），即通过契约信托法设立的大型合伙企业。因此，现代公司仍然被视为私人合伙企业的产物。也就是说，英国现代公司最初被视为私人合同的内在产物。故此，公司治理规则可以由股东选择，董事权力也被视为公司合同的产物。剥去设立独立法人公司所蕴含的意义，英国公司的权力被理解为是由股东直接向董事授权，继而组成董事会。这种公司治理的合同概念构成包括利益冲突在内的多种情形下的经济压力安全阀，允许董事和股东制定其所偏好的治理规则，无须法院对这些压力作出反应，以免固化各种僵化的规则。[①] 按照公司法的合同理论，董事是股东的代理人，其权力源于股东授权，董事应当为股东价值最大化服务，这是股东中心说的根本要义。

1932 年 Berle 和 Means 出版了《现代公司与私有财产》，[②] 这可谓是对美国公司法实践与研究产生最深刻影响的著作。该著作提出了公司"所有权与控制权分离"的论断，并分析了这一分离所导致的后果，进而建议应当加强保护股东权利、监管公司行为。随着 20 世纪 30 年代联邦证券立法，美国公司法的现代体制基本形成，设立公司被视为法定特许的一种延伸。按照这种思路，注册成立的公司是立法行动的产物，由各州设立公司实体并授予公司和董事会权力。[③]

虽然"公司所有权与控制权分离"的命题确立了美国现代公司法研究的基本范式与传统，但事实上在吸收了金融学和法经济学等新分析工具

[①] David Kershaw, "The Path of Corporate Fiduciary Law", *NYU Journal of Law and Business*, Vol. 8, 2012.

[②] ［美］阿道夫·伯利、加德纳·米恩斯：《现代公司与私有财产》，甘华鸣等译，商务印书馆2005年版。

[③] David Kershaw, "The Path of Corporate Fiduciary Law", *NYU Journal of Law and Business*, Vol. 8, 2012.

后，传统的法律规制和股东权利保护逻辑仍然保持着强劲的影响力。[①] 20世纪80年代美国资本市场上演惨烈的收购与反收购战争，成为"股东中心说"抬头的契机。[②] 针对敌意收购目标公司董事会和管理层采取的防御战略，股东们心怀不满，两者之间的分歧和矛盾最终引发了广泛的学术讨论，质疑董事会是否有权"独断专行"采取防御策略间接拒绝收购要约。"股东中心说"认为，董事会不应当在不经股东会批准的情况下采取防御策略。以此为契机，部分学者并不满足于仅仅探讨股东与董事会在处理要约收购时的权力分配问题，而是进一步提出了对公司治理改革的想法，主张提供更直接有效的途径，鼓励、帮助股东更积极地参与公司决策和监督管理层。当股东获得原本由董事会垄断的权力时，他们便成为公司的最终控制者，从而占据公司治理模式的中心地位。这就是"股东中心说"的要旨所在。

事实上，重塑股东在公司治理中的主导地位并非只是学者们脱离实际的空想。自20世纪后半叶以来，机构投资者的出现渐渐改变了传统资本市场的格局，并取代个人投资者而成为市场的主要参与者。正是在这种背景下，"股东中心说"的观点逐渐为人们所重视，并与传统的"董事会中心说"针锋相对。"股东中心说"主张通过在关键决策中掌握话语权，对公司施加决定性的影响，借助机构投资者们手中的投票权和提名董事的权力，使股东与董事会之间的关系重新回到"被代理人与代理人"的关系之中。故此，董事会便应当是忠实服务于投资者意愿的机构，而股东才是公司的最终主宰者，成为公司治理的中心。[③]

在美国，"股东中心说"现在显然已经让位于"董事会中心说"。对股东价值最大化之目标，也存在质疑。"替代股东价值最大化目标的，是公司承担的使整个公司价值最大化的义务，公司价值就是公司对其价值签发的所有索求权价值的总和……投资者选择的默认规则将是这种填补公司合同空白的默认效率规则。"[④]

[①] 参见李清池《美国的公司法研究：传统、革命与展望》，《中外法学》2008年第2期。

[②] 参见赵渊《"董事会中心说"与"股东中心说"：现代美国公司治理学说之辩》，《比较法研究》2009年第4期。

[③] 同上。

[④] Thomas A. Smith, "The Efficient Norm for Corporate Law: A Neotraditional Interpretation of Fiduciary Duty", *Michigan Law Review*, Vol. 98, 1999.

(二) 董事会中心说

"董事会中心说"(director primacy)通常被看作是对美国公司治理中长期存在的"所有权与控制权分离"问题的回应。持"董事会中心说"的学者认为,在"所有权与控制权分离"的环境中,充分肯定董事会的独立性和经营权并进一步强化其监督职能,乃是市场发展的合理结果,而现代公司治理制度的改革,也应当符合、顺应这一公司管理的社会发展趋势。[①]

"董事会中心说"又有几种不同观点。班布里吉(Stephen M. Bainbridge)教授主张董事会是公司的中心,认为自己的理论兼具规范性和预测性:董事会应当管理、控制公司,而且实际上管理、控制着公司。[②] 对董事会权力的唯一制衡实际上是一种无法强制执行的"使股东剩余索取权价值最大化的契约义务"。[③] 如果董事不遵守这一规范,除特别情况外,法院和股东均无权干预。[④] 班布里吉教授认为公司的主要目的是股东利润最大化,董事会的权力只是达到这一目的之手段。

另一部分持"董事会中心说"的学者虽接受合约理论,但是却从中引申出以其他利害相关者为中心的公司法理论,如"团队生产"(team production) 理论。[⑤] 该理论具有实证和规范价值,将董事会置于公司中心的地位,授予董事会对公司业务管理享有接近完全的自由裁量权。但是,依据该理论,董事会并无按照股东财富最大化的目标进行决策的契约或者道德义务,而且也无义务在股东利益之先回应员工或者公司其他成员的诉求;相反,董事会应当充当协调架构(mediating hierarchy)的中性裁判员,裁判股东、管理人、员工、债权人和其他成员与公司产品团队生产相

---

① Stephen M. Bainbridge, "Director Primacy and Shareholder Disempowerment", *Harvard Law Review*, Vol. 119, 2005—2006.

② Stephen M. Bainbridge, "The Board of Directors as Nexus of Contracts", *Iowa L. Rev.*, Vol. 88, 2002.

③ Stephen M. Bainbridge, "Directors Primacy: The Means and Ends of Corporate Governance", *Nw. U. L. Rev.*, Vol. 97, 2003.

④ Stephen M. Bainbridge, "Directors Primacy in Corporate Takeovers: Preliminary Reflections", *Stan. L. Rev.*, Vol. 55, 2002.

⑤ Margaret Blair & Lynn Stout, "A Team Production of Corporate Law", *Virginia Law Review*, Vol. 85, 1999.

关的争议。董事会处于整个公司架构的最高位阶,拥有绝对的资产使用权威。作为调解机构,董事会是公司受信人,其目标是促进公司的整体利益,即便股东财富有所减少也在所不惜。①

还有学者持"董事会绝对中心说"。该说认为,目前已有的公司微观理论模式将焦点放在公司治理上,试图回答"谁控制公司"和"谁的利益最终控制公司控制人"这两个看似简单但根本上却令人迷惑的问题。公司理论家设计的模式对这两个问题的回答均不完整。按照现有微观理论模式的设想,要证明对公司董事决策权存在控制,只需要而且实际上能够确定指导公司决策的控制利益。而"董事会绝对中心说"则持相反观点:公司董事会作为私人部门的现代"利维坦",为了控制公司的业务和事务,享有绝对的无限决策权。按照商业判断规则(business judgment rule),董事会的决策是绝对的。② 对于事前或者事后执行董事责任,并无"司法依据"③(其原因是无法律依据)。公司法根本没有提供与董事事前行为或者事后责任相关的任何预测能力。因此,面对投资后董事责任的缺失,对投资者投资前信心现象作出这些模式性的解释在逻辑上根本不可能。故此,董事绝对中心模式不仅假设完全缺乏事后董事责任,而且承认董事决策事前根本无法确定;相应的,基本上未被解释而且目前也未予以说明的模式外原始法律变量(protolegal variables)控制着董事行为,并试图解释、预测董事行为的公司微观理论模式。④ 也就是说,必须在微观模式之外寻找解决问题的答案。

(三) 企业家中心说

古典企业家精神的实质是由企业家把握企业发展方向并实施控制权,企业家承诺利用其在企业中的权益作为企业员工和其他成员索求权

---

① Margaret Blair & Lynn Stout, "A Team Production of Corporate Law", *Virginia Law Review*, Vol. 85, 1999.

② 参见 *Helfman v. Am. Light & Traction Co.*, 187 A. 540, 550 (N. J. Ch. 1936) ("在纯商业公司中……董事会在开展公司业务中的职权在法律的限度内必须被视为绝对权力,法院无权利用自己的判断代替董事的判断")。

③ See Edward B. Rock & Michael L. Wachter, "Norms & Corporate Law: Introduction", *U. PA. L. Rev.*, Vol. 149, 2001.

④ René Reich-Graefe, "Deconstructing Corporate Governane: Absolute Director Primacy", *Brook. J. Corp. Fin. & Com. L.*, Vol. 5, 2011.

的担保。① 根据"企业家中心说",所有权与控制权必须统一在一起,否则就会出现 Berle 和 Means 的"所有权与控制权分离"之忧。鉴于古典企业家理论的关键是集所有权与控制权于一体,如何将现代公司视为有效、有用的社会经济组织呢？Knight 的回答是,表面上的所有权与控制权分离通常是错觉。②

班布里吉的董事会中心说也承认存在以下例外：

"董事会中心说对于通常不适合公司法默认规则的企业效果并不好。例如,在封闭式公司里,所有权与企业实际控制权通常合在一起。这类公司的股东通常不选择采用实施董事会中心说的默认公司法规则。同样,对于全资子公司或者有控股股东的公众公司,董事会中心说的效果也不理想。在这两种情况下,所有权与事实控制权往往也是统一的。"③ "对于许多封闭式公司,其更好的治理规则类似于合伙企业法规则而不是公司法规则",新西兰的许多公司就是如此。④

换言之,班布里吉承认其董事会中心理论对于企业家有效统一股份所有权和控制权的情形并无预测能力。⑤ 董事会中心说对我国的国有企业、家族企业和大多数科技创新企业也无预测能力。

企业家中心说试图证明可以将公司法理解为支持私人选择的一种机制,向现代公司提供一种典型企业家的替代品,即使公司首席执行官作为企业家的化身只拥有较小比例的公司表决权股票也是如此。企业家中心说旨在证明 Knight 的古典企业家模式是正确的,而 Berle 和 Means 对现代公司所有权与控制权分离的分析是错误的。持企业家中心说的学者认为该说

---

① Frank H. Knight, "Risk, Uncertainty, and Profit", qtd. in Charles R. T. O'Kelley, "The Entrepreneur and the Theory of the Modern Corporation", *The Journal of Corporation Law*, Spring, 2006.

② Ibid.

③ Stephen M. Bainbridge, "The Board of Directors as Nexus of Contracts", *Iowa L. Rev.*, Vol. 88, 2002.

④ Stephen M. Bainbridge, "Director Versus Shareholder Primacy in New Zealand Company Law as Compared to U.S.A. Corporate Law", available at http://papers.ssrn.com/sol3/papers.cfm? abstract_id=2416449.

⑤ John Coates 教授也声称 Blair 和 Stout 的董事会中心说对控股股东充当首席执行官的情形并无预测能力。John Coates Ⅳ, "Measuring The Domain of Mediating Hierarchy: How Contestable Are US Public Corporations?", *J. Corp. L.*, Vol. 24, 1999, qtd. in Charles R. T. O'Kelley, "The Entrepreneur and the Theory of the Modern Corporation", *The Journal of Corporation Law*, Spring, 2006.

能解释公司法的重要方面，对商业判断规则的解释胜过其他理论，但同时承认其对公司法问题的解释并非每一个方面都好于其他理论。①

二 权力模式

权力模式与上述效率模式不同，所利用的是组织和管理理论。权力模式强调的是"大型公司决策的政治属性"，将公司看成"拥有对公司控制权产生影响的内部结构和程序的有机机构"。② 效率模式和权力模式为理解公司行为提供了不同的视角。效率模式将公司视为对治理结构的反应，旨在有效应对与不同构成主体之间的关系，回应股东剩余权利或者股东投资资产特性等具体现实。这种模式下的公司原则受企业传统所有权/企业家模式支持，要求董事恰当代表股东利益，而且管理层仅是为了股东利益经营公司。

而在权力模式之下，公司积极寻求调整环境结构，服务于其自主权和自由裁量权的各种需要。如何使用、分配资源是社会组织问题，取决于文化、历史、社会和权力因素。效率模式的各种工具，如剩余权和资产特定化等，则是现有权力关系的合理化依据。因此，员工也可以成为董事。按照权力模式，股东的董事资格被理解为投票工具，旨在使管理者拥有的价值判断裁量权实质合理化。权力模式对公司行为和结构提供更加"开放式"的回应，而且需要注意的是，"效率"已经成为权力持有者的护身符。③

依据效率模式，股东可以采用各种选择条款。例如，美国有些州允许股东通过投票免除董事对股东承担的诚信义务。然而，权力模式则提供完全不同的分析思路。按照权力模式，诚信义务被理解为司法对股东不平等谈判地位的一种回应，股东无法通过表决权予以选择，诚信义务旨在保护社会群体免受公司不良决策的影响。而且，效率模式中的各项公司法原则，包括股东应当选举董事以及高管对股东的诚信义务等，还起到使权力合理化的作用，确保高管的权力在政治上被接受。权力模式下诚信义务的

---

① See Charles R. T. O'Kelley, "The Entrepreneur and the Theory of the Modern Corporation", *The Journal of Corporation Law*, Spring, 2006.

② L. Dallas, "Two Models of Corporate Governance: Beyond Berle and Means", *J. of Law Reform*, Vol. 22, 1988.

③ Ibid.

作用广于效率模式，董事的诚信义务成为公共决策问题。

概言之，各种模式对评价现行公司法及其相关改革都有启发意义。效率模式下公司是"合同束"，不被视为市场主体，"公司"责任的问题也就毫无意义。相反，在权力模式下公司责任和对谁承担责任则变得重要起来。①

三　宪制模式

公司宪制模式是权力模式的一种体现，旨在为公司的法律模式和公司监管提供新的思路，力求将公司治理关注的重点从实体法改革转移到现有规则的基本假设和实施现有规则的公司结构和程序上来。公司宪制模式不是为了取代已有的经济契约范式，而是提供一种补充分析框架和方法，将政治问题纳入考虑之中。② 公司宪制模式认为在进行公司利润决策时，除了效率和财富最大化之外，还有其他问题需要考虑。

公司宪制模式有三大特征。第一，强调公司决策均有双层结构，董事和高管的决定代表公司决策的日常（通常）路径，而股东大会的决策位阶更高。第二，协商决策的观念寻求确保公司的双层决策均公开、真实，建立在讨论协商基础之上，而不是仅走计票的过场。第三，公司宪制要求公司决策实施分权，既分散公司决策权又通过多重制衡实施问责。上述有些特征已经体现在公司正式法律模式中，如董事会与股东大会的职能分工；有些要求更加积极地通过政治话语予以考虑，如协商观念。宪制模式不是要在公司运行的基本法律结构中塞进陌生的东西，其目的是对已有的公司法律结构进行概念性梳理，而不是倡导进行公司组织形式改革。

四　其他模式

除此之外，还有学者将公司治理模式分为职权（authority）模式和责任（responsibility）模式两种类型。这两种模式涵盖四大领域的公司法问题：商业判断规则的制定、利益冲突的解决、派生诉讼和目标公司董事会

---

① L. Dallas, "Two Models of Corporate Governance: Beyond Berle and Means", *J. of Law Reform*, Vol. 22, 1988.

② Stepehn Bottomley, "From Contractualism to Constitutionalism", *Sydney Law Review*, Vol. 19, 1997.

在敌意收购中的作用。责任模式重点关注的是不时出现的个人违规行为：寻求利用实体和程序规则对个人违规行为提供救济和威慑；职权模式则突出公司的日常运营，寻求利用程序和实体规则以最佳方式支持公众公司最有效的决策过程。[1] 不过现实中并不存在这两种纯粹的模式。

五 双重权力模式

以上有关公司权力配置的效率模式、权力模式、宪制模式和其他已有模式均以董事高管的私权力为逻辑起点，难以充分解释、说明或者预测公司治理中的权力配置。无论公司采取何种权力配置模式，都要给董事高管授予权力。而权力具有扩张的特性，权力一旦产生，就有自己的运行规律。"权力会腐败，而绝对的权力绝对会腐败。"[2] 公司治理中的私权力，同样如此。公司董事高管权力异化也成为人们关注的焦点。[3]

无论公司采取何种权力配置模式，董事高管的权力总是趋向最大化，这已经成为永恒不变的逻辑。

笔者提出一种新的公司治理权力配置模式，即双重权力模式。所谓双重权力模式，是指公司治理结构中的权力由私权力和公权力两部分组成，私权力必须借助公权力予以制约和监督。详言之，由于私权力具有无限扩张的特性和趋势，因此公司创建人和主要控制权人可以依据其公司发展构想，结合公司业务性质，经与战略投资者达成一致，设立其所偏好的任何形式的权力配置模式，就私权力模式而言，无法对私权力形成有效的制约和监督。然而，对任何权力都要进行有效的约束与监督，公司治理中的私权力也同样如此。为了对公司治理中的私权力进行有效的约束和监督，必须借助公权力的介入。[4]

---

[1] Michael P. Dooley, "Two Models of Corporate Governance", *The Business Lawyer*, Vol. 47, 1992.

[2] "Power tends to corrupt, and absolute power corrupts absolutely." From Letter to Bishop Mandell Creighton, April 5, 1887, published in *Historical Essays and Studies*, edited by J. N. Figgis and R. V. Laurence (London: Macmillan, 1907).

[3] 参见曾颜璋《董事会中心主义阶段公司权力异化与对策的法学分析》，《法学杂志》2009年第6期。

[4] 有关公司治理双重权力模式的讨论，详见张路《公司治理中的权力配置模式再认识》，《法学论坛》2015年第5期。

同已有的各种权力配置模式相比，双重权力模式不仅具有规范性和实证性，而且更有说服力和预测力。新的双重权力模式可以准确回答公司治理中谁控制公司和公司的目的是什么这两个令人迷惑的问题。双重权力模式认定各种权力模式中控制公司的是董事高管，旨在使公司的价值最大化，而对董事高管进行控制的是诚信义务和其他内部、外部限制和激励。除了解释、说明公司治理的两大基本问题和各种权力配置模式之外，双重权力模式还能够预测公司治理中的诚信义务和刑事责任。按照双重权力模式，最终必须借助公权力手段对公司董事高管无限扩张的私权力进行规制。公司治理中的公权力措施主要包括公开披露义务以及对董事高管内幕交易、操纵市场、不诚实服务和贿赂行为等均规定民事、行政、刑事责任。而且，在公司腐败、贿赂、内幕交易和其他许多犯罪的刑事推定中，同相关民事责任一样，举证责任可以倒置。

阿里巴巴合伙人制度，是合伙机制与公司制的巧妙结合，其所实现的公司治理制度创新革命，彰显着公司私权力无限扩张的趋势，也是紧紧围绕权力配置与诚信义务演进规则展开的。双重权力模式可以充分解释、说明阿里巴巴合伙人制度，而且还可以预测未来可能出现的任何扩张型公司治理权力结构。

第三节 公司治理中的诚信义务演进

作为公司治理的第二大核心要素，诚信义务规则旨在对上述各种权力配置模式中董事高管的自由裁量权进行制衡和监督，并对相关违规行为进行问责。以下从诚信义务的含义、各国公司法中的诚信义务以及公司治理中诚信义务的演进三个方面进一步探讨诚信义务与公司权力配置、制约和监督之间的关系，并探讨笔者提出的双重权力模式下诚信义务的演进。

一 诚信义务的含义

诚信义务通常可以表述为包含诚信关系中与受托财产、权力相关的忠实义务，以及与受托人履行服务的质量、注意程度相关的注意义务。忠实义务又衍生出许多附加义务：遵守并履行与受托权力或者财产相关的委托指令的义务；善意履行诚信服务的义务；不将诚信服务转委托他人的义务；向委托人报账并披露相关信息的义务；公平对待各委托人的义务。[1]

诚信义务产生于受信人与委托人之间以权力为基本特征的诚信关系，作为诚信法基本特征的诚信权力是理解诚信关系与诚信义务之间关系的基本依据。探讨诚信关系，旨在确定承担诚信义务的主体和承担诚信义务的内容与程度，诚信关系的原型包括代理关系、信托关系、合伙关系、寄托关系等，法院往往借助这些原型，通过类推判断某一关系是否属于诚信关系。[2] 信托、合伙作为早期的企业组织形式，至今仍然以其优势存在于各行业和商业领域，代理、信托、合伙制度和理论也成为分析公司权力配置模式的逻辑起点和依据，作为诚信关系和诚信义务的核心组成部分，也是分析公司权力制约和监督机制的基础。

二 各国公司法中统一的诚信义务规则

在上述传统诚信义务理论的基础上，公司法中的诚信义务有自身的特点。以忠实义务为例，尽管不同国家、不同司法辖区之间董事存在异质性，但是所有司法辖区均对董事规定了高度统一的忠实义务。在所有国家，诚信义务的历史根源均在于判例法而不是成文法。在美国，法院长期以来一直认定董事"对公司承担专一的、无私忠实义务"。[3] 在英国，普通法最先规定董事对"公司"承担诚信义务；相关规定被纳入《2006年公司法》第170（1）条。

在德国，高管成员被视为他人资产的受托人，自然产生诚信义务，监事因其监督和决策职能也承担诚信义务。[4] 在法国，从20世纪90年

---

[1] 参见张路《诚信法初论》，法律出版社2013年版，第117—194页。这里的诚信义务对应的英文是 fiduciary duties，我国有些学者将其翻译成"信义义务""信托义务"或者"受信义务"。

[2] Tamar Frankel, "Fiduciary Law", *Calif. L. Rev.*, Vol.71, 1983. 有关诚信关系、诚信义务和责任等问题的研究内容丰富，具有内在的系统性和连贯性，相关法律被称为诚信法，目前已经发展成为一个独立的法学分支；传统的代理法、信托法和合伙法是诚信法的原型和核心组成部分。诚信法的基本原理对分析诚信关系和诚信义务具有指导作用。

[3] *Guth v. Loft*, 5 A.2d 503, 510 (Del. 1939).

[4] E.g., Klaus J. Hopt & Markus Roth, in 4 *Grosskommentar Aktiengesetz*, § 116 para. 173 (Klaus J. Hopt & Herbert Wiedemann eds., 2005).

代起，学者及法院在提及普通法中的要求时，开始使用普通法诚信义务的术语。[1] 近来，法国法逐渐将董事会集体义务推进到董事个人义务。[2]

在美国特拉华州，法官造法实质上排除了成文法对公司治理基本问题的适用。甚至是特拉华州公司法明确授予董事会的权力，也要遵守司法设立、解释的义务，不得将这些权力用于"不公正的目的"。法官造法适用的问题包括：董事、高管和控股股东的诚信义务，派生诉讼的先决条件，披露义务，董事是否承担责任（著名的"商业判断规则"），自我利益交易的定义，控股股东的认定，控股股东义务的范围，确定自我利益交易的法律标准，董事"独立性"认定，独立董事或者无利害关系股东批准交易的法律效果，何为"公司机会"，收购防御战略的法律标准，董事会何时可以采取行动干预股东的权利，股东何时可以事先不经请求董事会提起派生诉讼，股东何时丧失有限责任资格，对慈善捐款的限额，代理表决之争中异议人员获得费用补偿的权利，等等。[3] 以上这些问题都是诚信义务规则相关的内容。

我国《公司法》对诚信义务也作出了具体规定。《公司法》规定，"董事、监事、高级管理人员应当遵守法律、行政法规和公司章程，对公司负有忠实义务和勤勉义务"，并对忠实义务的情形作出具体规定。[4]《公司法》还对董事、监事、高级管理人员利用职权收受贿赂和侵占公司财产做出了规定，显示我国《公司法》对董事高管权力来源采取法定授权说，也为惩治公司高管利用权力腐败犯罪提供了法律支持。[5] 此外，我国还有各种公司条例和指引，对诚信义务作出了较为详细的规定。规定虽详，但

---

[1] Vilgrain, 94—11.241, Cass. Com., Feb. 27, 1996 (France).

[2] Martin Gelter and Geneviève Helleringer, "Constituency Directors and Corporate Fiduciary Duties", in Andrew Gold & Paul Miller eds., *The Philosophical Foundations of Fiduciary Law*, New York: Oxford University Press, 2014.

[3] Marcel Kahan & Edward Rock, "Symbiotic Federalism and the Structure of Corporate Law", *Vanderbilt Law Review*, Vol. 58, 2005.

[4] 第148条和第149条。

[5] 美国公司法学者也将某些违反忠实义务的极端行为认定为腐败类犯罪，认为安然公司和世通公司与其他许多上市公司的区别不是董事会消极、冷漠，而是其高管的腐败和欺诈行为持续时间之长、范围之广。See Renee M. Jones, "Law, Norms, and the Breakdown of the Board: Promoting Accountability in Corporate Governance", *Iowa Law Review*, Vol. 92, 2006.

是具体执行和相关效果还有待观察。

三 公司治理中诚信义务的演进

公司治理中不同的权力配置模式,需要有与之相适应的诚信义务规则。公司权力配置模式之争,必然包含制约、监督权力的诚信义务规则内容;在公司治理模式演进中,也必然伴随诚信义务规则的演进。无论是从必要性还是构造上,有关公司决策者诚信义务的法律其手段和目的均具有开放性,[1] 因此也具有灵活性和包容性。

股东大会中心模式,其核心是将股东与董事会之间的关系重新拉回到被代理人与代理人的关系之中,[2] 也就是重新回归传统诚信关系。在董事会中心模式中,设计独立董事制度主要是为了防范利益冲突,以制约、监督董事会权力,是诚信义务规则的体现。以董事会绝对中心说为例,主张该说的学者认为,董事会被授予充分的自由裁量权,不受任何法律约束,可以在任何时点从事机会主义行为,偏向任何事由、任何公司参与者,但是有以下限制:①相关决定中不得有董事的控制性经济利益(也就是不得存在未经消毒的董事利益);②要遵守基本程序;③在某种程度上基本(也可能完全是假设)可以合理解释董事会行动时达成的一致最终对公司有利。[3] 这些限制实质上是董事诚信义务的基本要求。

美国公司法的演进历史,包括各种公司治理学说争论和变革,实际上是公司治理中诚信义务的演进历史。随着20世纪30年代"新政"时期联邦政府的介入,联邦证券立法与规制实际上介入了公司的内部治理结构,并最终使美国公司法形成独特的格局,即各州公司法规范公司治理的实体内容,包括股东的权利、董事的资格、诚信义务的标准;联邦立法规范公司的信息披露、财务制度、投票权征求及管理层的内幕交易。[4] 州法和联邦法对公司法的瓜分,实质上是对公司治理中权力配置和诚信义务规则的管辖分工。19世纪末期以来,美国公司法学界除对公司的法律人格理论

---

[1] Cf. Robert Charles Clark, *Corporate Law*, Boston: Little, Brown and Company, 1986, p. 677.

[2] 参见赵渊《"董事会中心说"与"股东中心说":现代美国公司治理学说之辩》,《比较法研究》2009年第4期。

[3] See Stephen M. Bainbridge, *Corporate Law*, New York: Foundation Press, 2nd., 2009, p. 110.

[4] 参见李清池《美国的公司法研究:传统、革命与展望》,《中外法学》2008年第2期。

有过一场重要争论外，另外一场影响至今的争议是公司管理层诚信责任的对象。① Easterbrook 与 Fishchel 在 1981 年发表的一篇论文中，结合金融学和企业理论与"公司控制权市场"概念，提出关于公司并购的新观点，建议应当改变并购中适用的诚信义务标准。② 公司法学界迅速对此作出反应，拉开美国公司法研究革命的帷幕。相对成熟的现代金融学和企业理论，成为讨论法院在并购案件中应当适用诚信责任标准的新的理论基础，相关建议也影响了法院在敌意收购案件中适用的诚信责任标准。③ 20 世纪 90 年代，随着美国公司法学界对于企业的性质和目标日益达成共识，基于有效市场假设，公司经营决策对股票价格的影响成为衡量董事会和管理层是否尽到诚信义务的标准，④ 继续深化着对公司法基本原则的认识。多年来美国公司法学者关注的热点问题大体一致，学术界争论的历久不衰的公司法基本问题包括：公司法律人格理论、公司的目标与社会责任、董事会与管理层的诚信义务、股东权利的保护等。⑤ 近期的联邦立法也强化了公司董事高管的诚信义务和责任标准。2002 年，美国国会在一系列公司造假丑闻曝光后通过了《萨班斯法》（SOX 法），旨在强化公司董事与管理层的责任和财务报告的真实准确，维护投资者的信心。面对次贷金融危机，美国国会通过了《华尔街改革与消费者保护法》，对董事高管的诚信义务作出调整，包括增加股东在决定高管薪酬中的话语权以及内幕交易、期货扰乱市场行为、操纵市场行为等民事违规和刑事违法行为中诚信责任标准的强化等。

特拉华州公司法领域的司法一直引领法官造法拓展传统范围。特拉华州的司法判决也就非公正目的董事会行动⑥或者干预股东权利的董事

---

① A. A. Sommer, Jr., "Whom Should the Corporation Serve? The Berle-Dodd Debate Revisited Sixty Years Later", *Delaware Journal of Corporate Law*, Vol. 16, 1991.

② Frank Easterbrook & Daniel Fischel, "The Proper Role of a Target's Management in Responding to a Tender Offer", *Harvard Law Review*, Vol. 94, 1981.

③ 参见李清池《美国的公司法研究：传统、革命与展望》，《中外法学》2008 年第 2 期。

④ 对于股价作为衡量公司治理质量标准的讨论，参见 Lynn Stout, "Share Price as a Poor Criterion for Good Corporate Law", *Berkeley Business Law Journal*, Vol. 3, 2005. 转引自李清池《美国的公司法研究：传统、革命与展望》，《中外法学》2008 年第 2 期。

⑤ 参见李清池《美国的公司法研究：传统、革命与展望》，《中外法学》2008 年第 2 期。

⑥ 参见 Schnell v. Chris-Craft Indus., 285 A. 2d 437, 439（Del. 1971）（禁止管理层为阻止异议股东进行代理表决提前召开股东年会）。

会行动[1]创建新的理论,而且还设立新的诚信披露义务。[2]

诚信义务的演进还体现在对董事高管统一诚信义务的质疑上。虽然文化和法律因素导致各司法辖区不愿意就董事个人规定具体各异的义务,但是,面对代表不同受益人的董事存在异质性的特点,统一的诚信义务在这种具有双重性的商业现实面前多少有些令人不解。从理论的角度来看,现行公司法似乎与董事会的选民利益代表存在冲突。赞同非统一诚信义务的观点似乎比赞同统一诚信义务的观点更有说服力。然而,实证公司法规定的限制可能并不那么重要。换言之,公正不会因为存在某一标准义务策略偏好而受损。原因是在法律逻辑背后,起关键作用的是法律所规范的现实,而公司法面对的现实就是这种双重性。此外,要求董事追求的公司目标,其执行力相对较小。而且,区分不同股东群体之间的利益冲突更为困难。因此,有严格约束力的公司目标缺乏执行力,结果导致将大量的决策空间留给董事。董事会主要通过商议进行决策,而商议决策的结果明显取决于董事提名和任命方式。由于公司法并未规定明确可以执行的目标,因此可以将公司利益理解为程序问题而非实体问题。董事主要通过商议来决定公司的目标,导致忠实义务的内容也由董事会决定。[3]

类别股的出现,也推进诚信义务进一步演化。阿里巴巴受到的质疑就涉及类别股问题。类别股从根本上打破了经济利益与投票权等比例的公司结构与激励基础,赋予股东平等原则新的内涵。考虑利益冲突的多元化,类别股将使得诚信义务规范在纵向与横向两个方面发生演变。在纵向方面,董事的诚信义务将在注意和忠实义务的基础上演化出公平对待不同类别股东的义务;在横向方面由控制股东对中小股东的诚信义务,演进到不同类别股东之间的诚信义务。在股东诉讼和外部融资者的压力之下,董事会在公司组织中的中心角色和公正决策将得到强化,董事会和股东会之间的权力可能会重新配置。[4] 我国现行《公司法》采取股东会中心主义,这

---

[1] MM Cos. v. Liquid Audio, Inc., 813 A. 2d 1118, 1131—1132 (Del. 2003).

[2] See Marcel Kahan & Edward Rock, "Symbiotic Federalism and the Structure of Corporate Law", *Vanderbilt Law Review*, Vol. 58, 2005.

[3] See Martin Gelter and Geneviève Helleringer, "Constituency Directors and Corporate Fiduciary Duties", in Andrew Gold & Paul Miller eds., *The Philosophical Foundations of Fiduciary Law*, New York: Oxford University Press, 2014.

[4] 参见朱慈蕴、沈朝晖《类别股与中国公司法的演进》,《中国社会科学》2013年第9期。

无法适应企业融资多元化和投资需求多样化趋向的要求。类别股股东作为一股重要的外部投资力量,将推进股东会中心主义向董事会中心主义的转变。

四 双重权力模式下诚信义务的演进

所有公司的治理结构均沿着权力配置和相应的诚信义务规则展开,成为亘古不变的法则。诚信义务规则演化的原因是权力配置结构的演化,而权力配置结构的演化是现实的需要。开放式诚信义务规则旨在约束监督公司治理中的权力,需要与权力配置一起演化并与之相适应,成为永恒不变的逻辑。需要强调,董事高管的自由裁量权越大,其义务责任也越大;诚信义务规则的目的不是限制权力,而是制约权力、监督权力。换言之,受到的监督越多,折射出所享有的灵活性也就越大;反之亦然。[①]

双重权力模式下的诚信义务转化为证券法中的法定披露要求,以民事举证责任倒置和刑事推定等方式要求董事高管承担民事责任、行政责任和刑事责任。阿里巴巴合伙人制度体现的私权力扩张只能借助公权力手段进行规制,其所带来的公司治理制度创新革命也只能结合公权力模式作出合理解释。美国律师事务所代表股东对阿里巴巴提起集团诉讼,其依据就是证券法中的诚信披露义务。如果阿里巴巴董事高管滥用其借助合伙人制度扩大的私权力,违反法定诚信披露义务构成欺诈,除了私人诉讼带来的民事赔偿责任之外,行政处罚和刑事责任也是公权力介入公司治理制约监督私权力的备用选择。

第四节 阿里巴巴合伙人制度创新

阿里巴巴合伙人制度是合伙机制与公司制的巧妙结合,彰显着私权力的扩张趋势,是权力扩张特性的体现。其所实现的公司治理制度创新革

[①] "理论上,公司受信人比孤儿的监护人受到的监督要多,原因是股东和债权人通常比孤儿和其他受益人更有监督能力。因此,很容易理解法律和受益人自身对公司受益人提供的(追求利润的)灵活性远大于'真实的'受托人。换言之,法律规定了不同类型的诚信责任,允许投资者和设立信托者选择最适合自己的责任类型和相关法律规则。"See S.X. Levmore, "A Primer on the Sale of Corporate Control", *Texas Law Review*, note 19, Vol. 65, 1987。

命，为权力配置与诚信义务规则的相向演进带来新的挑战。

任何公司治理架构的设计都必然沿着上述权力配置和诚信义务制约监督规则这两大核心展开。阿里巴巴合伙人制度是公司融资的创新，而更深层次的是对公司企业组织法层面的制度创新及其相关制度完善具有重要价值。具体而言，阿里巴巴将合伙人制度与公司制度结合在一起，实现了以下制度创新。

一 利用合伙人制度取得对公司的控制权

阿里巴巴合伙人制度利用非正式的合伙机制实现了对公司权力的控制。许多大型企业采用了与公司治理明显不同的合伙治理形式，[①] 这些企业通过要求管理者成为企业的合伙人将所有权与经营权结合在一起，确保管理者向所有者分红，规定企业存续期间等方式，协调管理者与所有者的利益。这些激励和约束机制能够代替成本高昂且经常无效的公司监督机制，包括独立董事、股东表决权、严格的诚信义务和公司控制权市场等。[②] 就约束管理者而言，合伙制的相关手段取代了公司中的传统诚信义务规则。

从广义上看，代理、合伙和信托关系是广义诚信关系中相对独立的三大典型代表，[③] 因此，可以将合伙制对管理者的相关约束和激励手段看成诚信义务规则的一种类型，阿里巴巴合伙人制度利用合伙机制获得公司控制权可以被视为采用了广义的诚信义务规则。阿里巴巴合伙人制度的公司治理安排保证了控制权的稳定性，可以防止恶意收购的发生。

尽管公司可以通过使用双重类别股达到类似目的，但是这种双层类别股缺少合伙制控制代理成本的措施。阿里巴巴公司上市坚持采取合伙人制

[①] 例如，黑石集团有限合伙企业 2007 年 6 月 22 日在纽约证券交易所上市，利用合伙制约束和激励机制代替公司监督机制。

[②] 在大型合伙制中，严格的诚信义务可能没有必要，因为合伙制有其他对管理者行为更为有效的约束机制。许多公司法，如特拉华州公司法允许公司免除管理者的注意义务，但是不得免除管理者的忠诚义务。而特拉华州的有限责任公司和有限合伙企业法则允许企业完全免除诚信义务。在减少代理成本方面，合伙关系中的契约约束和激励机制至少与公司中的诚信义务规则一样有效。See Larry E. Ribstein, "Partnership Governance of Large Firms", *The University of Chicago Law Review*, Vol. 76, 2009.

[③] 参见张路《诚信法初论》，法律出版社 2013 年版，第 110—113 页。

度，也许就是借鉴了黑石集团有限合伙企业上市采取的控制权安排优势，同时又想克服公司双重类别股在控制代理成本上存在的缺陷。阿里巴巴的合伙人制度实现了对传统公司治理结构的创新和革命，其合伙人团体在公司经营管理上的地位高于股东大会和董事会。

二 阿里巴巴合伙人制度实现了对股东中心主义的扬弃

阿里巴巴上市没有放弃公司制组织形式，同时吸纳合伙机制的精华，利用合伙人制度达到取得董事提名控制权的效果，实现了对公司法股东中心主义的扬弃。阿里巴巴合伙人制度与双层类别股结构不同，后者利用拥有超高表决权的类别股将公司控制权集中在少数创始人手中，而合伙人制度则旨在体现一群管理合伙人的愿景。与谷歌公司、脸谱以及百度等科技公司的双层股权结构相比较，阿里巴巴的合伙人制度似乎更加民主。合伙人之间通过合同相互制约，"合伙人是平等的，合伙人不仅仅是管理者，同时也是企业的拥有者，有着极强的责任感"①。

阿里巴巴合伙人制度是动态机制，体现股东大会—董事会—合伙人之间的互动关系，力求在持续发展、快速决策和维护股东利益上达成最佳平衡。阿里巴巴以合伙人制度实现对公司的控制权，以脱离股权的方式实现了对公司的管理控制权。但是阿里巴巴没有脱离诚信义务规则的制约和监督，按照阿里巴巴高管自己的说法，合伙人制度方案充分保护了股东的重要权益，包括不受任何限制选举独立董事的权利、重大交易和关联方交易的表决权等，这些权利仍然以股份的多少为基础，只是董事提名权由合伙人控制。合伙人制度有助于管理公司业务，合伙机制的专业团队精神使公司高级管理人员更好地协作，他们会摒弃官僚作风和等级制度，实现网络治理模式的"扁平化"创新。②

三 类别董事的明确在实现分权时促使董事的诚信义务类别化

有类别股，就会出现类别董事，阿里巴巴的合伙人制度通过类别董事使公司实现了分权。阿里巴巴合伙人制度的创新和公司治理实验，还体现

---

① 蔡崇信：《阿里巴巴为什么推出合伙人制度》，中国证券网，2013年9月27日。
② 李维安：《主编寄语——阿里上市与网络治理模式创新》，《南开管理评论》2014年第2期。

在董事分类和合伙人地位上。公司董事分成三类，分别为合伙人有权提名的多数董事、软银有权提名的一名董事和董事会提名委员会提名的董事。这就决定了合伙人的地位在董事会之上，未来公司的命运和走向事实上将由合伙人来决定。按照董事为提名人负责的原则，合伙人提名的董事基本代表合伙人及其所持股份的利益，软银提名的董事基本代表前期机构投资者所持股份的利益，而只有董事会提名委员会提名的董事才有可能代表未来公共股份的利益。上述提名权安排，显示出三类董事之间及其所代表的三种股份之间可能存在的利益冲突，成为公司治理未来要面对的核心问题。

设立类别董事的创新之处，体现为就不同类别的董事规定不同的权利义务，使适用于各类董事的诚信义务产生分化。例如，阿里巴巴公司治理指引规定软银提名的董事有知情权，成为观察员董事。公司的所有新股权激励计划以及计划的重大修改，均必须获得非执行董事多数批准。

四 合伙人制度有利于实现管理权与所有权的统一

按照阿里巴巴的合伙人提名和选举规则，现有合伙人可以提名新的合伙人，不过需要现有合伙人以一人一票的方式获得75%多数通过方可。阿里巴巴的合伙人提名和选举规则强化了现任管理层对新合伙人的控制权，合伙人的资格条件，尤其是持股要求，则在一定程度上有利于实现管理权与所有权的结合，有利于降低董事高管监督成本，成为约束管理者的一种有效机制。

五 诚信义务规则成为约束公司控制人的关键

阿里巴巴合伙人制度实质上以脱离股权约束的方式实现了对公司控制权的掌控。一方面，由于只是采取了非正式的合伙机制而并未采取合伙企业的组织形式，无法适用合伙法规定的约束，不存在合伙人承担无限连带责任的约束，不存在以上述合伙制约束和激励机制替代公司制约束；另一方面，这种合伙人制度以分权方式摆脱了传统股权相关联的大部分公司法约束。因此，更应当强化诚信义务规则对公司、董事、高管、合伙人、控制权人乃至大股东的约束。诚信义务规则就成为约束阿里巴巴公司控制人和管理人，最终实现公司治理创新目标的关键。

六 阿里巴巴合伙人制度为不同司法辖区的诚信义务规则协调带来挑战

为制约、监督公司董事高管的权力，阿里巴巴的招股书专门就诚信义务规则作出规定，但是阿里巴巴集团涉及美国、开曼群岛和中国大陆等不同司法辖区公司法的适用，不同司法辖区的诚信义务规则协调也成为现实挑战。由于阿里巴巴集团在开曼群岛注册成立、在美国上市，因此适用开曼群岛公司法和美国公司法。由于阿里巴巴集团通过位于中国的各种关联可变利益实体（VIE）在中国开展业务，这些可变实体导致集团公司内部各种利益冲突复杂化，推进诚信义务进一步向多层面演进，当然适用中国公司法和证券法。

现实中，公司治理制度主要受经济而不是法律因素驱动，因此对管理行为提供主要威慑的是市场。问责的必要条件是产品市场、内外部经理市场以及最终的公司控制权市场中的竞争力量提供的。[①] 商业判断规则所代表的传统司法限制表明，法院本能地认识到其很难区分决策的好坏是否与运气有关。正确的选择不能偏离现实世界，也不能偏离法律传统。公司法永远落后于公司治理实践，法律应当支持而不是决定各种治理制度。

美国福德姆大学金融系主任颜安认为："中国企业具备后发优势，没有历史包袱，创新革新将更有动力，这也是中国的优势之一。"[②] 阿里巴巴不仅实现了公司业务创新，而且实现了公司治理制度创新。阿里巴巴的合伙人制度创新，不但没有脱离公司治理中权力配置与相应诚信义务规则这两个核心，而且还丰富了这两个核心要素互动的内容。在竞争激烈的电商时代，阿里巴巴的公司治理制度创新弥足珍贵。

阿里巴巴上市采取合伙人制度，这种制度创新如何保证股东核心利益有待时间检验。阿里巴巴集团上市以合伙人制度的形式使用了合伙机制，在公司制的掩盖下获取了以董事提名权为表征的控制权，实现了控制权与所有权的实质分离，对管理层约束和激励措施显然存在不足。强化阿里巴

[①] See Michael P. Dooley, "Two Models of Corporate Governance", *The Business Lawyer*, Vol. 47, 1992.

[②] 韩墨等：《正视大势 不忘差距——听海外专家谈"中国世纪"》，新华网（http://news.xinhuanet.com/world/2015-01/01/c_1113848946.htm）。

巴董事高管诚信义务规则的措施可以借鉴合伙制的相关权力制约、监督和激励措施。阿里巴巴合伙人制度创新使香港和大陆证券监管机构面临新的挑战，如何提供适合未来发展趋势的创新监管环境成为监管机构不得不思考的问题。

作为现实问题，我国首先应当在《公司法》中放开类别股和多重股权。股份的类别化不一定会体现为以股权为基础确定控制权，合伙人制度完全可以采取与股权脱离的控制权形式。对企业治理的理论和实证分析应当跳出公司这个"框架"的范围，可以寻求利用合伙方式节约代理成本。阿里巴巴合伙人制度以脱离股权的方式实现了对公司的控制权，实现了各种制度创新。公司治理中的权力越大，受到的制约和监督也要越大，其中演进增强的诚信义务规则是基本制约监督手段。公司治理中具有扩张特性的私权力，只能借助公权力手段进行规制。

我国《证券法》和《公司法》目前实质上不允许双重股权。例如，《证券法》第 2 条规定："在中华人民共和国境内，股票、公司债券和国务院依法认定的其他证券的发行和交易，适用本法；本法未规定的，适用《中华人民共和国公司法》和其他法律、行政法规的规定。政府债券、证券投资基金份额的上市交易，适用本法；其他法律、行政法规另有规定的，适用其规定。证券衍生品种发行、交易的管理办法，由国务院依照本法的原则规定。"这也是阿里巴巴无法在国内和香港联交所上市，最终只能到纽约证券交易所上市的根本原因。

为了鼓励公司和资本市场创新，迎接下一个阿里巴巴在中国上市，《证券法（修订草案）》扩大了证券的定义，不仅明确规定允许双重股权，而且引入了美国证券法中"投资性合同"的概念。《证券法（修订草案）》第 3 条规定："本法所称证券是指代表特定的财产权益，可均分且可转让或者交易的凭证或者投资性合同。下列证券的发行和交易，适用本法；本法未规定的，适用《中华人民共和国公司法》和其他法律、行政法规的规定：（一）普通股、优先股等股票；（二）公司债券、企业债券、可转换为股票的公司债券等债券；（三）股票、债券的存托凭证；（四）国务院依法认定的其他证券。资产支持证券等受益凭证、权证的发行和交易，政府债券、证券投资基金份额的上市交易，适用本法；其他法律、行政法规另有规定的，适用其规定。"

第三章

证券发行诚信注册制度——
证券市场监管理念之争

如第二章所述,公司权力具有扩张的特性,公司法旨在通过诚信义务规则对董事高管等私权力主体进行约束、监督,但是作为契约性质的私法,公司法无法实现对董事高管私权力的充分约束。证券法具有公法性质,其本质是监管法,旨在完成公司法未竟的任务——通过政府公权力的介入,实现对公司私权力的有效治理。[1] 美国蓝天法的三大传统监管方法是反欺诈、券商监管和证券注册。[2] 我国《证券法》[3] 第4条规定的诚信原则继续延伸《公司法》第5条规定中的诚信原则,在《公司法》第147条规定的注意勤勉义务和《公司法》第147条、第148条规定的忠实义务的基础上继续演化。注意勤勉义务在证券法中主要演化为体现披露要求的公开原则,包括证券发行注册制度和合适性(suitability)规则,忠实义务在证券法中则主要演化为与包括券商在内的私权力主体相关的利益冲突、内幕交易等行为监管规则。因此,诚信原则既是指导证券注册披露制度的基本原则,又是实现券商监管和反欺诈监管的基本原则。证券注册披露要求和规则,是证券法的圭臬。理解证券发行注册制度,不能仅着眼于证券公开披露要求,还要关注诚信原则的其他要求。概言之,证券法的各项制

---

[1] 参见张路《公司治理中的权力配置模式再认识》,《法学论坛》2015年第5期。
[2] 参见[美]路易斯·罗思、[美]乔尔·赛里格曼《美国证券监管法基础》,张路等译,法律出版社2008年版,第7页。
[3] 《中华人民共和国证券法》,简称《证券法》,自1998年12月制定以来,2004年8月、2013年6月、2014年8月分别进行了个别条款的修改,2005年10月进行了较大修订。目前正在进行第二次大修订。

度设计，都是围绕诚信原则，也就是主要体现为公开披露要求的勤勉注意义务和主要体现为利益冲突规则的忠实义务展开的。

第一节 证券市场监管的理念之争

证券市场监管一直存在两种主要理念之争：形式监管（主要指公开披露型监管）与实质监管之争。

美国证券交易委员会执行联邦证券法、解决各种证券相关问题并非依据唯一的理念。反复重现的一组主题似乎紧紧围绕一种企图，确保各种机构能够依照某种"理想"的概念来运营：除非董事能够确定无疑地表明已经尽到了适当的注意，否则要为误导性招股说明书承担民事责任，这样他们将真正尽董事之责，而不会将自己的精力分散得太开。这就是证券法最基本的理论。公司信用债券项下的受托人应该受到监管，使其像真正的受托人一样行事。其他处于受信人地位的人亦应遵守诚信标准——无论其是从事自己公司证券交易的公司"内幕人"，投资公司的管理人、顾问，还是公司重组中的保护委员会成员。第二组主题（与第一组存在某些重叠）似乎旨在总体上保障经济不受证券市场运营带来的不良危害：由于证券交易所的"触发性"特点，必须消除其各种操纵性影响，并将其改造成真正的公共机构。此外，联邦证券法还有一个不变的主题，就是披露、披露、再披露。实质监管有其局限性，而"真实则使你获得自由"。同时，证券监管仍然还在路上。①

对于从事州际商业的公司是采取联邦特许还是法人组织形式，相关讨论可以追溯到立宪大会。尤其是在1904—1914年，辩论急剧增加，最终导致联邦贸易委员会和《克莱顿法》的产生。行业领袖和知名学者一致赞成联邦法人组织制度。事实上，虽然有关联邦公司组织制度和特许制度的严肃讨论一直持续了数十年，但实际的立法结果却一直体现在其他方面，进展非常缓慢。众议院银行与货币委员会在1912年和1913年进行的"金钱托拉斯"调查及其对纽约证券交易所的影响，虽然并未在这一领域

---

① 参见［美］路易斯·罗思、［美］乔尔·赛里格曼《美国证券监管法基础》，张路等译，法律出版社2008年版，第5页。

产生立法，但却再次表明需要采取联邦行动。早在 1918 年，联邦储备委员会设立了一个非正式组织——资本问题委员会。最先推出的法案本来要求对证券发行进行实际特许，并规定了各种处罚措施。但在通过时，则被冲淡，授予委员会的权力仅为依据适当的规则，调查、通过并决定出售、发售或认购以下证券的发行是否符合国家利益：证券总面值加上同一人或公司自该法通过以来发行的任何其他证券超过 10 万美元。

1920 年，同样是在战争的影响下，美国国会通过了《运输法》。该法的目的在系列最高法院判决中被定义为："制定新的联邦铁路政策，以为服务投入资本获得公允的回报、恢复受损害的铁路信贷及对费率进行监管等方式确保提供充足的运输服务，确保安全问题，并确保合并与兼并符合公共利益。"① 这项新法采纳了前州际商业委员会自 1907 年以来的一项长期建议，在原《州际商业法》中增加了第 20a 条。② 该法虽然仅限于有限的领域，但却是第一项永久性联邦证券立法的标志。新条款规定，任何铁路共同运营人未经州际商业委员会依据对拟发行证券或拟承担债务的目的和用途进行的调查给予的授权，擅自发行证券或者就他人或其他公司的证券承担债务，均属违法。在原《州际商业法》第 20a 条成为法律的同一年，通过了《1920 年联邦水电法》。该法授权联邦电力委员会对公共服务被许可人待发行的证券数量和特性进行监管。这种监管现在由联邦能源监管委员会实施。

20 世纪 20 年代晚期到 30 年代早期，甚至在大萧条开始之前，就出现了公司法改革的浪潮。③ 例如，英国《1908 年公司法》让位于《1928 年公司法》，随后公司法被合并。德国 1931 年通过了一部先进的公司法；比利时和荷兰也于 1928 年采取了类似活动；法国 1929 年以后对基本公司法和《刑法典》进行了大量修改。国际改革运动在 1929 年 10 月开始的股票市场大崩溃中获得了强大的支持。1929 年 9 月 1 日在纽约证券交易所上市的所有股票的总价值为 890 亿美元，1932 年股票总价值下降到 150 亿美元——在两年半时间损失达 740 亿美元。加上债券损失，整个证券市场

---

① Schwabacher v. United States, 334 U.S. 182, 191-192 (1948).

② 41 Stat. 494 (1920) (49 U.S.C. § 11, 301).

③ See Feller, "The Movement for Corporate Reform: A World-Wide Phenomenon", A.B.A.J., Vol. 20, 1934.

价值的总损失增加到 930 亿美元。①

直至立法，国会一直面临着如何在相互冲突的理念之间选择的问题。一方面，顽固派想满足于一种纽约型的反欺诈法，即严厉执行刑法，无须禁止欺诈的权力。认为任何预防性法律，即使是纯禁制型的法律，也不奏效，且只会阻碍诚实业务。另一方面，赞同蓝天法理念的人，则坚持履行"实质标准"。实际上，原《1933 年证券法》曾规定，若管理中发现（除其他标准外）"发行人……或其证券无稳健的原则作为依据，且取消注册符合公共利益"，或者发行人"在任何其他方面不诚实"或"处于不稳健或破产状态"，则可撤销其注册。②

对美国联邦证券监管初始披露理念产生最大影响的人是路易斯·布兰代斯。他在 1914 年出版的《他人的钱财》一书中，坚定地推崇公开是救治社会和各行业疾病的良方，更是解决承销商过度收费的灵丹妙药。"阳光是最好的消毒剂；灯光是最有效的警察。"同时，法律不应试图使投资者避免亏损的业务；更不应承担（但与铁路和公共服务公司有关的少数情况除外）固定银行家利润的任务。他在引用《食品卫生法》时说："该法并不保证食品的卫生或价格，但确实有助于消费者通过要求披露食品的成分来判断食品的质量。"③ 最终，对于证券监管，美国国会也试图克服困难、设计出一种兼具保护投资者又不妨碍公司进入资本市场的监管体制，他们发现基于信息披露的路径是最适合实现两者之间微妙平衡的——国会担心联邦实质监管可能产生毁损市场自由的信号效应。④

联邦最高法院法官布兰代斯的继任者一开始就对纯披露的效力表达了十分不同的看法。《证券法》于 1933 年生效，其实质内容是规定证券的公开发行须报备说明书并使用招股说明书，若存在重大错误陈述或遗漏，则要求发行人和与发行有关的其他人承担民事和刑事责任。威廉·道格拉

---

① Securities Exchange Act Amendments, Hearings before Subcomm. of Senate Comm. on Banking & Currency on S. 2408, 81st Cong., 2d Sess. 10 (1950).

② S. 875 & H. R. 4314, 73d Cong., 1st Sess. §§6 (c), (e), (f) (1933). 有关向披露标准过渡的讨论，参见 Landis, "The Legislative History of the Securities Act of 1933", *Geo. Wash. L. Rev.*, Vol. 28, 1959.

③ L. Brandeis, *Other People's Money*, Frederick A. Stokes company, 1914, p. 63.

④ See Charles H. B. Braisted, "State Registration of Securities: An Anachronism No Longer Viable", *WASH. U. L. Q.*, Vol. 78, 2000.

斯教授对《证券法》提出了尖锐的批评。① 虽然他认为"讨论废除《证券法》或对其进行重大修改,纯属无稽之谈,"但是他认为《证券法》存在三大问题。首先,《证券法》远没有达到其目的。其次,在保护投资者的计划中以及在对高级金融罪恶进行的任何真正、永久纠正中,《证券法》之类的立法明显具有第二位的性质。再次,严格执行《证券法》注定会导致失败,因为该法与新政所构想的管制计划和现实中的整个经济是完全对立的。

道格拉斯认为,公开作为《证券法》的基础本身是不够的,因为需要投资指引的人无法从注册说明书中披露的资产负债表、合同或其他数据编报获得多少安慰。他们要么缺乏消化信息和发现信息有用所需的培训或智力,要么过于关注投机利润,乃至认为信息毫不相干。这部法律实质上是一部毫不现实的、为"缅因街(Main Street)业务"构想投资回报的"十九世纪立法"。最终,对资本市场的入口必须有某种形式的控制。②

罗斯福总统最终选择了披露理念。③ 正是这一理念最终胜出,而且现在就《1933 年证券法》而言,该理念也似乎得到很大程度的增强。然而,后续相关证券立法在许多重要方面都反映了 1934 年所阐述的道格拉斯理念。

1933 年和 1934 年系列证券法的颁布,并未终结与联邦法定公司披露制度有关的争论。自经济学家乔治·斯蒂格勒 1964 年发表的一篇后来广为引用的文章开始,④ 第二代批评者对证券交易委员会所管辖的法定公司披露制度提出了更彻底的挑战。斯蒂格勒、乔治·本斯通⑤和亨利·曼

---

① Douglas, "Protecting the Investor", *Yale Rev.*, Vol. 23 (N.S.) 521 (1934).
② 参见[美]路易斯·罗思、[美]乔尔·赛里格曼《美国证券监管法基础》,张路等译,法律出版社 2008 年版,第 27—28 页。
③ See S. Rep. No. 47 at 6-7 & H. R. Rep. No. 85 at 1-2, 73d Cong., 1st Sess. (1933)。有关 1933 年《证券法》颁布前不同哲理争论的讨论,参见[美]乔尔·赛里格曼《华尔街变革——证券交易委员会与现代企业融资史》, Aspen Publishers, 2003 年,第 34—42 页。
④ Stigler, "Public Regulation of the Securities Markets", *J. Bus.*, Vol. 37, 1964.
⑤ See Benston, "Required Disclosure and the Stock Market: An Evaluation of the Securities Exchange Act of 1934", *Am. Econ. Rev.*, Vol. 63, 1973.

尼①都曾对是否需要这种制度提出过疑问。虽然他们的作品在学术圈里引起了很大的关注,但他们的批评对证券监管似乎并无实际影响。例如,《1977年证券交易委员会顾问委员会有关公司披露的报告》暗含对批评法定公司披露制度的否定,认为国会在《1933年证券法》和证券交易委员会中所建立的披露制度是健全的,并不需要彻底的改革或革新。②

随后对证券交易委员会管辖的法定公司披露制度的批评,大多并无实际依据。这些批评更多建立在诸如有效市场假说或投资组合③等金融理论之上。通常,批评者疏忽或低估了与证券市场中证券欺诈、承销商或内幕人过高报酬或公共信心有关的证据,正是所有这些现象促使国会于1933年、1934年和1964年确定了当今法定公司披露制度的立法基础。④

理论上,确实可以认为并不需要法定公司披露制度,因为公司管理层拥有充分的激励来自愿披露对投资者重要的所有或实质所有信息。这类理论有助于解释公司为何可能自愿披露对投资者重要的信息。但是,这并不能解释一个世纪以来发生的证券欺诈,也不能解释为何在某些时期证券欺诈的发生急剧上升。这无法充分解释为何不受证券交易委员会法定公司披露制度约束的小公司似乎要对该委员会提起的大多数欺诈案件承担责任。解释管理层存在对投资者重要的信息进行自愿披露的激励的代理成本理论和其他理论,其几种基础假设同样显得不切实际。解释管理层存在对投资者重要的信息进行自愿披露的激励的各种理论,通常也假设认为,公司与披露有关的决定仅仅是股票市场价格和资本成本等财务考虑的结果。这一假设似乎更为不切实际。1933年以前许多商业公司不愿意披露当今认为

---

① H. Manne, *Insider Trading and the Stock Market*, Free Press 1966.

② Report of the Advisory Comm. on Corp. Disclosure to the SEC, House Comm. on Interstate & Foreign Commerce, 95th Cong., 1st Sess. 2 (Comm. Print 95-29 1977)。证券交易委员会早期关于法定公司披露制度的一项研究通常称为Wheat报告(以其主席Wheat的名字命名),该报告明显属于技术性报告,简要讨论了证券交易委员会需要披露制度。SEC, *Disclosure to Investors: A Reappraisal of Federal Administrative Policies under the '33 and '34 Acts*, 1969.

③ 有关该等理论的探讨,参见[美]路易斯·罗思、[美]乔尔·赛里格曼《证券法》第1卷,Aspen Law & Business, 1998年版,第181—186页。

④ 参见[美]路易斯·罗思、[美]乔尔·赛里格曼《证券法》第1卷,Aspen Law & Business, 1998年版,第193—223页。

至关重要的资产负债表和损益表数据,近期许多公司不愿意披露(或有效披露)业务数据或收益预测,这些常常被商业代表解释为害怕向竞争对手泄露有用的数据。[1]

近期美国有学者对披露规则的成本和弱点展开了详细分析。[2] 有学者既分析了披露制度的优缺点又分析了实质监管的优缺点。[3] 分析认为,虽然披露理念不信任政府干预,但是对公司权力集中存在与对政府权力集中一样的担忧,而不受监管的证券市场从来不是政府的选择。[4] 实质监管可以在限制公司不当行为中发挥积极作用,从而使投资者对证券市场更有信心。[5] 同披露制度一样,实质监管亦有其劣势。由政府官员筛选拟议的证券发行"明显对资本形成构成负担"。[6] 证券发行人不仅要令资本市场信服其发行的价值,而且还要令监管者信服,为此不得不克服更多的障碍,

---

[1] See Report of the Advisory Comm. on Corp. Disclosure to tile SEC, House Comm. on Interstate & Foreign Commerce, 95th Cong., 1st Sess. XXVII (Comm. Print 95-29 1977) 第XXI部分。经济和法律学家也主张,政府干涉迫使公司必须披露,因为实质信息对公众投资者来说是公众"利益"。See Coffee, "Market Failure and the Economic Case for a Mandatory Disclosure System", *Va. L. Rev.*, Vol. 70, 1984。关于如何进行证券监管的另一种非常不同的模式,参见 Romano, "Empowering Investors: A Market Approach to Securities Regulation", *Yale L. J.*, Vol. 107, 1998。对照 Fox, "Retaining Mandatory Securities Disclosure: Why Issuer Choice Is Not Investor Empowerment", *Va. L. Rev.*, vol. 85, 1999。

[2] 将披露作为证券市场各种疾病的消毒剂,存在各种危险和缺点。具体分析,详见 Susanna Kim Ripken, "The Dangers and Drawbacks of the Disclosure Antidote: Toward a More Substantive Approach to Securities Regulation", *Baylor Law Review*, Vol. 58, No. 1, 2006.

[3] Ronald J. Colombo, "Merit Regulation Via The Suitability Rules", *J. Int'l Bus. & L.*, Vol. 12, 2013.

[4] See Mark J. Roe, *Strong Managers, Weak Owners: The Political Roots of American Corporate Finance* 28-30, Princeton University Press, 1994 (describing Americans' distrust for accumulations of centralized power in government and in big business, especially on Wall Street).

[5] Susanna Kim Ripken, "The Dangers and Drawbacks of the Disclosure Antidote: Toward a More Substantive Approach to Securities Regulation", *Baylor Law Review*, Vol. 58, No. 1, 2006.

[6] Roberta S. Karmel, "Blue-Sky Merit Regulation: Benefit to Investors of Burden on Commerce?", *Brook. L. Rev.*, Vol. 53, 1987 (Not all state securities legislation is truly "merit regulation" -some take a different approach). But see Manning Gilbert Warren III, "Legitimacy in the Securities Industry: The Role of Merit Regulation", *Brook. L. Rev.*, Vol. 53, 1987 ("The argument that capital formation is impeded by state securities regulation, and, more particularly, merit regulation is … highly suspect").

承担更多的成本。伴随这种障碍,存在一种监管者犯错的风险:优质发行被错误拒绝之可能。① 同时,还必须考虑整个过程中飘荡着的腐败和偏见的幽灵。②

美国有学者在分析了实质监管存在的资源密集型缺点和因监管者判断导致某些发行被排除在资本市场之外的缺点后,提出采用合适性规则(suitability rules)可以获得实质监管的类似结果,同时避免实质监管相关的缺点,而合适性规则是建立在美国现行监管制度基础之上的。通过增强合适性规则,决策者能够达到实质监管预期的大多数目的,同时又能减少实质监管存在的主要缺点。经适当增强后,合适性规则使监管体系能够保障投资者根据个案免于进行存在不合适风险的投资,这样,既不剥夺公司又不剥夺投资者享有的、可能对其充分适当的互利投资机遇,即便这种机遇对其他人并不合适。通过合适性规则,还可以为主管机关提供一种监管系统性风险的工具。③

有学者从父爱主义的视角提出应当在成本效益分析和道德考量的基础上对制定和实施证券规则采取依个案定制的实质监管方法,而且认为父爱主义是最后的战略手段。④ 尤其是,因2008年金融危机及其导致的经济衰退,一些人已开始质疑原有的信息披露监管哲学是否可取,并建议在美国证券法中强化实质监管,即政府不仅要求确定的发行人信息披露,而且也要阻止被视为存在过高风险的证券发行。⑤ 同样,实质监管的父爱主义理

---

① See Jay T. Brandi, "The Silver Lining in Blue Sky Laws: The Effect of Merit Regulation on Common Stock Returns and Market Efficiency", *J. Corp. L.*, Vol. 12, 1987 (finding that "the criticism regarding market inefficiency due to merit restrictions may be unwarranted").

② On a related note, corruption in the traditional process of corporate chartering (which, like the merit regulation of securities, was done on a company-by-company basis) is what led, in part, to the promulgation of statutes of general incorporation (depriving state regulators of discretion in the granting or denial of corporate charters). Gregory A. Mark, "The Court And The Corporation: Jurisprudence, Localism, And Federalism", *Sup. Ct. Rev.* 403, 414 (1997).

③ Ronald J. Colombo, "Merit Regulation Via The Suitability Rules", *J. Int'l Bus. & L.*, Vol. 12, 2013.

④ Susanna Kim Ripken, "Paternalism and Securities Regulation", *Stanford Journal of Law, Business & Finance*, Vol.21, 2015.

⑤ See Joan MacLeod Heminway, "The Best of Times, the Worst of Times: Securities Regulation Scholarship and Teaching in the Global Financial Crisis", *J. Bus. & Tech. L.*, Vol. 5, 2010.

念也受到挑战。①

注册披露制度的实质是将政府监管权力回归市场，追求的是在各种权力主体之间的分权。故此，美国的实质审核主体呈现多元化，除了州政府的实质审核权之外，还存在另一种实质审核的机制，即其发达的中介机构和相对良好的中介信用机制发挥了事实上的实质审核功能，从而使联邦注册得以解放实质审核的大部分任务。由于相对发达的中介市场起到了有效的"看门人"（gatekeeper）作用，有力的"市场型实质监管"可以弥补"中央政治权力型实质监管"之不足。而且，相对良好的企业诚信监管系统，借助诚信的公司自治行为也可约束或减少部分欺诈发行，使联邦政府能节制其监管之手。②

概言之，对美国基于信息披露的证券监管制度的批评可分为两类：一是基于投资者保护立场，二是基于系统性风险立场。对投资者保护而言，信息披露路径的批评者不相信"投资者的审慎性"。他们怀疑投资者对信息的处理能力——即使其知晓所有必要的相关信息，投资者能否理解并作出稳健且合理的投资决定，尤其是金融工具变得越来越复杂，经常超出披露范围的情形。这些批评者试图保护投资者免受其自身的损害。这种观点无疑是父爱主义，但也源于历史经验，支持这种观点的有力证据就是2008年的金融危机。另一条进攻路线是系统性风险。简言之，资本市场被视为太重要、太复杂，以至于不应交由私人控制。资本市场不仅要交给新的能够自律的商业集团，也应交给能够联结公共利益与盈利驱动的政府机构。该主张关注的不是保护投资者免受其自身损害，而是保护所有人免受那些作出鲁莽投资决定之人的损害。这种判断建立在个人不当的投资决定会对其他人产生负外部性的观念之上。2008年的金融危机也是重要的证据。③

我国学者就以下问题存在激烈争议：注册制是否意味着实质审核的完全缺位？注册制是否仅仅等同于对合规与否的形式审核？或者说，注册制是否就意味着不进行任何方面的实质审核？有学者主张，"认为注册制在

---

① See Ronald J. Colombo, "Merit Regulation Via The Suitability Rules", *J. Int'l Bus. & L.*, Vol. 12, 2013.

② 参见蒋大兴《隐退中的"权力型"证券交易委员会——注册制改革与证券监管权之建构》，《法学评论》2014年第2期。

③ 同上。

历史上以及未来都是毫无争议地不包含实质监管,也不可能会亲近实质监管,从而一旦中国进行注册制转型后,目前盛行于发行审核过程中的实质审核就应当退居幕后、完全交由市场完成,无论如何都是一种比较不合事实及时宜的见解"①。有学者认为,美国的证券发行注册制是一种复合(双重)注册(dual registration)的结构,美国本土公司在其境内 IPO,除小额发行等豁免注册的情形外,需在联邦与州(发行或销售所涉及的州)两个层面同时进行注册——其中,联邦注册以信息披露为主,联邦证券监管权受到严格限定,而各州的证券发行监管一百多年来普遍实行实质审核,旨在控制证券投资风险。② 有学者认为,在注册制下实行的合规性审核,本身也包含了实质监管的内容。"要改变将合规性审核等同于形式审核的误解,合规性审核不是纯粹的形式审核,不是简单的书面审,更不是简单的法律文件的备案。并且,公司治理的合规与否本身,也涉及或者暗含了关于公司未来前景的判断。形式审核与实质审核的距离不像我们想象那么遥远。"③

由以上分析可见,近期以来所有学者均不否认注册披露制是全球主导性证券发行制度安排。"披露规则一直是美国证券监管的标杆,而且随着国会和证券交易委员会对威胁证券市场的新问题作出回应,披露要求将会继续增加。"④ 我国学者在论及注册制时,往往夸大了证券市场入口控制或者实质审查的重要性和作用,忽略了入口控制和实质审查存在的弊端,包括对国资背景发行人提供的特权、对中小民营企业的不平等以及其他寻租空间。其实,证券市场入口控制和实质审查不仅是我国资本市场腐败的根源之一,而且所谓严格的"核准制",缺位的民事诉讼制度和不健全的行政、刑事责任追究制度安排还成为各种股市乱象的根本原因。简言之,实质审查性质的核准制已经成为我国股市健康发展的制度性障碍。如果说

---

① 参见蒋大兴《隐退中的"权力型"证券交易委员会——注册制改革与证券监管权之建构》,《法学评论》2014 年第 2 期。

② 参见沈朝晖《流行的误解:"注册制"与"核准制"辨析》,《证券市场导刊》2011 年第 9 期。

③ 蒋大兴:《隐退中的"权力型"证券交易委员会——注册制改革与证券监管权之建构》,《法学评论》2014 年第 2 期。

④ Ronald J. Colombo, "Merit Regulation Via The Suitability Rules", *J. Int'l Bus. & L.*, Vol. 12, 2013.

"形式审核与实质审核的距离不像我们想象那么遥远",那么正是这"不怎么遥远的距离"成为资本市场监管改革的起点。学者们信守对资本市场实施实质监管的理念,这本身并无问题。但是,将资本市场的实质监管等同于入口管控和 IPO 实质审查确实有失偏颇。

虽然披露哲理假设作为理性行为人的投资者能够充分、有效地处理所有被披露的信息,而这种假设存在缺陷。虽然对所有个人——无论是公司执行高管、经验丰富的市场专业人士还是无经验的个人投资者之投资决策过程均构成限制的认知和行为偏见可能会削弱披露的效力,虽然立法者和监管者在起草证券法时不应当忽视揭露投资者处理信息方式的累积性心理研究,虽然市场及其参与者的有限理性造成仅依靠信息通常无法克服的无效性,但是这些都无法证明披露是一种不适当的证券监管方法。

需要注意的只是,一方面过度信任披露这一方案也存在各种危险。证券监管永远在路上,寻找适当的监管平衡是一个复杂、多面的问题,需要不断思考和商讨。然而,另一方面,实质监管与 IPO 实质审查并非同一概念。鉴于披露监管也会有缺点,更直接塑造公司行为的实质监管可能会有所帮助。鉴于证券监管有一项基本宗旨是增进投资者信心和保护投资者,旨在寻求确保公司行为公正、诚实的实质监管可能会有助于实现这一任务。① 虽然父爱主义与披露理念性质上决然不同,虽然父爱主义没有多少足可称道的价值,虽然更加美好的世界并非必须有父爱主义的世界,但是父爱主义确实是一种最后的战略手段。② 虽然表面上看证券监管制度反映着一种反父爱主义的理念,但是实际上证券法总是会包含一些重要的父爱主义元素,而且美国有学者认为美国联邦证券法在过去 80 年越来越走向保护主义和父爱主义。美国现代证券监管规则中父爱主义性质规则的例证比比皆是,包括禁止在私募发行中向无经验的投资者出售证券、限制 D 条例豁免注册发行中未受权投资者的数量、对众筹(crowdfunding)设定单个投资者投资金额上限、③ 禁止排除联邦证券法等。父爱主义规则的意图

---

① See Susanna Kim Ripken, "The Dangers and Drawbacks of the Disclosure Antidote: Toward a More Substantive Approach to Securities Regulation", *Baylor Law Review*, Vol. 58, No. 1, 2006.

② Susanna Kim Ripken, "Paternalism and Securities Regulation", *Stanford Journal of Law, Business & Finance*, Vol.21, 2015.

③ 参见美国《众筹法》第 302 条(a)、《证券法》第 4 条(a)(6)。

是防止投资者承担政府认为超过投资者好处的风险,保护投资者避免作出对投资者可能构成长期损害的金融决策。因此,证券规则的基础是相互竞争的双重公共政策。父爱主义和反父爱主义这双重主题贯穿于整个证券法,两大主题处于持续紧张关系之中。

可以认为,证券监管以披露作为基本理念,以父爱主义规则体现的各种禁止性要求和限制作为负面清单;[1] 披露理念和负面清单理念一正一负,相互交织,共同演进,是证券市场监管的永恒主题。除此之外,对于基本的注册披露理念和制度安排,证券监管还规定各种豁免证券和豁免交易,作为一种特殊形式的例外。然而,对于注册要求的豁免,并不排除适用反欺诈规定和对券商等权力拥有者的其他诚信义务要求。[2] 正如学者所言:"注册制不等于完全否决实质监管,只是实质监管的渠道和方式可能有不同的安排。"[3] 我国学者们往往在理论上混淆了注册披露制度与实质监管制度之间的关系,因此造成对我国证券发行监管理念和监管体制在实际运行中存在的问题缺乏正确的认识。

第二节 我国证券发行监管制度现状、趋势与注册制改革

一 我国证券发行监管制度的演进与现状

证券发行是发行人以募集资金为目的,依照法定程序向投资者以同一

---

[1] 有关金融领域服务税的负面清单规定,详见 Excise and Customs Reporter, 1-15 January 2012 accessed at SSRN-id2004047 (2015.05.10)。有关贸易自由化负面清单的探讨,详见 Sasidaran Gopalan et al., "The Imperfect Substitutes Model in South Asia: Pakistan-India Trade Liberalization in the Negative List", December 11, 2012 accessed at SSRN-id2208312 (2015.05.10)。

[2] Joan MacLeod Heminway, "How Congress Killed Investment Crowdfunding: A Tale of Political Pressure, Hasty Decisions, and Inexpert Judgments That Begs for a Happy Ending", *Kentucky Law Journal*, Vol. 102, 2013-2014 (i.e., mandatory disclosure rules, antifraud and other liability provisions, and substantive regulation of participants and conduct)。

[3] 蒋大兴:《隐退中的"权力型"证券交易委员会——注册制改革与证券监管权之建构》,《法学评论》2014 年第 2 期。

条件出售证券的行为。证券发行市场又称为一级市场,而证券交易市场则称为二级市场,二者构成完整的证券市场。发行监管制度是证券市场法律制度最为重要的组成部分之一。

我国的资本市场从计划经济走向市场经济,目前,证券市场尚在转轨之中。我国证券发行监管体制改革注定是一个由行政管制向市场化约束机制推进的过程。发行监管体制从配额管理和指标管理等行政审批制进入通道制和保荐制等核准制阶段,目前正在探索实行注册制,体现着市场化的改革取向。

从1984年11月上海飞乐音响和1985年1月延中实业分别向社会发行规范的股票开始,我国股市至今已有30多年的历程。发行制度的演进主要表现在监管体制和审核制度的变化上。从监管主体上看,中国证券交易委员会成立之前,股票发行市场监管主体包括人民银行、中央及地方体改委、计委和国务院证券委等政府部门。国务院证券委在1998年8月撤销后,其职能并入中国证券交易委员会,证券市场主导监管者的权力开始集中统一。从审核制度上看,我国证券发行制度演进路径如下。

第一阶段:审批制(20世纪80年代初至2000年)

审批阶段分为央行独家审批阶段(20世纪80年代初至1992年)和两级审批阶段,后者又分为"配额管理"阶段(1993—1995年)和"指标管理"阶段(1996—2000年)。

"配额管理"的主要做法是:国务院证券管理部门根据国民经济发展需求及资本市场实际情况,先确定总额度,然后根据各省级行政区域和行业在国民经济发展中的地位和需要进一步分配总额度,再由省级政府或行业主管部门选择确定可以发行股票的企业(主要是国有企业)。"指标管理"实行"总量控制,限报家数"的做法,由国务院证券管理部门确定在一定时期内发行上市的企业总数,然后向省级政府和行业管理部门下达股票发行企业数量指标,省级政府或行业管理部门在上述指标内推荐预选企业,证券主管部门对符合条件的预选企业同意其上报发行股票正式申报材料并审核。1998年《证券法》实施之后,虽然不再确定这种发行指标,但1997年指标的有效性一直持续到2001年。

第二阶段:核准制(2001年至今)

核准制分为"通道制"(2001年至2004年9月)和"保荐制"

(2004年10月至今)两个阶段。1998年《证券法》对发行监管制度做了改革,其中第15条规定:"国务院证券管理机构依照法定条件负责核准股票发行申请。"2001年3月6日颁布实施《股票发行核准程序》,实行了核准制下的"通道制",也就是向各综合类券商下达可推荐拟公开发行股票的企业家数。每个有资格的主承销商可获得2—9个通道,通道数就是其可申报的拟公开发行股票的企业家数。通道制下股票发行"名额有限"的特点未变,但是通道制改变了过去行政机制遴选和推荐发行人的做法,使得主承销商在一定程度上承担起股票发行风险,同时也真正获得了遴选和推荐股票发行的权力。

保荐制是中国证券监管部门目前正在推行的一种股票发行监管制度。保荐制的主体由保荐人和保荐机构两部分组成,满足一定条件和资格的人方可担任企业发行股票的保荐人,凡具有两个以上保荐人的证券公司(或资产管理公司)可成为保荐机构。2004年证券交易委员会开始保荐制与通道制并行,2005年后保荐制全面代替了通道制。2005年《证券法》第10条正式将债券发行审批制改为核准制,继续维持股票发行的核准制。

从以上演进看,股票发行制度是一个从政府多部门管理体制转向集中统一管理体制、从审批制转向核准制的过程,但股票发行与债券发行审核机关一直保持分立。虽然从理论上讲,核准制是介于审批制与注册制之间的中间形态,但是我国将审批制改为核准制后,核准制在实践中往往比审批制还要严格。证券监管制度是证券市场发展的产物,我国在修改《证券法》时往往对业已存在的制度进行确认。例如,2005年《证券法》就确认了实践中已经采用的保荐制。我国早期的证券市场承载着救助许多陷入财务困境的国有企业、解决下岗职工就业和促进国家从计划经济向市场经济过渡的历史使命。因此,当时的证券发行监管具有高度政府管制的特点,带着计划经济时代的烙印。但是,随着这一历史使命的完成,对证券发行实施管控已经失去意义,证券发行制度改革势在必行。[①]

[①] 然而,国家政策在决定股市发展中的强大影响力仍然不容忽视,也正是政府和国家政策的这种影响力决定着注册制推出的时间和进度。

二 我国证券发行监管制度发展趋势与注册制改革

（一）发展趋势

如上所述，我国在建立股票市场初期采用了股票发行审批制，1998年《证券法》转而采用股票发行核准制。随后，学术界开始了应否引入股票发行注册制的讨论，并引起了实务界的高度关注。国务院2014年5月8日发布《关于进一步促进资本市场健康发展的若干意见》，提出"积极稳妥推进股票发行注册制改革"的意见。党的十八届三中全会通过的《中共中央关于全面深化改革若干重大问题的决定》明确提出要"推进股票发行注册制改革"。可见，推行股票发行注册制，既是我国证券市场法制建设的发展方向，也是立法者承担的政治任务。[①] 2015年4月22日十二届全国人大常委会第十四次会议审议了《证券法（修订草案）》，初步勾画了股票发行注册制的规则框架。近年来，学术界一直倡导在立法理念转换基础上进行制度重构的《证券法》修订方式，[②] 理论的意义在于指导实践，在法制文明、诚信机制与市场生态均与发达国家资本市场存在重大差异的中国，探寻审核制向注册制变革的路径，研究注册制在我国的实现机制具有重要意义。[③]

当前，我国学者对股票发行注册制改革趋势并无多大争议，但是对于注册制的真实含义和具体要求以及其同实质监管之间的关系却存在不同的主张。有学者主张，"推进"本身是一个"逐步进行"的过程，并不意味着完全否定实质监管。周小川先生在解读党的十八届三中全会精神时认为，注册制的改革也不是完全放弃实质监管，只是减少实质性监管——是"以充分的信息披露为核心，在股票发行过程中，减少证券监管部门对发行人资质的实质性审核和价值判断，弱化行政审批，增强发行制度的弹性和灵活性，降低股票发行成本，提高融资效率。加强事中、事后监管力度，完善各种民事与刑事责任追究制度，有效抑制欺诈上市等行为"。可见，注册制在相关部门的解释中也不等同于完全放弃实质监管，只不过实

[①] 参见叶林《关于股票发行注册制的思考——依循"证券法修订草案"路线图展开》，《法律适用》2015年第8期。

[②] 参见陈甦、陈洁《证券法的功效分析与重构思路》，《环球法律评论》2012年第5期。

[③] 参见李文莉《证券发行注册制改革：法理基础与实现路径》，《法商研究》2014年第5期。

质监管更多表现在前文探讨过的体现父爱主义的负面清单[1]和对违反披露义务等欺诈行为的责任追究机制上,而不是资本市场入口的实质审核方面。

《证券法》第二次大修订于 2015 年 4 月进行一审后,立法部门目前正在研究修改调研过程中。按照全国人大常委会发布的 2016 年立法工作计划,备受关注的《证券法(修订草案)》计划在 12 月的全国人大常委会会议上进行第二次审议。目前,全国人大常委会制定、修改的法律,多为"三审制"。也就是说,如果 2016 年年底的二审,各界对《证券法(修订草案)》仍有较大分歧,那么本次《证券法》大修就有可能顺延到 2017 年,跨越三年。

本次《证券法》修改为何一度"延迟"?对于 2015 年未启动二审的原因,由于草案中的一些规定对于市场比较敏感,有关方面商量先不公开征求意见。在此后的立法研究修改调研过程中,发生了 2015 年 6—7 月的股市异常震荡,[2] 对于《证券法》修改的内容就变得更敏感了。股市波动,使得《证券法》修改向后推迟。全国人大常委会委员、全国人大财政经济委员会副主任委员尹中卿曾披露:上级要求《证券法》修改要吸取股市异动的经验教训,改革不成熟的基本制度。因此,《证券法》修改将完善基本制度,会涉及证券发行对企业的要求、退出制度、监管机构的职责等多个方面。

根据全国人大财政经济委员会关于《证券法(修订草案)》的说明,随着我国证券市场的快速发展,改革创新的不断深入,现行《证券法》的许多内容已难以完全适应证券市场发展的新形势,主要表现是证券发行

---

[1] 2016 年 3 月 18 日,证券交易委员会宣布加大对违规开展私募产品拆分转让业务(即 P2P "私募拆分")的查处力度,并称"一经发现,将依法严肃处理"。接着,证券交易委员会 5 月 11 日叫停上市公司跨界定增,涉及互联网金融、游戏、影视、VR 四个行业,同时这四个行业的并购重组和再融资也被叫停,希望资本市场的资金尽量流向实体经济产业。虽然相关并购其实没有被全面叫停,但以后都会从严审核,每个案例都是"一事一议",禁止无实际盈利仅讲故事的标的资产收购。从"一事一议"这个说法来看,监管层的裁决权力会增大,这也代表着监管思路的收紧。这些都是实质监管负面清单措施的例证。

[2] 证券交易委员会 2016 年 1 月 7 日晚紧急发布通知,自 1 月 8 日起暂停实施指数熔断,熔断机制实施 4 天即告暂停。推出熔断机制引起的股市恐慌,导致对《证券法》具体内容的修改更加敏感。

管制过多过严,发行方式单一,直接融资比重过低,资本市场服务实体经济的作用未能有效发挥;证券跨境发行和交易活动缺乏必要的制度安排,① 不能适应市场创新发展和打击非法证券活动的需要;市场约束机制不健全,对投资者保护不力,信息披露质量不高,监管执法手段不足。

修改《证券法》的指导思想是,以党的十八届三中、四中全会精神为指导,着力满足股票发行注册制改革的立法需求,实现立法和改革决策相衔接,立法主动适应改革发展实践需要,从而更好地发挥市场在配置资源中的决定性作用,进一步完善资本市场的融资功能。同时,进一步加强投资者合法权益保护,推动证券行业创新,简政放权,强化事中事后监管,促进多层次资本市场健康发展。②

作为权宜之计,在《证券法》正式修订前,国务院已经可以根据全国人大常委会的授权对证券发行实行注册制。2015年12月27日第十二届全国人民代表大会常务委员会第十八次会议通过了《全国人民代表大会常务委员会关于授权国务院在实施股票发行注册制改革中调整适用〈中华人民共和国证券法〉有关规定的决定》,规定:"为了实施股票发行注册制改革,进一步发挥资本市场服务实体经济的基础功能,第十二届全国人民代表大会常务委员会第十八次会议决定:授权国务院对拟在上海证券交易所、深圳证券交易所上市交易的股票的公开发行,调整适用《中华人民共和国证券法》关于股票公开发行核准制度的有关规定,实行注册制度,具体实施方案由国务院作出规定,报全国人民代表大会常务委员会备案。本决定的实施期限为两年。国务院要加强对股票发行注册制改革工作的组织领导,并就本决定实施情况向全国人民代表大会常务委员会作出中期报告。国务院证券监督管理机构要会同有关部门加强事中事后监管,防范和化解风险,切实保护投资者合法权益。"该决定自2016年3月1日起施行。

(二)《证券法(修订草案)》有关发行注册制的相关规定

《证券法(修订草案)》一审送审稿共16章338条,其中新增122

---

① 2014年11月17日,沪港通开通仪式在香港交易所举行,标志着沪港通正式开通。2016年8月16日,李克强总理在国务院常务会议上明确表示,国务院已批准《深港通实施方案》。沪港通和深港通的推出,迈出了证券跨境发行和交易活动制度安排的第一步。

② 参见全国人大财政经济委员会关于《证券法(修订草案)》的说明。

条、修改 185 条、删除 22 条，有关证券发行注册制改革的主要内容如下所述。①

1. 实行股票发行注册制

推进股票发行注册制改革，其本质是以信息披露为中心，由市场参与各方对发行人的资产质量、投资价值作出判断，发挥市场在资源配置中的决定性作用。在与股票发行注册制改革方案相协调的基础上，修订草案以公开发行在证券交易所上市交易的股票为主线，确立了股票发行注册的法律制度。

一是明确注册程序。取消股票发行审核委员会制度，规定公开发行股票并拟在证券交易所上市交易的，由证券交易所负责对注册文件的齐备性、一致性、可理解性进行审核（第 22 条），交易所出具同意意见的，应当向证券监管机构报送注册文件和审核意见，证券监管机构十日内没有提出异议的，注册生效（第 23 条）。公开发行股票但不在证券交易所上市交易的，其注册条件和程序由证券监管机构另行规定（第 19 条）。

二是修改发行条件。取消发行人财务状况及持续盈利能力等盈利性要求，规定发行人及其控股股东、实际控制人最近三年无经济类犯罪记录、发行人具有符合法律规定的公司组织机构、最近三年财务会计报告被出具为标准无保留意见的，可以申请注册（第 20 条）。

三是细化参与各方的责任。发行人注册文件及补充修改情况、解释说明等，均应当公开（第 21 条、第 22 条）。发行人和保荐人应当保证其真实、准确、完整（第 27 条、第 28 条）；证券服务机构及其从业人员应当恪守职业道德和执业规范，勤勉尽责，保证出具文件的真实、准确、完整（第 29—31 条）；负责承销的证券经营机构应当对发行文件的真实性、准确性、完整性进行核查（第 44 条）。同时，规定现场检查、核查制度以及欺诈发行的撤销注册制度，并明确相应的民事责任和监管措施（第 24 条、第 32 条、第 33 条）。

四是建立公开发行豁免注册制度，规定向合格投资者发行、众筹发行、小额发行、实施股权激励计划或员工持股计划等豁免注册的情形（第 13—16 条）。

五是建立股票转售限制制度。从许多境外成熟市场的做法来看，转售

---

① 有关《证券法（修订草案）》的内容，摘自上引说明。

限制制度是股票发行注册制的内在要求和重要组成部分。修订草案立足我国市场实际，规定未经注册的股票应当注册后公开发行（第51条、第52条），或者按照"安全港"所规定的条件通过公开交易卖出，同时将股东划分为关联人和非关联人（第56条），规定了不同的"安全港"条件（第53条、第54条、第57条）。这一制度也有助于解决我国市场上长期存在的大股东套现、"大小非"解禁等难题，符合加强投资者保护的价值取向。

2. 建立健全多层次资本市场体系

现行《证券法》主要规范交易所市场，对其他层次市场缺乏明确规定。修订草案对多层次资本市场增加了相应规定。一是将证券交易场所划分为证券交易所、国务院批准的其他证券交易场所、证券监管机构批准的证券交易场所（第177条、第180条、第181条），并明确组织股权等财产权益交易的其他交易场所应当遵守国务院的有关规定（第181条）。二是明确公开发行的证券，可以在证券交易所、国务院批准的其他证券交易场所公开交易（第59条）。三是明确证券交易所、国务院批准的其他证券交易场所、证券监管机构批准的证券交易场所可以组织证券的非公开交易（第60条）。四是规定证券交易所、国务院批准的其他证券交易场所可以依法设立不同的市场层次，设立公开交易市场应当经证券监管机构批准（第179条）。五是构建多层次信息披露制度。针对公开发行的证券、公开发行豁免注册或者核准的证券和非公开发行的证券，以及股票未公开交易公众公司，分别规定了不同的信息披露义务（第17条、第140条、第144条、第145条）。

3. 需要特别说明的问题

关于证券的范围，现行《证券法》规定的证券的范围主要限于股票、公司债券，已难以适应证券市场发展的现实需要，也不利于打击非法证券活动。对此，多数意见主张扩大证券范围，建议将实践中已经出现的证券品种纳入证券范围，体现《证券法》作为资本市场基础性法律的地位。但是，扩大证券范围，如将集合性投资计划份额等纳入，涉及这类金融产品性质的认定，也涉及有关部门的职责分工等一系列复杂问题。本着稳妥处理、循序渐进的原则，经与有关部门反复商议，修订草案在对证券进行定义的基础上，适当扩大证券的范围，规定股票、债券、存托凭证以及国务院认定的其他证券适用《证券法》；资产支持证券等受益凭证、权证的发行与交易，政府债券、证券投资基金份额的上市交易适用本法，其他法律、行政法规另有规定的，适用其规定（第3条）。

对于本法调整范围是否保留证券衍生品种，不少意见认为，实践中权证、股指期货、股票期权等证券衍生品种不断发展，将证券衍生品种排除在本法的调整范围之外，可能导致基础证券和衍生品种之间适用不同的法律，容易造成法律适用的混乱，不利于打击并遏制跨市场内幕交易、操纵市场等违法行为，应当保留现行《证券法》对证券衍生品种的规定，明确权证、期货、期权等证券衍生品种的法律适用。但考虑到股票期权等证券衍生品种也可纳入期货法的调整范围，为做好《证券法》修改与期货法起草工作的衔接，修订草案删去了现行《证券法》有关证券衍生品种的规定，未将股指期货、股票期权等证券衍生品种纳入调整范围（第3条）。

现行《证券法》规定公开发行股票和公司债券实行核准制。对于注册制的适用范围，有意见主张，《证券法》调整的证券应当实行统一的发行制度，注册制应当适用于所有的证券品种；在股票实行注册制改革的情况下，公司信用类债券及其他证券从产品属性和实践经验来看，也有条件实行注册制。但考虑到股票发行注册制改革是当前证券市场改革的重点和难点，而对于将发行注册制适用范围扩大到公司信用类债券及其他证券，条件是否成熟，还需要进一步研究。为确保注册制改革的顺利推出，减少争议，现阶段注册制改革的范围宜限定于股票，为此，修订草案规定股票发行实行注册制，维持债券及其他证券发行实行核准制（第19条、第35条）。

（三）股票发行审核制的评价及《证券法（修订草案）》存在的主要问题和完善建议

1. 股票发行核准制的评价

构建股票发行注册制的前提是发现股票发行审核实践中存在的真问题，总结现有股票发行审核的经验教训，而不是简单地改变名称。否则，即使是转而采用了注册制的称谓，在实质内容上仍将是核准制。对于证券发行审核，现行法律和行政法规主要采用了"审批"和"核准"两个词语，有时也采用"批准"的词语。在证券市场建立初期，我国明文规定股票发行采用审批制。[①] 1998年《证券法》颁布实施后，股票发行审核改

---

① 参见叶林《关于股票发行注册制的思考——依循"证券法修订草案"路线图展开》，《法律适用》2015年第8期。

为核准制，公司债券发行采用审批制。2005年《证券法》将发行"核准"统一适用于股票和公司债券。

我国在实行股票发行核准制的过程中，长期存在立法机关"定品质"、监管机关"定价格"和"定速度"三个现实问题，进而构成了解读现行股票发行核准制的三个核心要素。《证券法》直接规定或授权监管机关规定股票发行的实质条件，即"定品质"。《证券法》第13条第1款明确规定，公司公开发行新股，应当"具有持续盈利能力，财务状况良好"，并具有证券交易委员会"规定的其他条件"；第2款规定，上市公司非公开发行新股，应当符合经国务院批准的国务院证券监督管理机构规定的条件。正是因为《证券法》规定了"持续盈利能力"等发行条件并授权证券交易委员会规定再融资的条件，夯实了证券监管机关的监管职权。法定条件已成为采用股票发行注册制的最大障碍。这种带有父爱主义情结的思想，不仅阻碍了股票融资的发展，也弱化了股票市场的价值发现功能，加剧了投资者的依赖性。要想完成从核准制向注册制的转变，必须首先删除《证券法》关于证券发行品质的规定，证券监管机关必须废止已有的股票发行条件的诸多限制。①

关于证券监管机关引导"股票发行的价格"，比较一致的看法是，证券监管机关采取了特别措施，直接或间接地影响股票发行价格，即"定价格"。根据证券交易委员会2012年5月30日发布的《关于新股发行定价相关问题的通知》，经发行人董事会确定的发行市盈率高于同行业上市公司平均市盈率25%的，应当补报有关文件；在出现某些规定的情形时，证券交易委员会还会重新启动发审会的审核程序。这种政策不是直接给股票发行定价，但发行人为了避免不必要的麻烦，还是尽力遵守这种带有指引性的定价规则。政府或证券监管机关应否介入以及如何介入"股票定价"，向来是我国证券市场上最有争议的问题。多数股票在上市后价格暴涨而诱发的"打新股"热情，恰恰说明了政府介入定价的不合理性。

证券监管机关直接或者间接调控股票发行的节奏和速度，即"定速度"。例如，证券交易委员会自2012年11月3日起开展IPO自查与核查工作，新股发行均告停止。直到证券交易委员会于2013年11月30日发

---

① 参见叶林《关于股票发行注册制的思考——依循"证券法修订草案"路线图展开》，《法律适用》2015年第8期。

布《关于进一步推进新股发行体制改革的意见》，我国才重新启动股票IPO，其间停顿1年有余。证券交易委员会提出未来"发行节奏更加市场化。新股发行的多少、快慢将更大程度由市场决定，新股需求旺盛则多发，需求冷清则少发或者不发"。

再言之，核准制和注册制的主要区别在于何人对股票作出"投资价值判断"。在注册制下，立法者不规定股票发行条件，证券监管机关借助信息披露机制，展现拟发行股票的真实品质，投资者自行决定投资并承担相应的投资风险。在核准制下，立法者大多设置了股票发行的条件，监管机关既要求发行人履行信息披露义务，还要依照法定条件审查发行人的股票发行申请，以确保发行人的真实状况不劣于法律规定的条件。不仅如此，我国监管机关除要审核发行人是否符合股票发行条件、强制发行人履行信息披露义务以外，还在事实上承担了对股票品质或投资价值的鉴别责任，[①] 甚至需要斟酌股票发行造成的市场影响。

证券监管机关介入股票的投资价值判断，显然与"市场化"原则背道而驰，应当成为股票发行审核体制改革的核心，是修订《证券法》需要解决的主要问题。为了推进股票市场的市场化程度，应当在废除股票发行之法定条件的同时，最大限度地约束证券监管机关的权力，投资者是股票价值的真正判断者，也应当成为股票投资风险的承担者。

我国股票发行从审批制改为核准制后审核实践中并未弱化审查权力和标准；《证券法》一开始就有投资者自担投资风险的宣誓规定（1998年《证券法》第19条和现行《证券法》第27条），但实践中监管机关却进行股票品质或投资价值鉴别。这种立法与实践之间的差别，显示的是我国证券监管理念在立法和实践中并未统一。可见，进一步在立法中统一监管理念，并将立法理念贯彻到监管实践和司法实践之中，任重而道远。

2. 股票发行注册制的评价

我国股票发行审核应从核准制变为注册制，是多数学者的共识。然而，究竟什么才是注册制？注册制是否有统一的形态？我国应采用何种样态的注册制？对于这些基础问题，学者存在分歧，进而在注册制模式上产生分歧。

[①] 这种判断显然与现行《证券法》第27条关于"股票依法发行后，发行人经营与收益的变化，由发行人自行负责；由此变化引致的投资风险，由投资者自行负责"的宣示内容相左。

发达市场实行的股票发行制度，都是股票市场一般规律和具体国情相结合的产物，没有完全一样的模板。我国在建立股票发行注册制时，既要考虑境外注册制的理念，又要特别考虑股票发行监管的历史成因和阶段性特征；既要考虑学者在注册制上的主张，也要考虑投资者的接受程度；既要考虑注册制的技术规范，又要考虑与注册制配套的规则状况，唯有如此，才能使注册制解决我国自己面临的问题。①

关于注册制理念，学者的归纳不尽一致。有学者认为，"注册制和核准制的最大差异在政府在出售证券的品质挑选上扮演什么样的角色。注册制是通过信息披露的要求，对出售证券的品质有着隐含的要求，更多通过市场和中介机构来挑选出售证券的品质……其实政府并不适合担任这个角色"②，从而基本上排斥了政府的介入。但也有学者认为，注册制的制度内涵可归纳为"重信息披露、轻实质审核；多市场参与，少价值判断；强责任约束，弱数量控制"③，即政府介入只有程度之别，而无应否介入之分。

美国股票发行注册制"是在百年博弈和反复试错的过程中形成的适应于其政治、经济、文化需要的独特运行机制"④，归位尽责的中介机构、规范成熟的机构投资者、畅通便利的退市机制、一究到底的诉讼机制和行政执法，已成为一整套自洽相容的制度体系。我国证券市场属于新兴加转轨的市场，缺少美国实行股票注册制的社会背景，尤其缺少与注册制配套的制度环境。我国在推行股票发行注册制的同时，也需要加强信息披露制度的建设，强化中介机构的责任意识，而不是简单地回避美国经验。⑤

3. 修订草案存在的主要问题和进一步完善的建议

修订草案第 2 章第 1 节"一般规定"第 12 条规定："公开发行证券，

---

① 参见叶林《关于股票发行注册制的思考——依循"证券法修订草案"路线图展开》，《法律适用》2015 年第 8 期。
② 彭冰：《信息披露是注册制的核心》，《证券法苑》2014 年第 12 卷。
③ 郭雳：《注册制改革应把握重点、有序推进》，载桂敏杰总编《证券法苑》第十二卷，法律出版社 2014 年版，第 277 页。
④ 李燕、杨淦：《美国法上的 IPO"注册制"：起源、构造与论证——兼论我国注册制改革的移植与创生》，《比较法研究》2014 年第 6 期。
⑤ 参见叶林《关于股票发行注册制的思考——依循"证券法修订草案"路线图展开》，《法律适用》2015 年第 8 期。

应当符合法律、行政法规规定的条件，并依法报经国务院证券监督管理机构或者国务院授权的部门注册或者核准"；接着第19条规定："公开发行股票并拟在证券交易所上市交易的，应当依照本节规定注册"，第35条规定："公开发行债券，由国务院证券监督管理机构或者国务院授权的部门核准；公开发行其他证券，由国务院证券监督管理机构核准。"由此，形成了证券发行中"注册制"和"核准制"并存的双轨制模式，从而限制了股票发行注册制的适用范围。需要探讨的是，采用注册制和核准制并存的双轨制模式，是否恰当、合理？修订草案关于股票注册制的规定，应当如何加以改进？

《证券法（修订草案）》引入了股票发行注册制，却严格限制了它的适用，并在客观上限制《证券法》的适用范围，因而，需要慎重作出评价。修订草案规定的股票发行注册制，仅适用于股票。股票以外的其他证券，包括债券类证券、存托凭证类证券、收益凭证类证券、权证类证券以及国务院认定的其他证券。对于该等证券，修订草案规定采用核准制。之所以采用新的双轨制，或许在于立法机关急于落实股票发行注册制，而不欲动摇现有的金融分业监管模式。依照现有监管体制，金融债券和企业债券的发行，分别由银行业监管机关和发改委负责审批。修订草案扩大了证券的范围，并将股票以外的证券之发行审批制改为核准制，却未触及现有的金融监管体制。由此造成以下疑惑：相较于股票而言，债券具有还本付息的特征，除了债务人违约而导致债券本金和利息遭受损失以外，债券的偿付风险较低。从有利于投资者之角度来看，若采用注册制，就更应该将债券等其他证券纳入注册制的适用范围。然而，修订草案将注册制局限于股票发行，未将注册制适用于债券等其他证券。这或许表明，立法者在是否选择注册制时，首要的考虑因素并非保护投资者利益，而是尊重现有的金融分业监管模式。在我国现实环境中，行政权力无疑是金融业的主导力量，立法者未必能有效地突破金融分业监管的模式。然而，既然注册制还是一项约束行政权力的制度安排，在强调证券市场之"市场化"和"法制化"的大背景下，应当努力在更大范围内适用注册制，而不是直接反映现有的金融分业监管模式，更不应过分受制于现有的金融分业监管模式。

其实，金融监管模式迟早要进行变革，见第九章分析。金融监管框架必将突破分业监管模式，走向审慎监管和行为监管并行的双峰监管模式。

基于上述讨论，建议调整修订草案拟定的路线图，具体如下所述。

①扩大注册制的适用范围。全面推行证券发行注册制,其中,所称证券应当与修订草案所称证券保持一致。只有通过扩张注册制的适用范围,才能最大限度地发挥注册制的功效,有效约束行政权力,适应证券市场之"市场化"发展趋势。《证券法》修订后,在金融分业监管模式变革之前,可以暂由银行业监管机关和发改委继续负责融债券和企业债券发行的注册工作,灵活把握注册标准,待金融监管框架彻底转变为双峰监管模式后,再由证券交易委员会统一负责所有证券的注册工作。②重新解释注册制的含义。修订草案未明确注册主体究竟是证券监管机关抑或是证券交易所。为了确保证券监管机关统一行使职权,避免造成证券监管机关与证券交易所之间关系的混乱,确定证券监管机关在股票发行中的统一监管地位,应当将注册主体确定为证券监管机关,并规定发行人公开发行股票并拟上市的,应当同时向证券监管机关和证券交易所报送注册文件。①③实行注册制,要调整证券监管机关的权力范围和地位,并对其权力结构进行重整。注册制意味着审核权可以下放到交易所,实行"发行审核"与"上市审核"的相对分离。同时,注册制也意味着部分审核权回归证券中介及服务组织,律所、保荐机构和券商在IPO过程中的业务中心和角色会发生根本性改变。在我国目前的信用环境下,强化"投资者适当性"制度,推行承销团、保荐团的集体(联合)承销、集体(联合)保荐形式,用连带责任的方式建立一种私人监控机制,可以最大限度地减少注册制给投资者和社会公众带来的不安。②为了适应股票发行多样化的实际情况,证券监管机构可以根据需要,将公开发行豁免注册的审查事项交给证券交易所之外的适当机构(如证券经营机构或其他认可的机构)承担。④最后也是最重要的,就是要加大事中、事后监管力度,推出并完善各种行政、民事与刑事责任追究制度。注册制的核心是披露信息,并依据信息披露追究各种权力主体的行政、民事与刑事责任,完善一级市场的失信制裁机制,督促发行人和各种中介机构等权力主体慎独自律。除放宽民事赔偿请求标准和加大刑事责任处罚力度之外,还要进一步明确证券监管机构的行政执法

---

① 参见叶林《关于股票发行注册制的思考——依循"证券法修订草案"路线图展开》,《法律适用》2015年第8期。

② 参见蒋大兴《隐退中的"权力型"证券交易委员会——注册制改革与证券监管权之建构》,《法学评论》2014年第2期。

权。既然证券交易所及其他承担审核职责的机构是受证券监管机关委托或授权而实施审核,对于在审核中发现的证券违法行为,无论是受托机关实施的,抑或是发行人或中介机构实施的,证券监管机关均有权依法作出行政处罚。

第三节 豁免制度与众筹监管

如本章第一节所述,证券监管以披露作为基本理念,以父爱主义规则体现的各种禁止性要求和限制作为负面清单,体现法无禁止即可为的法治理念。即便是对于基本的注册披露理念和制度安排,证券法往往还规定各种豁免证券和豁免交易制度,进一步为中小企业进入资本市场提供便利,促进金融创新,服务实体经济。然而,对于注册要求的豁免,并不排除适用反欺诈规定和对券商等权力拥有者的其他诚信义务要求。

为此,《证券法(修订草案)》建立了公开发行豁免注册制度,规定向合格投资者发行、众筹发行、小额发行、实施股权激励计划或员工持股计划等豁免注册的情形(第13—16条)。

一 豁免制度

实践中,私募发行、小额发行、众筹等已经在不同程度上开展,现行《证券法》却缺少必要的制度供给。注册制改革,牵一发而动全身,修订中的《证券法》以注册制为基础来重构证券发行活动,注册豁免制度是一个无法回避的问题。[1]

证券发行注册豁免制度的存在主要基于两个理由:一是投资者本身足够成熟,不需要常规发行注册程序的保护;二是通过成本收益比较,在某些情形下,相比收益而言,注册的成本太高从而不值得维持。有鉴于此,发行注册豁免主要适用于两种情形:私募发行和小额发行。私募发行豁免中,投资者主要是成熟投资者,通常被认为足以自我保护。小额发行豁免则主要是基于成本收益的考量。[2]

---

[1] 参见肖百灵《证券发行注册豁免制度前瞻》,《证券市场导报》2014年第6期。
[2] 同上。

对证券发行注册豁免制度最大的误解在于：豁免注册等同于不受监管。事实上，从境外经验看，证券发行注册豁免制度至少包含如下含义。其一，证券发行无须按照公开发行的监管要求，向监管机构注册，向全体投资者提交法定招股书。但具体制度设计上有灵活性，可以要求按简化方式注册，也可以要求向投资者披露某些重大信息。其二，每种注册豁免都需要满足相应条件。例如：私募发行豁免通常要求投资者是成熟投资者，非成熟投资者人数有一定限制，不能公开营销。其三，在发行环节上豁免注册证券的转让往往受限。其四，多种注册豁免情形并存时，需建立合并规则，考察多个有联系的发行行为是否应合并计算，从总体上确定是否符合豁免注册要求。其五，对发行人或中介机构适用证券法的法律责任条款，证券监管机构对相关违法行为进行行政执法。

从内容上看，美国证券发行注册审核豁免制度主要可分为两大类：针对证券发行人的性质和证券的特点所规定的证券豁免；根据证券交易本身性质确定的交易豁免。体现为美国《1933年证券法》第3条规定的"豁免证券"和第4条规定的"豁免交易"，但是这种两分法是欠考虑的。该法第3（a）（2）—（8）条和第3（a）（13）条，是真正的证券豁免。而第3（a）（9）—（12）条、第3（b）条或第3（c）条豁免的证券或证券发行人，并没有什么特别之处。但是第3条和第4条项下的任何豁免，均适用证券法和证券交易法的反欺诈规定，也适用第12（a）（2）条规定的有关误导性陈述或遗漏的民事责任条款。不过有个例外，即第12（a）（2）条规定本身不适用于政府、银行证券和第3（a）（2）条豁免的其他证券。[①]

我国要在《证券法》中引入证券发行注册豁免制度，至少需要考虑以下问题。其一，注册豁免制度至少应包括私募发行豁免。实践中，包括私募债在内的证券私募发行已经积累了比较成熟的经验，需要在立法上明确。其二，涵盖小额发行豁免，包括众筹发行豁免。其三，区分不同的豁免情形，对豁免证券的转让进行限制。其四，豁免注册的证券发行，可能使用非证券公司类中介机构进行尽职调查或者接触潜在投资者，对此，应对这类中介机构实施统一的行为监管。其五，《证券法》上应就证券发行

[①] 参见路易斯·罗思、[美] 乔尔·赛里格曼《美国证券监管法基础》，张路等译，法律出版社2008年版，第260—261页。

豁免制度设置相应法律责任条款，同时授予证券交易委员会行政执法权。①

《证券法（修订草案）》明确推出了证券发行注册豁免制度，分别从证券豁免和交易豁免两个方面作出了规定。第 14 条是有关豁免的一般性规定，既包括私募和小额发行，也包括豁免交易和豁免证券："通过证券经营机构公开发行证券，募集资金限额、发行人和投资者符合国务院证券监督管理机构规定的条件的，可以豁免注册或者核准。"第 15 条属于豁免证券的范畴："企业实施股权激励计划或者员工持股计划，向职工发行股票累计超过二百人，符合国务院证券监督管理机构规定的，可以豁免注册。"第 16 条属于私募豁免证券，即规定向下列合格投资者公开发行证券，可以豁免注册或者核准：国务院及其金融行政管理部门批准设立的金融机构或者认可的境外机构；前项规定的金融机构管理的证券投资基金以及其他投资性计划；实缴资本不低于三千万元、所持有或者管理的金融资产净值不低于一千万元的投资公司或者其他投资管理机构；实缴资本或者实际出资额不低于五百万元、净资产不低于五百万元的除金融机构以及投资管理机构以外的其他企业；年收入不低于五十万元、金融资产不少于三百万元、具有二年以上证券、期货投资经验的个人。该条还规定："国务院证券监督管理机构可以根据市场情况变化，调整合格投资者的条件。"

需要说明的是，第 13 条关于众筹的豁免规定，从性质上属于具体的交易豁免，应当置于第 14 条有关注册豁免的一般性规定之后。也就是说，应当将第 13 条和第 14 条的位置互换。

第 17 条是与豁免注册相关的信息披露规定："依照本法第十三条至第十六条的规定公开发行证券豁免注册或者核准的，发行人应当按照国务院证券监督管理机构的规定，披露招股说明书或者公开发行证券募集说明书。""发行人应当保证披露或者提供的信息真实、准确、完整。发行人披露或者提供的信息有虚假记载、误导性陈述、重大遗漏，给投资者造成损失的，应当承担赔偿责任。"也就是说，豁免注册同样要披露相关信息，作为保护投资者和追责的依据。

---

① 参见肖百灵《证券发行注册豁免制度前瞻》，《证券市场导报》2014 年第 6 期。

二 众筹监管

众筹是指面向社会公众筹集资金,特别指以资助个人、公益慈善组织或商事企业为目的的小额资金募集,一般可分为捐赠众筹、预售众筹、股权众筹和P2P等。正是21世纪互联网、云计算、大数据等技术的革新使得众筹理念得以迅速传播,在客观上带来了支付方式、信息处理和资源配置技术的重大改革,使得互联网用户群体快速转化成潜在投资者,众筹得以借力迅速发展。[①] 世界银行2013年发布《发展中国家众筹发展潜力报告》,其中所给的定义更能准确界定众筹的主要特性,即"众筹以互联网科技为基础,利用社区和公众的智慧与判断来决定一个创业项目或计划应当得到多少市场关注、资金支持,并能为尚在起步阶段的项目提供实时反馈"。

从美国的实践来看,股权众筹融资模式对现行监管规则带来诸多挑战,包括对现行证券发行制度的挑战、对金融监管模式的挑战和对投资者保护的挑战。为了通过适当放松企业融资限制,加大证券市场对初创企业的融资支持,促进企业的资本形成,进而拉动经济增长,创造更多的就业机会之目的,美国总统奥巴马2012年4月5日正式签署了《初创期企业推动法》(*Jumpstart Our Business Startups Act*)(简称JOBS法)。该法第三章"避免欺诈和不当披露之在线众筹法"(简称"众筹法")对美国《1933年证券法》和《1934年证券交易法》进行了修改,允许符合该法要求的一定额度的证券发行可以豁免注册,进而为众筹发展确立了合法性基础。尽管JOBS法豁免了众筹证券的注册义务,为避免豁免注册带来的监管约束的降低,但该法案严格确立了参与股权众筹的市场主体必须满足的豁免条件,即融资企业的发行规模限制、单个投资者的投资金额限制以及通过经法定注册的中介机构发行和销售股票。在中介机构方面,要求股权众筹融资的中介机构必须在美国证券交易委员会登记注册为法定经纪人或融资门户(Funding Portal),必须向投资者揭示风险并做好投资者教育,必须按规定履行信息披露义务等。[②] 应该看到,不同于美国《证券法》

[①] 参见杨东、刘磊《论我国股权众筹监管的困局与出路》,《中国政法大学学报》2015年第3期。

[②] 同上。

《证券交易法》历来强调以发行人的信息披露为核心、投资者自担风险的监管理念,JOBS法对于股权众筹的监管,在强调信息披露的基础上向前更进一步,除严格规定众筹发行人、投资者的发行规模和投资限制外,还新设立众筹专业机构,并强调该专业机构的诚信披露义务。

按照国会要求,美国证券交易委员会2015年12月22日批准了金融业监管局为实施JOBS法而制定的《融资门户监管规则》(以下简称《规则》),并于2015年10月30日通过了《众筹监管条例》(以下简称《条例》),这两部法规于2016年1月29日同时生效。《条例》除承继了JOBS法的主体内容外,重点对众筹融资企业或发行人的信息披露、投资者的认购及转让、中介机构的服务行为进行规制,初步搭建了股权众筹监管的规则框架。《规则》则是基于行业自律的角度,规定了融资门户会员申请的流程、申请标准以及行为准则。《条例》关于融资企业的监管要求包括首次发行的信息披露、持续信息披露和发行宣传的限制;关于中介机构的监管要求包括经纪商和融资门户的注册义务、降低欺诈风险的义务、投资者教育的义务、避免利益冲突的义务和投资者适格的审查义务等。

《证券法(修订草案)》第13条首次对互联网众筹及其豁免作出规定:"通过证券经营机构或者国务院证券监督管理机构认可的其他机构以互联网等众筹方式公开发行证券,发行人和投资者符合国务院证券监督管理机构规定的条件的,可以豁免注册或者核准。"我国《证券法》还应就众筹发行人、投资者的发行规模和投资限制作出具体规定,并确定融资门户类专业机构的诚信披露义务。证券交易委员会则应当着眼于明确众筹发行人及中介机构的行为规范、信息披露要求及投资者保护义务,出台具体的监管规则。

在承认股权众筹合法地位的前提下,应当在放低准入门槛的基础上加强监管,实现"宽进严管",推进我国金融监管模式由分类监管向行为监管与审慎监管相结合的转变。除了立法、政府监管之外,还必须强调行业协会的自律监管,为股权众筹行业的发展保驾护航。

第四章

资本市场受信人的诚信义务与民事责任制度

虽然资本市场监管的主要对象是公众公司，但是由于资本市场受信人依靠自身的专业知识和技能为在资本市场从事交易的公司提供服务，或者提供专门的理财服务，靠声誉、社会的信任和专业知识获利，成为一种特殊类型的权力拥有者，因此也必然成为资本市场监管的对象。对资本市场受信人的监管，紧紧围绕这些机构和个人承担的诚信义务展开。受信人的诚信义务，包括忠实义务和注意义务，注意义务中的公开披露要求成为对这些受益人进行追责的根本依据，忠实义务则要求受信人不得有任何欺诈行为。①

第一节 资本市场受信人与看门人概说

一 资本市场受信人

大多数人在整个人生过程中都维系着各种诚信关系（fiduciary relationships）。在这种关系中，人们既可能是受信人（包括代理人、公司高管和董事、受托人、律师及医师、审计师和评估师等）又可能是受信人的相对方（包括本人、投资者、委托人、受益人、客户以及患者等）。此外，受信人还包括基金管理人和投资顾问等。这些关系可能体现为合同、财产转

---

① 有关受信人诚信义务的基本理论，详见第一章分析。

让、持股以及其他类型的日常交易等。诚信关系具有以下共同特征。[①] 第一，受信人主要提供服务（与产品相对）。受信人所提供的服务通常是社会所需要的，并且一般需要专长，如治疗、法律服务、教学、资产管理、公司治理以及宗教服务等。第二，为了有效履行这些服务，需要向受信人授予财产或者权力。第三，这种授权将委托人置于受信人可能不值得信任的风险之中。受信人可能盗用受托资产或者滥用受托权力，或者不充分履行其所承诺的服务。第四，存在以下可能：①委托人无法保护自己免受诚信关系带来的风险；②市场可能无法保护委托人免受这些风险；③受信人建立信誉的成本可能高于其从诚信关系中获得的利益。[②]

资本市场典型的受信人可以列举如下。

（1）专业人士：医师和律师。专业人士拥有大多数委托人所不具有的专长。其服务可能涉及财产的委托，并且在大多数情况下，涉及权力的委托。因此，律师必须被授权在法庭上代理客户进行辩护。同其他受信人相比，专业人士的大量特征更具有独特性。首先，他们是提供服务的专家。这个特征也符合其他受托人，如基金管理人。其次，传统意义上来讲，专业人士提供的是公共服务。这些专业服务对于社会至关重要，专业人士对委托人和社会享有的权力非常重要。在诉讼中，对自身的客户，对其不知道的客户（在集团诉讼中），对其他律师的客户，以及对司法程序的进行，律师都拥有受信人地位。

（2）受托人。受托人是诚信关系中的受信人。信托是一种"有关财产的诚信关系，产生于设立诚信关系的明示意向，使持有财产所有权的人承担为慈善或者一人或多人的利益而处理财产的义务"[③]。历史上，大多数信托具有个人性质。但是，受托人也被用于为债券持有人等公众成员利益等特定目的，也被用于破产程序受托人等特定群体成员利益等特定目的，在破产程序中受托人要收取债务人财产并将其分配给债权人。因此，受托人的用途多种多样。

（3）基金管理人。基金管理人与受托人、公司董事和高管类似。像大多数受托人一样，向基金管理人授予的投资者资金用于投资，一般投资

---

① Tamar Frankel, *Fiduciary Law*, New York: Oxford University Press, 2011, p.6.
② 参见张路《诚信法初论》，法律出版社2013年版，第80—100页。
③ [US] Restatement (Third) of Trust Section 2, at 17 (2003).

于金融资产。但是，与公司董事不同，基金管理人就决定如何投资拥有较少的自由。其自由通常受委托人的指令和制定法限制。基金管理人的自由裁量权不如大多数受托人那样受限，但是没有大多数公司管理层的权力广。

（4）中介机构：经纪商和交易商。经纪商将为特定目的寻求合作的人集中在一起。经纪商的目的可能不同，但是经纪功能实质上是一样的。因此，经纪商包括股票经纪人、不动产经纪人、业务买卖经纪人、婚姻经纪人。经纪商有时变成交易商，即交易的另一方当事人。经纪商，如证券经纪商等，也是客户资金或者资产的受寄托人。有些经纪商是代理人，有权使客户受到法律义务的约束。还有些经纪商，如不动产代理人，作为当事方的代管代理人，但是无权使其客户受到法律义务的约束。因此，不同的经纪商代表不同的委托程度。经纪商是下述事项相关的受信人：①受托资产的完整性；②代表委托人执行交易；③依赖其建议；④使用其所服务的当事方委托的信息。

2008年和2009年，证券经纪商的地位成为热点问题。证券经纪商拒绝被划归受信人类型。证券经纪—交易商声称由证券交易委员会监管下的自律组织负责管理。历史上，他们通常被视为销售人员，要向客户提供较高标准的公平待遇。2010年开始，根据法律规定，这些经纪商可以但是不必作为客户所依赖的顾问和理财规划师而成为受信人。但是，这个问题目前尚未解决。

证券经纪商扮演着多重角色。经纪商作为代理人代表客户进行交易，还以本人身份与客户进行交易。作为交易者，他们可以为客户提供流动性，还为特定证券做市。这些多重角色具有经济意义，但是当其与客户的关系夹杂合同和诚信关系并带来严重利益冲突问题时，也会带来严重的法律问题。

作为交易商，这些经纪商不再是受信人，而是成为卖方或者买方。作为代理人，经纪商被授予客户的资金或者资产。他们可以同时代表买卖双方，也可以代表发行人。有些经纪商还提供投资建议和理财规划。

当经纪—交易商既是经纪商又是顾问和理财规划师时，其法律地位就更加模糊。此时，经纪—交易商充当客户的代理人、顾问和理财规划师，同时是针对客户的销售人员，并且是代表第三方与客户进行交易的交易商。

适用于经纪—交易商的规则体现了其模糊地位。例如，证券交易委员会为经纪—交易商设定了看似来自合同法而不是诚信法的义务。证券交易委员会的"招牌理论"指出，当经纪—交易商挂出招牌并向公众提供服务时，他们承诺公平对待公众。因此，对经纪—交易商设定的义务，其依据不是诚信法而是契约性质的虚假陈述。

即便如此，在有些情况下经纪商的诚信义务也是不可放弃的，而且披露也不足以使他们免于承担这些义务。例如，当客户行为明显像举止无控的赌徒，并要求经纪商执行"经济上自杀的"交易时，经纪商必须在关键时刻停止执行指令，并停止代表客户交易。除非客户要求经纪—交易商为其执行特定交易，否则经纪—交易商须遵守"合适性规则"。他们必须根据客户的情况，向客户提供"合适的"投资建议。

经纪—交易商与客户之间的关系显示出合同法和诚信法的混合性质，要遵守监管规定。而法律分类则反映着监管制度。例如，在美国对冲基金不受《1940年投资公司法》规制。只要对冲基金顾问的客户不足15人，这些顾问就无须在证券交易委员会注册。但是，这些未注册的顾问要适用《1940年投资顾问法》第206条反欺诈条款规制。

（5）董事和高管。自公司作为法人实体产生时起，公司董事和高管的受信人地位就已经确立。起初，董事和高管都被类比为受托人。随着法院逐渐给予债权人较少保护，诚信法的发展已经开始转向监管规定和立法。

20世纪初产生的公司丑闻与公司管理层对谁承担诚信义务这个问题关系较为密切。公司与股东的分离始于承认股东的多元化（通常是不同类别的股东）。随着公司规模的扩大及其对人们生活影响的扩大，有人主张管理层与员工和公司经营所在社区以及整个国家之间存在诚信关系。但是，当投资者全体一致撤出股票所有权，导致证券市场干涸时，法院就很可能会加强对公司管理层的监管。信托原则体现了董事所扮演的角色是公司股东、债权人、职工、消费者和广大社会公众的受托人。[①]

（6）占有破产财产的债务人。诚信关系会随着变化的环境而产生。企业破产时，原先的权益所有者则不再享有破产财产的所有权——权益。事实上，债权人随后就是权益持有人。因此，债务人——原先的所有者，

[①] 参见刘俊海《公司的社会责任》，法律出版社1999年版，第2页。

就以受信人身份为债权人的利益而持有破产财产。"占有破产财产的债务人及其控制权人对破产财产承担诚信义务。"①

（7）评级机构。资本市场中的信用评级机构（NRSROs）具有中介机构和准监管机构的性质，信用评级报告不再是一种媒体观点而是一种专家意见。信用评级机构与发行人之间是承揽合同关系，信用评级机构与投资者是诚信关系，对投资者负有诚信义务，并承担诚信责任。②

在美国和欧洲，广泛认为信用评级过错和评级程序缺陷是全球金融危机的关键因素之一。③ 正因如此，信用评级机构面临各种拷问，也提出了对信用评级机构进行大幅度改革的各种建议。持续不断的争论虽然集中于主要发达市场，但是也将影响到新兴经济国家的政策选择：是重点增强评级的可靠性，还是重点创建替代机制和制度，以便更有效地履行发达市场中传统上授予信用评级机构的作用。

评级机构主张，其评级是意见而不是购买、出售或者持有证券的建议。在美国，评级机构声称其与财经记者的身份相同，因此作为"媒体观点"的信用评级结果受《宪法第一修正案》（关涉"宗教、言论、新闻自由"）的严格保护。他们主张这一保护排除了政府对评级意见的内容或者评级所使用的基础方法的监管。

信用评级旨在通过提供与所评级证券相关的信息，减少证券发行人与投资者之间的信息不对称状况，从而提高市场效率，这种基于发行人的资产、债务、经营绩效以及其以往的借贷行为作出的评估，在债务市场上发挥着重要的信息传导功能，有助于缓解金融市场的信息不对称问题。信用评级还有助于解决某些本人-代理人问题，如对代理人代表本人承担的风险设定最高限制。此外，评级通过帮助分散的债券投资者监督债券业绩，利用降级充当采取行动的信号，可以解决这些投资者的集体行动问题。

美国监管机构首次在20世纪30年代使用信用评级，以限制受监管实体持有资产的风险程度。但是，直到近期，对信用评级机构的监管待遇是

---

① Lange v. Schropp (In re Brook Valley Ⅶ), 496 F. 3d 892, 900 (8th Cir. 2007).

② 有学者主张是"专家责任"。

③ Jonathan Katz et al., *Credit Rating Agencies No Easy Regulatory Solutions*, The World Bank Group, *Crisisresponse*, Note 8, October 2009, p. 1, Accessed at http：//rru.worldbank.org/PublicPolicyJournal on November 2012.

矛盾的：一方面，监管标准建立在信用评级基础之上；另一方面，就如何进行评级却几乎没有直接监管。

通过将信用评级纳入监管要求，监管机构实际上将许多监管功能外包给评级机构，使信用评级对发行人至关重要并成为金融业各种监管的基石。因此，虽然信用评级机构明显缺乏责任而且也不愿意承担这种责任，但是现在却充当非常关键的角色，是事实上的资本市场"看门人"（gatekeeper）。监管中对评级机构的"硬性规定"一方面强迫市场参与者使用信用评级机构的服务，另一方面又保护信用评级机构免于外部竞争和责任。此时，信用评级机构像是一把打开各类监管规定大门的"钥匙"，获得一种"监管许可"（regulatory licenses）的权力。[1]

信用评级成为几乎每一国家债券市场债券发行的前提条件。相比而言，信用评级在股权市场基本不相关，可能是因为美国和欧洲的政策对发售股票并无评级要求。信用评级机构因为在助推资产支持的结构化债券市场这一全球金融危机主要催化剂不可持续的增长中的作用而受到广泛批评。

经过这次金融危机，美国对评级机构的责任标准已经出现变化。《1933年证券法》第11条规定，律师、会计师、评估师、承销商等须对其在发行登记文件中的重大不实陈述承担法律责任，而信用评级机构却不在此列；信用评级机构不需要向SEC披露财务报表及其他材料，也不接受常规监管。次贷危机中，原本极少被诉的信用评级机构成了越来越多案件的起诉对象。2010年7月21日，奥巴马签署《2010年华尔街改革与消费者保护法》，允许投资者以"因故意或者轻率而未进行合理调查"为理由，指控信用评级公司的某些失职行为。

根据服务条款、财产或者权力委托、所面临的诱惑、个体和组织以及市场控制这些权力拥有者及权力拥有者滥用信任的诱惑的能力，确认新兴诚信关系是一个持续过程。诚信关系无须一次产生，可以慢慢地为法律认可。正在形成的诚信关系中的受信人包括配偶、调解人、朋友、抵押贷款经纪人、发明人与发明的商业开发商、封闭式公司的股东、发行人控股股东，此外还有审计师和信用评级机构等。

---

[1] F. Partnoy, *How and Why Credit Rating Agencies Are Not Like Other Gatekeepers*, Legal Studies Research Paper 07—46, University of San Diego School of Law, 2006, p. 82.

从事资本市场发行、发起、交易和服务活动的受信人是资本市场受信人，包括我国《证券法》中的证券经营机构和证券服务机构等。证券经营机构指的是专门经营证券业务的金融机构——证券公司，资金供给和需求双方均需通过证券公司作为中介实现资金余缺的融通和调剂，通常称为"投资银行""证券公司"或者"券商"；证券服务机构指的是为证券市场提供有关服务业务的机构，包括律师事务所、会计师事务所、资产评估机构、资信评级机构、投资咨询机构、财务顾问机构等。本书所指资本市场"看门人"与我国《证券法》中的证券服务机构在同义范畴内使用。资本市场受信人和看门人适用有关受信人的权力诚信义务和责任规定，详见本书第一章论述。[①] 有关资本市场看门人的诚信义务和责任制度规则，是一般受信人权力诚信义务和责任的发展和具体化。

二 资本市场看门人

"看门人"是受信人的一种。科菲教授将"看门人"定义为以自己声誉资本为担保向投资者提供认证、核实服务，向投资者保证发行证券品质，在声誉机制和法律责任机制的约束下，能够发现发行人/上市公司的不当行为并通过拒绝提供服务支持的方式阻止该不当行为，使其无法通过资本市场大门的各种市场中介机构，主要包括证券公司、审计师、律师、证券分析师和信用评级机构，[②] 此外还有基金管理公司和期货经纪商等。

（一）看门人理论的运行机制

从发行人/上市公司内部结构上看，看门人理论旨在解决公司管理层与股东之间信息不对称可能导致的投资者与管理层之间的委托——代理问题，提升公司股价的准确度。[③] 现代公司治理的功能是解决公司所有权和控制权分离带来的代理成本问题，使公司所有者和控制者保持利益一致。看门人在公司治理中能够起到相对公正的信息传递者角色，使得投资者能够获取公司的相关真实信息，保护投资者，为传统的公司治理机制提供良

---

① 参见张路《诚信法初论》，法律出版社2013年版。
② 参见〔美〕约翰·科菲《看门人机制：市场中介与公司治理》，黄辉、王长河等译，北京大学出版社2011年版，第2页。
③ 同上书，第4页。

好的环境。市场上自发出现作为第三方认证服务提供者的看门人，是资本市场的信息中介，也是"声誉中介"。① 从公司与外部市场的关系来看，看门人理论旨在解决信息不对称可能导致的"柠檬市场"和"逆向选择"问题。看门人的使用在本质上是一种市场机制内生的、对于信息不对称问题的解决办法。看门人理论是当前美国联邦证券法下强制信息披露制度采纳的理论基础之一。② 中介机构是资本市场的信息中介，也是信誉中介。专家建议，资本市场改革创新中，必须推动中介机构归位尽责，切实承担起市场看门人的作用。进一步提升中介机构诚信水平，要注重发挥严格执法和行业自律两方面的作用。在现行法律、法规上，中介机构的义务和责任已有明确的规定，今后应进一步加大执法力度，切实把法律规定落到实处。③

要使看门人能够勤勉尽责地为投资者验证、核实信息，使看门人理论有效发挥作用，需满足三大条件：①看门人的独立性；②看门人理论两大运行机制（声誉机和法律责任机制）的有效发挥；③看门人法律责任机制设计带来的成本的合理性。在这三个条件中，第一个独立性是看门人理论有效运行的保证，第二个两大运行机制是看门人理论有效运行所依赖的路径，是决定看门人理论从应然状态到实然状态能否有效发挥作用的关键，也对保证看门人独立性有着重要作用；第三个法律机制设计带来的成本的合理性是指对看门人进行法律规制是有效的。在市场的声誉机制下，并不存在政府的干预，一切都是市场的行为与作用，无须考虑成本问题。但是在法律责任机制下使用看门人会带来相应的成本。采用作为信息不对称解决办法的看门人理论时，相关制度的设计与安排都离不开成本效益分析。只有当使用看门人的成本是经济的，看门人机制才是解决市场信息不对称的有效办法，否则由监管机构直接监管发行

---

① See Reinier H. Kraakman, "Corporate Liability Strategies and the Costs of Legal Controls", *Yale Law Journal*, Vol. 93, 1984, pp. 857 – 890; ReinierH. Kraakman, "Gatekeepers: The Anatomy of a Third-Party Enforcement Strategy", *The Journal of Law and Economics*, Vol. 2, 1986, p. 53.

② 参见彭景《美国证券市场"看门人理论"在我国的移植效应研究》，博士学位论文，对外经济贸易大学，2013年，第1页。

③ 上海证券交易所法律部：《资本市场建设需要进一步弘扬法治精神》，《证券法苑》2013年第1期。

人/上市公司更能在整体上提高社会福利。①

(二) 看门人机制为何会失灵

世界范围内爆发的公司丑闻和金融危机，让社会公众看到了看门人制度失灵的现实与危害。解释看门人机制失灵现象的理由有四点。② 第一，代理成本问题。虽然同流合污对于看门人而言不值得，但是由于代理成本问题，从看门人的代理人或员工的角度看，他们同流合污的行为就有意义。第二，看门人职业市场竞争不完全。这就使得同一市场中的各看门人可能会相互串通，或心照不宣地协同行动。第三，看门人的声誉资本价值可能已经减至很低，以至于他们无须再努力地去保护该资本。第四，受到法律诉讼追究的风险很低。

这次金融危机的教训是，只有当看门人的竞争目标是为了获得投资者的青睐时，市场竞争机制才能发挥作用。当看门人为了发行人的青睐而竞争时，竞争机制就会失灵。资信评级机构的深层次问题就在于其"发行人付费"的商业模式。任何改革都必须面对资信评级市场中的激励机制问题。不处理好这个问题，改革就不会成功。看门人只忠于选择和任命他们的人。③

到底是什么更加强大的力量导致看门人机制失灵呢？主要有三种假说。④

（1）威慑力下降说。即看门人面临的法律责任显著下降，投资者提起诉讼或者监管机关强制执行的威慑力下降，看门人变得更愿意铤而走险，更易于默认公司管理层的虚假陈述等违规欺诈行为。

（2）管理层压力增大假说。管理层薪酬的巨大变化促使公司经理更加有兴趣致力于使公司股价短期最大化。为此，公司经理会设法对看门人施压或者诱使他们默许有越来越高风险的会计政策。

（3）股市泡沫假说。该假说认为，在泡沫市场中参与不当行为对看

---

① 参见彭景《美国证券市场"看门人理论"在我国的移植效应研究》，博士学位论文，对外经济贸易大学，2013年，第44—49页。

② 参见[美]约翰·科菲《看门人机制：市场中介与公司治理》，黄辉、王长河等译，北京大学出版社2011年版，第9页。

③ 同上书，第3页。

④ 相关证据和阐述，详见彭景《美国证券市场"看门人理论"在我国的移植效应研究》，博士学位论文，对外经济贸易大学，2013年，第65—91页。

门人声誉的影响很小，看门人变得不那么重要，对于投资者来说更加关注的是事前的预测信息，投资者不再依赖于看门人的事后监管，管理层也会因为投资者的行为仅仅将看门人视为某种必要的形式主义。只有当投资者小心谨慎地对管理层抱有怀疑的时候，看门人才会显得重要。在这种情况下，看门人价值在持续下降，看门人的技能和声誉显然与投资者利益无关。在经理和股东都希望公司利润持续增长的双重压力下，对于看门人来说采取顺从客户的态度才是有利的选择。

当然，所有这些假说都是相互补充的。例如，如果审计师同时面临公司经理增加他们审计报酬的诱惑和监管者放松监管带来的法律成本下降，那么他们默许金融不当行为的意愿就会增强。

(三) 策略与方案

如前所述，看门人通常是由其监督的对象（即公司董事高管）聘用和付费。由此造成的问题，可以从两个视角进行调整。一是重新检讨并重构看门人机制中的委托代理关系。① 二是探索一个更加严谨的系统理论框架，减少投资者的信息劣势。投资者为了减少信息劣势，可以采取两个主要战略。第一，采取法律机制，依靠法律诉讼约束公司管理层和其他代理人，处理这些人违反诚信义务或者契约条款的不当行为。第二，除此诉讼策略之外，另一策略就是依靠看门人监督公司管理层，并就管理层的投机行为向投资者发出警报。看门人机制不需要太依赖法律手段，甚至也不依赖私人契约，而主要依赖绑定机制和声誉机制。法律策略重在事后制裁和救济，看门人策略则是事前防范。这两种策略均旨在减少信息不对称问题，从而增加市场透明度。法律改革需要理论指导，但是现代许多法律改革中的许多举措均缺乏严谨的理论框架。现实中，美国综合采取上述两种策略，但是这两种策略均不完全成功。在法律诉讼机制尚不完全的国家，包括我国，则必须更加依赖看门人策略。

作为解决方案选择，与上述第一个视角对应的是重构委托代理关系，与第二个视角中的两种策略对应的分别是诉讼和同行评审两种方案。此外，还有一个方案是利用披露解决委托代理关系中的利益冲突问题。

如上所述，诉讼和依赖看门人这两种方案并不完全成功。通过重构委

---

① 详见［美］约翰·科菲《看门人机制：市场中介与公司治理》，黄辉、王长河等译，北京大学出版社2011年版，第381—412页。

托代理关系创建一个更加强势的委托人也许可行,但是直接由股东挑选看门人的改革似乎更像不切实际的空谈。通过披露等手段解决利益冲突问题之方案和同行评审之方案同样存在问题。代理人披露利益冲突后,股东只会采取极端措施抛售股票,而不能对此类信息作出有意义的回应;在高度集中的看门人市场,同行评审中的互利行为模式得以迅速膨胀,削弱了该方案的有效性。

总结历史,不同类型看门人的行为模式有共同点,即努力维护其自身行业的独立性,避免客户公司的董事高管对公众承担责任,同时在自我约束方面的投入也很少。当看门人制度受到质疑的时候,终极监管机构会采取接管态势;但让一个监管机构长期监管一个行业是困难的。最终的结果是,伴随危机和丑闻的一阵暴风骤雨般霹雳监管手段之后,一切又都归于"风平浪静"式的常态,倒是行业自治和市场垄断得到进一步加强。[1] 类似PCAOB的自律组织采用专业人士监督专业人士的做法看似更有前途。

展望未来,利益冲突是看门人行业永恒的话题。尽管如此,看门人职业几乎不进行任何自我约束,会计师行业曾向咨询服务业大举扩张。职业道德通常要求客观性,而会计职业的上述行为却完全背离了这一标准。面对巨大的经济利益诱惑,传统职业文化就像软弱的芦苇一样弱不禁风。随着科技和创新发展,各类看门人更加愿意改变自己的"技术"本色,为客户提供更有价值创造力的服务。如果不存在强大的威胁,威胁到自身的发展,看门人行业不会主动进行改变,而会随时"顺从"地满足客户的需求。迁就客户不当要求的违规成本与所获收益之间的平衡一直在发挥着重要作用。看门人更倾向于承认自己服务的客户是管理层而不是投资者。谁给"饭碗"谁就是真正的主人。因此,看门人希望拥有的声誉资本和市场的性质就发生了变化。而且,在基本上属于高度集中性质的市场上,看门人维持声誉资本的动机会变弱。[2] 通过诉讼让看门人承担责任的做法存在成本。具体规则能够为会计师提供安全港,而在宽泛的原则下,会计师有较大自由裁量权,也因此导致诉讼风险和威胁。证券分析师等某些看门人则没有足够的动机去承担社会需要的最佳角色。单单靠法律诉讼威胁

---

[1] 参见李炜、李婉丽《市场中介与公司治理:重构"看门人"制度框架》,《湖北社会科学》2015年第10期。

[2] 同上。

不能解决这个问题。需要为分析师寻找研究资金来源,使其研究覆盖中小型公司,以保持市场的透明度。因此,胡萝卜和大棒要同时使用。看门人面临一个困境:如果没有诉讼威慑,看门人行业就会迁就客户的高风险做法;一旦要承受相当大的法律诉讼风险,看门人行业又会坚持缩小所承担的义务范围,要求建立安全港和一个基于具体规则而不是抽象原则的法律体系。这一困境反过来界定了法律监管的角色。我们必须同时实施两个几乎相互矛盾的改革措施。看门人要面对真正能够产生足够威慑的法律诉讼风险,同时也要遵守要求他们进行自由裁量和满足合理性标准的行业规范。①

(四) 美国看门人法律制度的设计

对包括看门人在内的受信人施以严格法律责任以弥补声誉机制的不充分是美国的主要做法,美国历次资本市场危机之后都伴随着法律及监管变革。①1929年股市崩溃和接下来的经济大萧条中,美国颁布了两部联邦证券法,其中《1933年证券法》主要规范证券公开发行,设立了一套联邦证券法信息披露制度,对承销商、董事、会计师等能够发现和阻止证券公开发行虚假陈述的中介机构进行规制。《1933年证券法》第11条涵盖了看门人理论的基本原则,尤其是法院在认定采取预防或者监督措施时采用了成本效益的分析方法。《1934年证券交易法》规范证券交易,包含第10(b)条反欺诈条款及证券交易委员会随后为实施该条规定颁布的10b-5规则。至此,严格的信息披露制度要求公司在首次公开发行时及发行后定期披露特定信息。据此,对证券发行与交易中的欺诈行为确定了民事赔偿责任、行政责任和刑事责任。②20世纪60年代后期及70年代出现会计丑闻,在宾州中央铁路公司破产后,国会设立了财务会计准则委员会(FASB),对会计行业进行监管。② ③安然、世通丑闻后,国会2002年通过了《萨班斯法》,对看门人行业实施实质性的干预。根据该法第404条,上市公司管理层应当在公司内部设立和维持应有的内部控制结构,由外部注册会计师检查并出具意见,而这恰好是《1933年证券法》拒绝采

---

① 参见[美]约翰·科菲《看门人机制:市场中介与公司治理》,黄辉、王长河等译,北京大学出版社2011年版,第418—429页。

② 参见彭景《美国证券市场"看门人理论"在我国的移植效应研究》,博士学位论文,对外经济贸易大学,2013年,第1—2页。

取的立场。《萨班斯法》摒弃了之前会计师行业实行自律管理的形式,设立新的公司治理结构,如确定审计委员会的特权,规定管理层、会计师违反职责需承担的法律责任等。《萨班斯法》还对律师作出规定,对律师施以强制性的告密义务(whistle blowing),要求律师就客户的不当行为通知SEC,并且这不构成对律师-客户保密义务的违反。④2008年金融危机爆发后,国会通过《2010年多德-弗兰克华尔街改革与消费者保护法》(简称《多德-弗兰克法》),以看门人理论为导向寻求关于资产证券化等金融衍生品问题和资信评级机构的适当监管政策,并细化了有关交易商和信用评级机构的诚信义务、利益冲突、高管薪酬、私人诉权、对冲基金顾问的规定,强化了责任标准。① 该法强化了执法相关的规定。第一,扩大了证券法允许SEC执法程序和某些情况下私人诉讼的范围,而所扩大的私人诉讼是证券法当前没有的,而且使已有诉讼更为容易。第二,取消了大量程序障碍,并使SEC获得了新增加的执法工具。第三,改变了SEC执行其内部功能的方式。② 例如,就SEC的教唆违规请求权规定了较为宽松的"轻率"证据标准。随后看门人理论在美国的影响越来越大,该理论的许多观点已在美国立法和监督中被逐步接受、采纳。根据以上法律规定,看门人失职需要承担行政责任、刑事责任和/或民事责任。

(五)我国资本市场中的看门人机制问题

看门人是欧美金融市场中一个非常重要的组成要素,是市场机制对于投资者保护问题解决方案的落脚点。但是,我国的情况则并非如此。我国的金融市场是在政府主导下形成发展起来的,政府监管根深蒂固。不过,虽然监管者可以提供相关信息,但是并不会为投资者解释信息,因此,政府监管者还是无法完全替代市场看门人。

在美国,看门人的问责和处罚在很大程度上是通过私人集团诉讼的威慑力而实现的。但是,许多新兴市场还都没有这个强大的诉讼工具。此时,如何保证看门人勤勉尽责成为问题。由政府监管者对看门人进行监管虽然可能,但该体系目前还没有完全建立起来。在某些领域,政府也许会尝试承担看门人角色,如设立国家所有或者控制的资信评级机构。但是这

---

① 参见张路《从金融危机审视华尔街改革与消费者保护法》,法律出版社2011年版,第62—84页。

② 同上书,第70页。

种努力存在一些特殊问题。有些事情由私人市场来做胜过政府,私人市场的优势在于客观性。

展望未来,新兴市场面临的更大难题是,市场看门人与政府监管者之间如何互动?这个问题既存在于国内市场,也存在于国际市场。看门人职业到底在多大程度上需要政府监管?这一问题与看门人的激励机制问题密切相关。如果激励机制理顺了,那么几乎就不需要再施以政府监管。如果激励机制有问题,什么样的政府监管都将无济于事。①

实践中,我国部分证券中介机构非但未履行看门人职责,甚至还协助上市公司逃避监管,成为他们欺诈与造假行为的"帮凶"和"同谋"。券商、律师事务所、会计师事务所和资产评估机构等本应承担看门人职能的中介机构,在证券市场产业链上与发行人结成了利益同盟,协助其"包装""造假"以通过证券交易委员会审核,从证券发行、上市和交易中获利,严重损害了我国证券市场的健康发展。②

通过移植、引进以美国为代表的成熟证券法律制度,目前我国证券市场在形式上也已形成以强制信息披露制度和禁止证券欺诈为主线的多层次、全方位监管架构。2001年证券交易委员会开始向证券中介机构进行市场分权,由作为主承销商的证券公司替代了原由地方政府或者中央部委充当的挑选并推荐企业上市的角色,这是我国政府监管者真正意图积极发挥证券中介机构看门人职能的起点。③

2004年后,证券交易委员会更是创设出了我国股票发行中核心的看门人职业——保荐人,将大部分监管职能转移给作为保荐人的券商承担,旨在实现监管机构和市场看门人各归其位。此后《证券法》《首次公开发行股票并上市管理办法》《保荐业务管理办法》《保荐人尽职调查工作准则》《律师事务所从事证券业务管理办法》《上市公司信息披露管理办法》等相关法律法规、规范性文件都将证券中介机构进一步明确定位为看门人,明确其职责。

从我国具体法律制度设计来看,我国证券市场有着与美国类似的看门

---

① 参见[美]约翰·科菲《看门人机制:市场中介与公司治理》,黄辉、王长河等译,北京大学出版社2011年版,序。

② 参见彭景《美国证券市场"看门人理论"在我国的移植效应研究》,博士学位论文,对外经济贸易大学,2013年,第5页。

③ 同上文,摘要。

人机构设置。目前，公司在我国发行股票并上市，不仅要履行信息披露义务，发行募集文件要经有资质的会计师事务所、律师事务所、资产评估机构进行认证、核查，要有保荐机构和保荐代表人辅导、保荐，经过有资质的承销商承销，最终还要通过证券交易委员会的审核。公司发行上市后，相关再融资以及重大资产重组行为，仍然需要财务顾问、会计师、律师、资产评估师、资信评级机构核验并出具独立意见。证券中介机构要对发行人信息进行验证、核查，并对真实性进行担保，否则将承担法律责任。

证券交易委员会2012年4月28日公布《进一步深化新股发行体制改革的指导意见》，其中第一条强调我国保荐机构、会计师事务所、律师事务所等证券中介机构在维护证券市场信息披露真实、准确、充分、完整中的重要作用，规定监管机构要淡化对盈利能力的判断，着重落实发行人和中介机构的法律责任，提高证券市场信息披露质量。如何促进作为看门人的证券中介机构归位尽责，解决当前看门人机制在我国运行缺位问题，已经被提上我国证券市场的改革议程。由于我国当前对看门人理论研究的不足，无论理论界还是实务界对其认识均存在偏差和误读，部分新闻报道甚至将证券交易委员会及其官员定位为资本市场的看门人。2013年11月30日证券交易委员会发布《关于进一步推进新股发行体制改革的意见》，逐步推进股票发行从核准制向注册制过渡。该意见坚持市场化、法治化取向，突出以信息披露为中心的监管理念，加大信息公开力度，审核标准更加透明，审核进度同步公开，通过提高新股发行各层面、各环节的透明度，努力实现公众的全过程监督。监管部门对新股发行的审核重在合规性审查，企业价值和风险由投资者和市场自主判断。意见进一步明确了发行人和保荐机构、会计师事务所、律师事务所、资产评估师等证券服务机构及人员在发行过程中的独立主体责任，规定发行人信息披露存在重大违法行为给投资者造成损失的，发行人及相关中介机构必须依法赔偿投资者损失。对中介机构的诚信记录、执业情况将按规定予以公示。其中第二条还专门突出强化发行人及其控股股东等责任主体的诚信义务。

证券交易委员会2012年8月8日正式公布资本市场首部诚信监管规章《证券期货市场诚信监督管理暂行办法》，并于2014年6月23日通过《关于修改〈证券期货市场诚信监督管理暂行办法〉的决定》，旨在进一步引领资本市场主体诚信自律，弘扬资本市场诚信文化，提升资本市场监管执法和诚信建设工作水平。

适应市场逐步趋稳向好的条件和环境,为进一步增加市场活力、增强市场功能,积极稳定、修复和建设市场,证券交易委员会重新启动了新股发行工作,并同步提出了取消新股申购预缴款制度、简化发行审核条件、突出信息披露要求、强化中介机构责任、建立包括摊薄即期回报补偿和先行赔付的投资者保护机制等完善新股发行制度改革措施,市场反应正面、积极。为具体落实上述新股发行制度的改革措施,证券交易委员会同时提出了相应修订《证券发行与承销管理办法》《首次公开发行股票并上市管理办法》《首次公开发行股票并在创业板上市管理办法》规章草案,并制定了《关于首发及再融资、重大资产重组摊薄即期回报有关事项的指导意见》。上述四项规章和征求意见工作结束,经修改完善于2015年12月30日正式发布,自2016年1月1日起施行。相关改革措施以问题为导向,具有很强的针对性,进一步体现以信息披露为中心的监管理念,有利于进一步强化中介机构监管,切实保护投资者合法权益,体现了市场化、法治化的改革取向,是按照注册制改革的理念和方向向前迈出的重要一步。发行审核将会更加注重信息披露要求,发行企业和保荐机构需要为保护投资者合法权益承担更多的义务和责任。需要特别说明的是,这次完善新股发行制度,是在核准制下,为配合本次重启新股发行推出的改革措施,虽然体现了注册制改革的精神,但不是开始实施注册制。下一步,证券交易委员会将根据全国人大常委会的授权决定和国务院的具体工作安排,做好注册制改革配套规则制定及各项准备工作,积极稳妥推进注册制改革。

第二节 证券法中的受信人之诚信义务和民事责任制度

证券法中的受信人是资本市场中典型的受信人,有关证券法中受信人民事责任制度的研究具有代表性。有关证券法中受信人之民事责任的研究,遵从有关受信人权力诚信义务的一般规定。其中,投资银行的诚信义务及诚信责任理论,包括投资银行的招牌理论和合适性义务理论等。[①] 以诚信义务所要求的披露为基础,可以对虚假陈述者及帮助进行虚假陈述的

[①] 详见张路《投资银行诚信责任比较研究》,博士学位论文,武汉大学,2004年。

服务机构进行追责,这就是证券法的运行逻辑。此外,包括证券服务机构在内的私权力拥有者进行其他欺诈,自然也要承担法律责任。

一 美国证券法中的受信人之民事责任制度

(一)证券法中的受信人之民事责任概说

美国证券法根据一级市场和二级市场对受信人应当承担的民事赔偿责任进行了区分,对于一级市场受信人的虚假陈述责任适用《1933年证券法》,对于二级市场受信人适用《1934年证券交易法》。《1933年证券法》第11条规定了受信人的民事赔偿责任,而判例法在成文法基础上对"合理调查"(reasonable investigation)、"有合理理由相信"(reasonable ground to believe)进行了进一步解释,根据受信人的不同特点施以有区别的民事赔偿责任。第11条对在证券公开发行中因信赖注册说明书重大事项的虚假陈述而遭受损失的投资者赋予私人诉权,适用于发行人、签字人、发行人董事以及承销商。第11条还对专业人士规定了法律责任,包括会计师、工程师以及评估师或者其他同意被指名为对注册说明书进行了准备或者认证的任何人。第11条中被告可以通过证明其就注册说明书履行了合理的调查义务作为有效抗辩。但是,这项抗辩不适用于发行人。

《1933年证券法》第12条为购买了违反注册要求所发行的证券的投资者提供救济。第12(a)(1)条规定违反注册要求而要约或者出售证券的任何人都应当对证券的购买者承担民事赔偿责任,但赔偿责任仅限于将证券的购买款连带利息归还给投资者。第12(a)(2)条就与证券销售或者要约相关的重大口头、书面不实陈述和重大遗漏提供民事救济。证券的卖方和要约方对购买者承担法律责任。与第11条相同,被告也可以在第12(a)(2)条下行使合理注意抗辩。虽然《1934年证券交易法》第10(b)条并无意图授予投资者私人诉因,但却逐渐被判例法改变。

(二)有关原告和被告资格的限制

在原告资格方面,依据《1933年证券法》对看门人提起私人诉讼,原告可以是所有的证券购买者。一级市场上原告人数是确定的,而在二级市场购买证券的人则需要证明自己购买的股票可追溯到被告不当行为所涉及的最初发行的证券,才能作为适格的原告。而《1934年证券交易法》第10(b)条和10b-5规则对原告的资格没有限制,所有信赖虚假陈述而买卖股票的投资者都可以提起诉讼。

在被告资格方面,《1933年证券法》针对的是一级市场,第11条针对的是在注册说明书中进行虚假陈述的中介机构,适格被告包括承销商以及专家(指会计师、工程师以及评估师或者其他同意被指名为对注册说明书进行了准备或者认证的任何人)。第12(a)(1)条和第12(a)(2)条的被告限于违反注册要求进行要约或者出售证券的任何人,主要指承销商、经纪商或者其他成功招揽证券交易的其他人。而《1934年证券交易法》第10(b)条和10b-5规则对被告资格是没有限定的,所有作出了虚假陈述的中介机构都可能受到规制。但是根据最新的PIMCO和Janus案[1],第二巡回法院和最高法院都认为仅仅在虚假陈述可归因于作为次级行为人的看门人时,其才承担10b-5规则下的责任。

(三)归责原则

对于看门人责任应当适用的归责原则美国法学界有着不同的呼声,在安然丑闻之后主张对看门人实行严格责任的呼声越来越大。支持对看门人应当适用严格责任的学者认为,严格责任能促使看门人采取最优的措施以阻止欺诈,并且可以解放法院,法院不用再对最优的注意义务标准进行判断。[2] 但严格责任的反对者认为,严格责任会使看门人作用失效,或将遵守法律高风险的发行人阻挡在资本市场大门外。[3]

根据美国《1933年证券法》,其对发行人适用严格责任,对于其他证券受信人实行不同层次的过错推定责任。而根据《1934年证券交易法》和此后判例法、成文法的发展,就公司上市后持续信息披露中的归责原则,对于证券中介机构施以的是"故意"或者"轻率"的标准,并且由原告承担被告主观状态的举证责任,而非推定。此处"故意""轻率"标准同过错责任中"过失"要求的区别在于,原告需要证明这种主观上的过错要大于过失,即不仅仅是未能履行合理第三人在相似情境下应当履行的合理注意义务。"故意""轻率"主要侧重于从主观上考察被告的主观

---

[1] Janus Capital Group, Inc. v. First Derivative Traders, 131 S. Ct. 2296 (2011). 转引自彭景《美国证券市场"看门人理论"在我国的移植效应研究》,博士学位论文,对外经济贸易大学,2013年,第85页。

[2] Frank Partnoy, "Barbarians at the Gatekeepers? A Proposal for a Modified Strict Liability Regime", *Washington University Law Quarterly*, Vol. 79, p. 491, 2001.

[3] Assaf Hamdani, "Gatekeeper Liability", *Southern California Law Review*, Vol. 77, p. 53, 2003.

状态如何；而过失责任的标准更多是从客观上去考察，根据合理第三人的标准确定被告是否存在过失。但是在实践中，对于"故意、轻率"标准与"过失"标准的区分意义不大，因为对于合理第三人客观标准的判断，在通常情况下也都是依赖于法官的主观判断。

但是《多德-弗兰克法》对归责原则作了调整，规定轻率即满足明知标准，满足 SEC 追究教唆犯诉讼的心理状态要求。该法明确授权 SEC 可依据《证券法》《投资公司法》《投资顾问法》对教唆犯提起执法诉讼。而且在针对信用评级机构或本标题项下控制人提起的金钱损害赔偿诉讼中，若起诉书利用具体事实充分推定信用评级机构明知或轻率未能进行合理调查等，即构成与该等诉讼相关的所需充分心理状态。[①] 此外还对《证券法》执法作出了另外 19 项规定，包括举报人保护、自律组织规则的平等待遇、增强反欺诈条款的适用、控制权人责任等。[②]

（四）民事赔偿责任范围

根据美国《1933 年证券法》第 11 条，被告可能承担的民事赔偿责任上限为总发行价款，原告所能获得的最多赔偿金额等于其所持股票数量乘以发行价；根据第 12 条被告可能承担的损害赔偿责任为将证券的购买款加上利息返还给投资者。法院在审理中采用过直接损失法，也就是说，被告需要赔偿的金额为其参与虚假陈述的股票在买卖时的真实价值与买卖所得到的对价之间的差额。1995 年国会颁布的 *Private Securities Litigation Reform Act*（PSLRA）对被告可能承担的赔偿额设置了上限，赔偿不高于原告买卖证券时的价格，与自虚假陈述公开日起 90 日内的交易平均价之间的差额；如果原告在虚假陈述公开日后 90 天内卖出证券后又买入该证券，则其获得的损害赔偿不得超过被告虚假陈述公开之日至买卖证券日的平均交易价格，与实际买卖价之间的差额。

此外，《多德-弗兰克法》还进一步明确了处罚规定，包括刑事处罚、民事处罚和税收举报等。美国量刑委员会有权审查并在适当时修正适用于证券欺诈或联邦机构欺诈的联邦量刑指引和政策声明。证券欺诈犯罪的诉讼时效延长至 6 年。对于违反法律、规则、最终命令或消费者金融保护局

---

① 参见张路《从金融危机审视华尔街改革与消费者保护法》，法律出版社 2011 年版，第 78 页。

② 同上书，第 70—73 页。

规定条件的行为，可以给予以下民事处罚：每天违规处以不超过5000美元的罚款；轻率违规每天处以不超过25000美元的罚款；明知违规每天处以不超过100万美元的罚款。①

二 我国证券法中的受信人之民事责任制度

证券法的核心理念是信息披露，体现的是公开原则，如我国《证券法》第3条规定。信息披露和公开原则又是我国《证券法》第4条规定的诚信原则所要求的注意义务的基本组成部分，信息披露义务是一种诚信义务。信息披露包括证券发行信息披露和持续信息披露，违反诚信披露义务要承担法律责任，从而形成了完整的信息披露法律责任制度。

（一）诚信信息披露义务

公开发行证券应当履行诚信信息披露义务，我国《证券法》第14条规定，公司公开发行新股，应当向国务院证券监督管理机构报送募股申请和招股说明书等文件。依照规定聘请保荐人的，还应当报送保荐人出具的发行保荐书。《证券法》第11条规定："保荐人应当遵守业务规则和行业规范，诚实守信，勤勉尽责，对发行人的申请文件和信息披露资料进行审慎核查，督导发行人规范运作。"第20条规定："发行人向国务院证券监督管理机构或者国务院授权的部门报送的证券发行申请文件，必须真实、准确、完整。为证券发行出具有关文件的证券服务机构和人员，必须严格履行法定职责，保证其所出具文件的真实性、准确性和完整性。"

《证券法》第68条规定了上市公司董事高管对定期信息披露应当承担的义务。上市公司董事、高级管理人员应当对公司定期报告签署书面确认意见。上市公司监事会应当对董事会编制的公司定期报告进行审核并提出书面审核意见。上市公司董事、监事、高级管理人员应当保证上市公司所披露的信息真实、准确、完整。这是我国2005年《证券法》的新增法条。它借鉴了《2002年萨班斯法》的有关规定，并结合我国上市公司治理结构的实际情况，对董事高管信息披露义务和责任作了更加严格的规定。上市公司的董事高管对上市公司的定期报告及所披露的信息，必须尽

---

① 参见张路《从金融危机审视华尔街改革与消费者保护法》，法律出版社2011年版，第35页。

到审慎审查的义务,并签署相应的书面意见,以保证所披露信息的真实、准确、完整。①

《证券法》第 68 条可以说是一条技术性规范。该条规定董事高管对披露文件的审核、签署义务,如所审核、签署意见的信息披露存在违规违法问题,则相关董事高管应当承担相应的责任,利益受损的投资者可以据此对其提出诉讼。这是上市公司董事高管勤勉义务的体现。

(二) 虚假陈述的民事责任

《证券法》对虚假陈述行为并未作明确界定,仅在条文中分散地规定了不同主体的虚假陈述行为,但并无"虚假陈述"这一术语。根据最高人民法院 2003 年《关于审理证券市场因虚假陈述引发的民事赔偿案件的若干规定》(简称《虚假陈述民事赔偿若干规定》) 第 17 条对虚假陈述行为的界定,"虚假陈述"是《证券法》中"虚假记载、误导性陈述、重大遗漏"及不正当披露信息行为的总称。最新《证券法(修订草案)》也采此义,为立法行文简略计,有 10 处直接使用了"虚假陈述"这一术语。《证券法》第 69 条对虚假陈述的民事责任作出了规定。

1. 发行人、上市公司虚假陈述民事责任的条件

根据《证券法》第 69 条规定,发行人、上市公司虚假陈述行为承担责任,必须满足两个条件:其一,发行人、上市公司公告的招股说明书、公司债券募集办法、财务会计报告、上市报告文件、年度报告、中期报告、临时报告以及其他信息披露资料,有虚假记载、误导性陈述或者重大遗漏;其二,致使投资者在证券交易中遭受损失。两者同时具备,才承担规定的法律责任。

2. 发行人、上市公司对虚假陈述承担无过错责任

1998 年《证券法》中虚假陈述的责任主体仅有发行人、承销的证券公司及其董事高管,范围过窄,没有涵盖所有相关权力主体,而且不分责任层次,在实践中不利于追责,见第 63 条。现行 2005 年《证券法》第 69 条增加了上市公司及其董事、监事、高级管理人员和其他直接责任人员以及保荐人作为责任主体,而且还增加了发行人、上市公司的控股股东、实际控制人,并按不同的过错标准区分不同的责任。

发行人与上市公司在信息披露中始终发挥支配性作用,因此,各国

---

① 参见罗培新、卢文道等《最新证券法解读》,北京大学出版社 2006 年版,第 108 页。

法律一般都规定发行人和上市公司承担有关虚假陈述的无过错责任，即严格责任。[①] 1998年《证券法》第63条规定"发行人、承销的证券公司应当承担赔偿责任"，但要求发行人与证券公司承担同样的责任，显然有失公允。同样，第161条规定，相关专业机构和人员必须对其出具报告内容的真实性、准确性和完整性进行核查和验证，并就其负有责任的部分承担连带责任。严格责任似乎是使得作为看门人的证券公司履行职责的一个很有吸引力的选项，但也存在很多弊端。首先，严格责任增加的成本可能会带来消极影响。其次，由于证券公司与发行人/上市公司之间信息不对称，如对证券公司采取严格责任制度，证券公司将由于事前无法评估发行人的风险而导致逆向选择。同时从经验上讲，作为看门人的证券中介机构本身也无法准确判断每一个潜在的发行人从事欺诈行为的可能性。同时，将看门人责任视为严格责任忽略了看门人还将受到声誉机制的制约，使其替代性地为发行人的证券欺诈负责将会导致对其过度吓阻。基于此，《虚假陈述民事赔偿若干规定》第21条规定，"发起人、发行人或者上市公司对其虚假陈述给投资人造成的损失承担民事赔偿责任"；第23条第1款规定，"证券承销商、证券上市推荐人对虚假陈述给投资人造成的损失承担赔偿责任。但有证据证明无过错的，应予免责"。2005年《证券法》第69条也对发行人和承销的证券公司作出了不同规定。

3. 发行人、上市公司的董事高管和其他直接责任人以及保荐人和承销的证券公司承担过错推定责任

披露理念的核心是要求披露违规者承担民事责任，减轻受损投资者的举证责任，对受信人，包括上市公司董事高管和证券服务机构等私权力主体施加倒置的举证责任，便于追责。因此，《虚假陈述民事赔偿若干规定》第21条规定，"发行人、上市公司负有责任的董事、监事和经理等高级管理人员对前款的损失承担连带赔偿责任。但有证据证明无过错的，应予免责"。随后，2005年《证券法》也采纳同一方法，第26条规定，"国务院证券监督管理机构或者国务院授权的部门对已作出的核准证券发行的决定，发现不符合法定条件或者法定程序，尚未发行证券的，应当予以撤销，停止发行。已经发行尚未上市的，撤销发行核准决定，发行人应当按照发行价并加算银行同期存款利息返还证券持有人；保荐人应当与发

[①] 参见罗培新、卢文道等《最新证券法解读》，北京大学出版社2006年版，第110页。

行人承担连带责任，但是能够证明自己没有过错的除外"。第 69 条规定，"发行人、上市公司的董事、监事、高级管理人员和其他直接责任人员以及保荐人、承销的证券公司，应当与发行人、上市公司承担连带赔偿责任，但是能够证明自己没有过错的除外"。这种举证责任倒置的立法导向和制度设计，有利于将对披露有影响力的受信人的财产、声誉和责任与披露紧密结合在一起，旨在提升上市公司信息披露的质量。

4. 证券服务机构承担过错推定责任

2005 年《证券法》第 173 条规定："证券服务机构为证券的发行、上市、交易等证券业务活动制作、出具审计报告、资产评估报告、财务顾问报告、资信评级报告或者法律意见书等文件，应当勤勉尽责，对所依据的文件资料内容的真实性、准确性、完整性进行核查和验证。其制作、出具的文件有虚假记载、误导性陈述或者重大遗漏，给他人造成损失的，应当与发行人、上市公司承担连带赔偿责任，但是能够证明自己没有过错的除外。"该条确定了证券服务机构承担过错推定责任。

5. 发行人、上市公司的控股股东、实际控制人承担过错责任

《虚假陈述民事赔偿若干规定》第 22 条第 1 款规定："实际控制人操纵发行人或者上市公司违反证券法律规定，以发行人或者上市公司名义虚假陈述并给投资人造成损失的，可以由发行人或者上市公司承担赔偿责任。发行人或者上市公司承担赔偿责任后，可以向实际控制人追偿。" 2005 年《证券法》第 26 条规定，国务院证券监督管理机构或者国务院授权的部门对已作出的核准证券发行的决定，发现不符合法定条件或者法定程序，尚未发行证券的，应当予以撤销，停止发行。已经发行尚未上市的，撤销发行核准决定，发行人应当按照发行价并加算银行同期存款利息返还证券持有人；发行人的控股股东、实际控制人有过错的，应当与发行人承担连带责任。第 69 条规定，"发行人、上市公司的控股股东、实际控制人有过错的，应当与发行人、上市公司承担连带赔偿责任。"

由于控股股东和实际控制人具有特殊性，其特殊性对公司有实质影响力，因而也是一种私权力持有者。如果对这种私权力拥有者实施过错责任制度，受损投资者举证则难以获得保护。鉴于控股股东和实际控制人在影响力性质上与上市公司董事高管无异，二者应当一视同仁，一并适用过错推定责任制度。故此，《证券法（修订草案）》第 150 条规定，信息披露义务人公告的证券发行文件、定期报告、临时报告及其他信息披露资料存

在虚假记载、误导性陈述或者重大遗漏，致使投资者在证券交易中遭受损失的，发行人的董事、监事、高级管理人员和其他直接责任人员以及保荐人、承销的证券经营机构及其直接责任人员，应当与发行人承担连带赔偿责任，但是能够证明自己没有过错的除外。发行人的控股股东、实际控制人应当与发行人承担连带赔偿责任，但是能够证明自己没有过错的除外。这是《证券法（修订草案）》在责任制度上作出的最大变化。

此外，鉴于信息披露在《证券法》中的核心地位，《证券法（修订草案）》专门列出第六章对信息披露作出了更加详细的规定。

第五章

诚信理论视角下的禁止证券市场
内幕交易制度

如第三章所述,证券法的三大组成部分是反欺诈、券商监管和证券注册。反欺诈与注册制和包括券商在内的证券服务机构监管密切相关。注册制是诚信原则的必然要求,券商等证券服务机构的监管基础是诚信责任,而反欺诈监管的基础是市场诚信理论,主要是依据诚信理论对各种受信人进行监管,包括禁止内幕交易和操纵市场。

第一节 反欺诈与禁止内幕交易和
操纵市场的关系

证券市场是个巨大的利益场,各种欺诈行为自然会层出不穷。各国自然对证券市场的欺诈行为进行监管。促进资本形成、促进竞争、提高效益、保护投资者和维护公共利益是证券法的基本宗旨,维护市场信心和市场诚信自然也是证券监管的历史使命。这些宗旨和使命不仅是反欺诈以及禁止内幕交易和操纵市场的基本考量,而且是构筑各种反欺诈制度的基本理论依据。

我国《证券法》在总则部分对禁止欺诈、内幕交易和操纵市场等行为作出了规定,而且倾向于扩大反欺诈行为的范围。例如,1998年《证券法》第5条规定,"证券的发行、交易活动,应当遵守法律、行政法规;禁止欺诈、内幕交易和操纵证券交易市场的行为"。2005年《证券法》第5条修改为:"证券的发行、交易活动,应当遵守法律、行政法规；禁止欺诈、内幕交易和操纵证券市场的行为",将"操纵证券发行市场"也纳入禁止范围,更为全面。最新《证券法(修订草案)》第6条则进一步修改为"证券的发行、交易活动,应当遵守法律、行政法规;禁止欺诈、内幕交易和操纵证券市场等行为",可以理解为将禁止范围扩大到"欺诈、内幕交易和操纵证券市场"三种典型违法行为之外,范围更加周延,"虚假陈述"等自然也包含在内。

就法律性质而言,内幕交易和操纵市场属于特殊的欺诈行为。因此,各国立法往往将内幕交易和操纵市场包含在欺诈(fraud)或市场滥用(market abuse)范畴之内。法规条例和司法实践往往在对内幕交易和操纵市场适用一般欺诈理论的同时,对内幕交易和操纵市场这种典型的、更具危害性的欺诈行为作出特别规定,放宽责任标准,加大处罚力度。

最早以法律形式规制内幕交易的美国,一直将内幕交易作为欺诈的一种形式加以制裁。在美国《1933年证券法》通过之前,联邦政府应对证券欺诈的方法是依据邮件欺诈法提起刑事诉讼,或由邮政部长以行政方式签发欺诈令。邮件欺诈法还适用于某些违诚信义务的行为。《1933年证券法》除第5条要求注册外,第17(a)条是一般反欺诈条款。第17(a)条对邮件欺诈法的推进,体现在以下诸多方面:专门针对证券领域;给予禁制令这种民事救济;并未直接提及"欺诈",而是规定虚假或半真半假的陈述。《1934年证券交易法》增加了两项补充规定,即第9(a)(4)条和第10(b)条。前者是反对市场操纵第9条的组成部分,规定相关交易商、经纪商或其他人虚假或误导性陈述属于违法,具有独立可操作性。后者是一项综合性规定,由于其不具备独立可操作性,因此证券交易委员会依据该条颁布了10b-5规则。

制定法是在普通法基础之上发展而来的。简要考察联邦证券法之前普通法欺诈概念的历史,有助于说明依据证券法发展而来的法定欺诈概念。普通法"欺骗"的构成要件有六个方面:必须有虚假陈述;关系重大;关于事实;被告人对这一虚假必须知情("违法故意,scienter")且为引诱原告信赖而作出陈述;原告必须产生合理依赖;因此遭受损失(因果关系)。这六大构成要件在很大程度上转移为联邦证券制定法的问题。实际上,对欺诈的指控是指控存在盗窃行为。在20世纪,英国和美国法院均对普通法欺诈放宽了要求,除了淡化违法故意概念,有很多先例认为法律问题上的虚假陈述是可诉行为。对于完全不披露,仍然不存在普通法欺诈责任，除非商业交易一方通过隐瞒或其他行为故意阻止另一方获取重大信息，或者一方因双方之间存在诚信关系或其他类似信托、信任关系而对另一方承担合理注意披露相关事项的义务。但是，就受信人而言，法院已施加了最大诚信、充分、公正披露所有重大事实的肯定义务，以及尽合理注意避免误导客户的肯定性义务。

在上述普通法背景之上增加了联邦证券制定法的若干反欺诈条款。鉴于证券是复杂商品和保护公共利益的需要，立法承认专业证券公司与普通投资者在交易力量方面的重大不平等是法定制度的考量因素，因此反欺诈条款成为该法定制度的组成部分。证券立法的实质目的是保护不了解市场状况的人不受了解市场状况者的欺骗。无论是根据普通法欺诈还是证券法，法院历来拒绝对欺诈进行具体的界定。然而，某些主张是相当清楚的。例如，自从美国联邦最高法院在1896年作出判决①以来，依据邮件欺诈法，作出本不打算履行的允诺或对未来事件发表本不坚持的意见，本身就是欺诈。根据这一方法，证券交易委员会认为估值、地质报告等的依据是已经遵守适当标准的默示陈述。因此，任何明示自己为专家的人不遵守这些标准，即涉及虚假陈述。会计师的报告也同样被视为一种重大事实。估计或有关前景的陈述若缺乏基础依据，将视为涉及错误陈述。对法律观点的虚假陈述，也同样如此。美国联邦最高法院1976年在委托代理反欺诈相关的14a-9规则中将"重大性"定义为"有很大可能使通情达理的股东在决定如何表决时认为重要的"事实，该定义也适用于包括10b-5规则在内的其他背景。

第二节 内幕交易的基本问题

美国是最早规制内幕交易的国家，其证券内幕交易理论和实践颇有代表性。本节以美国为例探讨内幕交易的基本问题。美国《1934年证券交易法》10b-5规则像《证券法》第17（a）条一样，不限于公司内幕人，可适用于任何人。但是，问题最多出现在将10b-5规则适用于"公司内

---

① Durland v. United States, 161 U.S. 306, 313—314 (1896). 邮件欺诈法随后经过修改，涵盖"虚假承诺行为"。

幕人购买"的情形。典型的模式是公司内幕人或发行人本身购买,但却不披露该证券远比其在市场价格或出售者可得任何信息的基础上之价格更高的财务数据、信息。以下首先考察拥有重大非公开信息时禁止交易的理论基础;接着简要探讨相关普通法;然后分析 10b-5 规则和其他联邦证券法引起的变化。

一 内幕交易之经济与法律分析

近几十年来,针对禁止"内幕人"交易的政策争论与一般公众和学术界对禁止的支持不谋而合。赞同监管者主要有三个视角:公平、资源配置效益、信息财产权。

公平说认为,国会在颁布"内幕交易"立法时一直强调公平、公正因素。正如众议院能源与商业委员会在通过《1984 年内幕交易制裁法》之前所述:"滥用其他投资者无法希望通过自身努力克服的信息优势不公平,与投资公众合法预期存在一个所有参与者都依据相同的规则竞争的诚实、公允证券市场不一致。"[①] 赞同禁止拥有重大非公开信息时进行交易的衡平法观点所依据的是"公众信心"或"市场诚信"理论。市场诚信理论代表着州与联邦证券欺诈法的关键分析性差别,州法的重点放在证券特定购买者与出售者之间的直接关系上,而联邦法还涉及个别证券欺诈行为有可能对整体投资者信心的一般影响。内幕交易有可能普遍降低投资者对证券市场的信心,减少投资者对证券的需求,增加新证券的出售成本。在该观点看来,禁止"内幕交易"的重要原因是其阻止了普遍经济损失,而不是因为它可以弥补个人投资者的可识别损失。

资源配置效益说认为,禁止拥有重大非公开信息时进行交易,消除了内幕人推迟披露重大信息的动机。更快散发重大信息往往改善市场的配置效益。信息财产权说认为,尤其是关于公司新产品或矿物发现等事项方面的信息,可以视为公司的商业财产,内幕人无权从内幕信息中获利。否则,内幕人就是违反了代理人在使用被代理人财产时不得获取私利的义务,获得了"不当得利"。当涉及公司已投入资源开发的信息时,这一理论最有说服力。举例来说,当代理人购买了收购对象足够数量的股票,增加了公司的收购成本时,公司受到损失。在这种情况下,该公司已投入资

---

① H. R. Rep. No. 98-355, 98th Cong., 1st Sess. 5 (1983).

源，既要寻找适当的目标，又要支付收购要约的交易成本。

在许多情况下，禁止"内幕交易"的所有三个理论会导致相同的结果。例如，所有内幕人基于企业发现矿藏的重大非公开信息而进行交易时，他们的行为与公平观、分配效益和财产权观念都不一致。但是，对于财务打印人、报社记者或证券分析师等公司外部人，公平和效益因素都不足以提供一个像外部人"盗用"公司财产论点一样有说服力的禁止交易理论。

反对监管者也有三个视角：对内幕人的物质鼓励、股价平滑或减缓股价波动、私人约定。物质鼓励说认为，内幕交易的利润是公司内幕人的适当报酬。曼尼（Manne）认为，工资市场不能充分补偿这些个人，只有内幕交易便于企业家将其创新投放市场，不过内幕交易的利润应当限于职责在于"促成新的生产要素组合……涉及创新活动职能条件"的企业家。[①] 在曼尼设计的制度中，企业家总会有利用内幕交易获利的机会。股价平滑或减缓股价波动说认为，内幕交易会减缓价格变动。私人约定说认为，如果公司及其股东反对内幕交易，则可以经谈判达成一项合同，禁止使用内幕交易。

关于内幕交易的价值分析，正反两方面的观点都有一定的合理性，也都有一定的缺失。根本的原因在于：内幕交易作为一种社会经济现象，其本身即具有两面性，试图认定它绝对的有利或者绝对的有害，都将陷入最终难以自圆其说的尴尬境地。正反两种观点都有重要的理论和实际意义。但必须注意的是，这并不意味着内幕交易的积极价值和消极价值总是半斤八两。就浅层次的经济价值而言，内幕交易的确表现出其一定的积极意义，但是就更深层次上的经济价值而言，即针对证券市场产生发展的规律、证券市场的内在要求、证券市场运行机制等而言，内幕交易则表现出本质上的危害性——对证券市场根基的侵蚀和社会伦理准则的破坏。基于人类的理性，从法律调整的价值取舍考量，由内幕交易引发的道德风险以及由道德风险引发的投资者信心的不足甚至丧失，不仅意味着内幕交易将支付一定的经济成本，而且还会支付较大的社会成本，这足以构成反内幕交易立法的经济依据。[②] 对一种理论的肯定，并不意味着否定其他理论所

[①] H. Manne, *Insider Trading and the Stock Markets*, Free Press, 1966, pp. 116-145.
[②] 参见胡光志《反内幕交易法律制度的经济根源》，《现代法学》2001年第6期。

包含的合理性及其积极作用。立法者无论最终作出何种选择，在制定有关内幕交易的法律时，各种观点均应给予充分考量，要考虑相关法律实施成本，而且相左的观点往往是所设计的法律制度趋于完美的重要思想来源。从本质上讲，证券市场是一个信心市场。然而，投资公众的信心并不仅仅是一种心理因素，它还依赖于证券市场的机理。公开、公平是证券市场运行规律的反映和基本要求，也是维系投资者信心的基础。但是，内幕交易对公平的危害，公众最为敏感；当内幕交易不能通过市场或国家得到有效制止时，恐怕他们最终也会退出市场。因此，维护公众投资者的信心是证券法的首要任务，而反内幕交易制度是证券市场的一道护身符。①

二 普通法中的内幕人购买

美国《1934年证券交易法》颁布之前，法院长期以来对高管、董事购买所在公司股票时是否存在普通法披露义务存在分歧。根据所谓的"多数"或"严格"规则，高管和董事在与公司从事交易或代表公司从事交易中对公司和股东只承担诚信义务；因此，他们个人可以从事公司证券的交易，只要不存在言语行动上的错误陈述、半真半假的陈述或积极隐瞒行为，并无任何肯定性的披露义务。② 按照所谓的少数或诚信规则，企业内幕人在与股东进行交易中要遵守诚信义务标准，故此，必须全面披露所有重大事实。③ 通常，法院直接主张高管、董事在与股东就买卖股份进行谈判时是股东的"受信人""受托人"或"准受托人"。④ 许多辖区采取了一种中间立场，应用所谓的特殊情况学说赋予内幕人一种不披露责任。法院认为，公司的控股股东和总经理在购买少数股东持有的股票时，未披露

---

① 参见胡光志《反内幕交易法的公平性基础》，《现代法学》2002年第4期。

② See Hooker v. Midland Steel Co., 74 N.E. 445, 447（Ⅲ.1905）; Board of Comm'r v. Reynolds, 44 Ind. 509, 513（1873）; Walsh v. Goulden, 90 N.W. 406, 410（Mich. 1902）; Carpenter v. Danforth, 52 Barb. Ch. 581, 584（N.Y. 1868）.

③ 对于指导性少数规则案件，见 Westwood v. Continental Can, 80 F. 2d 494（5th Cir. 1935）; Dacovich v. Canizas, 44 So. 473（Ala. 1907）; Oliver v. Oliver, 45 S.E. 232（Ga. 1903）; Dawson v. National Life Ins., 157 N.W. 929（Iowa 1916）; Stewart v. Harris, 77 P. 277（Kan. 1904）; Hotchkiss v. Fischer, 16 P. 2d 531（Kan. 1932）.

④ 参见 Hotchkiss v. Fischer 案，16 P. 2d 531, 535（Kan. 1932）（董事与股东进行谈判的，必须本着信赖和信任的关系行事）。

就出售公司的财产所进行谈判的现状，构成欺诈罪，因为考虑内幕人的职位及其随后对公司的专门了解，"善意行事并在购买之前陈述事实是被告的责任"。

实际结果是，多数原则实质上被"特殊情况"学说充分融合，[1] 而这一规则与所谓的少数规则又很少能泾渭分明。尽管采用"多数规则"或"特殊情况"规则的管辖区一开始并不以内幕人是受信人为前提，但特殊情况学说明显基于董事与股东之间存在的一种关系，这种关系不同于公平交易人之间的关系。当然，如果被告不是股东，则无披露的肯定性义务。在1934年之前，少数规则和特殊事实学说出现的频率在学术文献中远高于司法判断意见。除非原告与被告存在密切的合同关系，否则任一学说都不可能成功地作为诉讼依据。[2] 对于通过证券市场进行的交易，不存在诉因。[3]

普通法有很大的适应性。在纽约上诉法院1969年判决的一个指导性案例 Diamond v. Oreamuno 案[4]中，问题是因使用企业重大内幕信息，公司高管和董事对其在公司股票交易中实现的收益是否要向公司承担责任。判决认为，没有任何理由允许高管和董事为自己保留利用内幕地位获得的信息带来的利润。利用内幕信息以高于已知价格处置公司股票，构成联邦法所谴责的某种"滥用诚信义务关系"。衡平法院应允许提起诉讼，以防止被告通过所指称的违法行为实现任何不当得利。鉴于联邦法项下诉讼内在的实际困难，显然需要设立有效的普通法救济。纽约法院认为其令状不限于特定类型的内幕人士，不限于公众公司，也不限于特定时段内的先买后卖（或先卖后买）交易。权威观点建议，投资公司的董事从事投资组合证券交易违反其诚信义务。[5]

---

[1] 见 Arlinghaus v. Ritenour 案，622 F. 2d 629, 636（2d Cir. 1980），驳回调卷令，449 U. S. 1013，及所引用的纽约州案例；Bailey v. Vaughan, 359 S. E. 2d 599, 603–604（W. Va. 1987）.

[2] See Hotchkiss v. Fischer, 16 P. 2d 531, 535（Kan. 1932）.

[3] Goodwin v. Agassiz, 186 N. E. at 660-4361.

[4] 248 N. E. 2d 910.

[5] McMenomy v. Ryden, 148 N. W. 2d 804（Minn. 1967）；Cambridge Fund, Inc. v. Abella, 501 F. Supp. 598, 631（S. D. N. Y. 1980）（Del. law）.

三 发行人的活动和短线交易制度

(一) 发行人的活动

发行人披露时若存在与其购买或出售证券相关的重大错误陈述或遗漏，则要承担 10b-5 规则项下的责任。除了强制披露制度和"披露或弃绝交易规则"之外，交易所预期每一家上市公司都要快速发布合理预期对其证券市场有重大影响的新闻或信息[①]，并在谣言或异常市场活动显示已经泄露了与即将出现的各种进展有关的信息时进行直率、明确的公告。必要时，纽约证券交易所在发布重大新闻公告前将可暂停或推迟上市证券的交易。

作为联邦证券法的一般问题，除下列情况外，不存在肯定性的披露义务：联邦证券制定法或规则要求进行披露；"内幕人"（或发行人本身）进行交易；以前的披露本身或者变得不准确、不完整或误导。[②]

企业不能选择性地披露重大信息，选择性披露重大非公开信息可能涉及"泄露秘密"这种根据 10b-5 规则可以提起诉讼的行为。当公司进行自愿披露时，不得有重大遗漏。

(二) 短线交易制度

上市公司的董事高管以及较大的持股人，属于公司的天然内幕人，如对其机械地坚持股份自由转让原则，毫无疑问为其提供了谋取私利和操纵市场的机会。为了防止发生内幕交易，各国基本上都采取了"短线交易制度"。该制度采取反向假定模式，直接假定上述内幕人会利用内幕信息投机牟利，故规定他们在法定期间内只要进行先买后卖或者先卖后买反向交易行为，一律将交易所获收益强制性归入公司，不论其是否知悉或者利用内幕信息。作为一种特殊形式的内幕交易，短线交易制度成为禁止内幕交易制度中一道亮丽的风景线，但是同禁止内幕交易制度一样，坚持着诚信义务标准。我国《证券法》第 47 条对短线交易也有规定。

美国《1934 年证券交易法》注册制度激活的最后一项规定是与内幕交易有关的第 16 条。证券交易委员会指出，"在《证券交易法》制定之前，从对其公司股票的'确切事件'投机中获利作为公司高管或董事服务

[①] 《纽约证券交易所上市公司手册》第 202.05 段。

[②] See *Roeder v. Alpha Indus., Inc.*, 814 F. 2d 22, 27 (1st Cir 1987).

报酬的一部分，或多或少被金融界普遍接受，尽管这种交易千真万确具有不公平性质"①。《参议院银行与货币委员会1934年报告》表明：听证发现最不道德的行为是公司董事高管公然背叛其诚信义务，利益信托和职位上接触秘密信息的地位在市场行动中为其提供帮助。与这种滥用紧密相连的是大股东对内部信息肆无忌惮地利用，他们虽非董事和高管，但是对公司的命运行使充分的控制权，从而使其能够获得他人不能获得的信息并利用其牟利。② 第16条的制定，旨在规定短线交易非法，并鼓励自觉维护适当的诚信标准。③

第16（a）条确立了交易报告制度，规定拥有按照第12条注册的权益证券的公司，其每一位高管董事以及如此注册的任何类别权益证券的每一位占股10%以上的直接或间接受益所有者要向证券交易委员会及该证券上市所在交易所提交持有该发行人"所有"权益证券的初始报告，并要在持有状况发生变化的每一日历月结束后10日内提交进一步的报告。这是纯粹的披露制度，但是更深层次的作用是促进强制执行第16（b）条。④《萨班斯·奥克斯利法》第403条修正了《1934年证券交易法》第16（a）（4）条，要求任何人在成为受益所有人、董事或高管后10日内以及所有权变化后2日内，要提交一个内部报告。在《萨班斯·奥克斯利法》制定后一年内，所有权变化报告必须以电子形式作出。⑤

原第16（b）条［现第16（c）条］经修正后规定：

---

① SEC Ann. Rep. 50 (1944).

② S. Rep. No. 1455, 73cl Cong., 2d Sess. 55 (1934).

③ H. R. Rep. No. 1383, 73d Cong., 2d Sess. 13 (1934).

④ 1991年，证券交易委员会通过新的制度，见 Sec. Ex. Act Rel. 28, 869, 48 SEC Dock. 216, 225 (1991)，该制度后来为1996年通过的现行方法所取代。Sec. Ex. Act Rel. 37, 260, 62 SEC Dock. 138, 151-156 (1996)。1996年通过公告对现行方法说明如下：该修正规定，几类交易豁免适用第16（b）条，将根本不再要求报告，因此简化了报告框架。豁免于短线利润收回的交易仍必须报告，报告格式为表5，非豁免交易将按照表4报告，但衍生证券（不论是否豁免）的行使和转换将按照表4报告，小额收购得按照表5报告。将不再有基于"稍后提交的表4或5（以在先者为准）"而报告的交易分类，有评论员批判认为该交易分类混乱而可能导致申报变数大而不充分。委员会认为，新方法简化了内部人的报告义务，而没有对投资者重大的信息时效和数量造成负面影响。

⑤ 2002年8月，证券交易委员会通过了与《证券交易法》16a-3规则、16a-6规则和16a-8规则及表3、4和5保持一致的修订。

为了防止受益所有权人、董事高管不公平地利用因自己与发行人的关系而获得的信息,除非有关权益证券(豁免证券除外)或基于证券的互换协议是因以前约定的债务而善意获得,否则受益所有权人、董事高管在任何不超过 6 个月的期间从先买后卖或先卖后买发行人的任何该等权益证券、有关任何该等权益证券的基于证券的互换协议而实现的任何利润,应当归发行人所有,并可由发行人追回,不管不超过 6 个月期间达成该交易持有已购证券或不回购已售出证券时有何意图。发行人可向任何管辖法院提出普通法、衡平法之诉,要求追回该利润;若发行人在任何证券所有权人提出要求后 60 日内未提起或拒绝提起诉讼,或提起诉讼后未勤勉进行诉讼,则发行人任何证券的所有权人可以发行人的名义代表发行人提起诉讼。但是,在该利润实现之日起超过 2 年的,不得提出诉讼。本款不应解释为适用于上述受益所有权人在该期间并非以先买后卖或先卖后买方式进行的有关证券、基于证券的互换协议的任何交易,或证券交易委员会通过规则、条例豁免的,不在本款目内的任何交易。

第 16(b)条旨在保护"外部"股东应对拥有优先信息的"内幕人"的短线投机。它被监管部门发言人在 1934 年听证中描述成一个"天然的经验性规则"。[①]

正如法院认定的那样,损害赔偿并不要求证明存在对内部信息的实际不公平利用。正如地区法院指出的那样,国会显然认为"公共政策反对公司官员经证实地和反复地以公众利益为代价违反诚信义务,同律师违反一般公认道德对公共福祉造成的损害相比,这种违法行为的危害更大"[②]。此外,这种"天然的经验性规则"发挥两方面的作用。一方面,在卖出前持有超过 6 个月的内幕人不承担第 16(b)条下的责任,无论举出多少证据证明其不公正地凭借非公开信息进行交易。正像最高法院提醒的那样,"不能仅仅因为投资者组织其交易时带有规避第 16(b)条责任的意图而施加责任"[③]。另一方面,该规定的简便易行无疑具有一种实质的威慑效果。由于诉讼的要素如此简单,被告倾向于认为其别无选择只有全部

---

① 5 Stock Exchange Practices, Hearings before Senate Comm. on Banking & Currency, 73d Cong., 2d Sess. 6557 (1934) (Thomas G. Corcoran 发言)。

② Magicla v. Continental Can Co., Inc., 176 F. Supp. 781, 783 (8.D.N.Y. 1956)。

③ Reliance Elec. Co. v. Emerson Elec. Co., 404 U.S. 418, 422 (1972)。

清偿:"作为一个实际问题,责任是无情的。"① "没有规则如此客观('自动'可能是一个更好的词),以至于法律所授权的人在适用时不需要某种精神努力。"②

四 禁止内幕交易的理论演化

假定对依据重大非公开信息进行的交易存在披露义务,必然引起谁为义务人的疑问。第 10(b)条并不专门针对内幕人,哪些人承担披露义务应当由法院决定。有四大案例,即证券交易委员会在 Cady,Roberts & Co. 案中的裁定,③ 以及最高法院在 Chiarella 案、④ Dirks 案⑤和 O'Hagan 案⑥中的意见,几乎成为现行所有分析的基础。

(一)信息平等理论

普通法的"少数规则"或"托管"观点借助 10b-5 规则变成了美国的法律。Leahy 法官在 Speed v. Transamerica Corporation 案⑦中认为:大股东等内幕人购买小股东股票,若不披露其因内部职务知道但售股小股东不知道的与股票价值有关的重大事实,则构成违法。这就是 10b-5 规则发挥作用的铁证。法官 Kirkpatrick 在 Kardon 案中指出,第 10(b)条和 10b-5 规则等条款适用于董事和高管。⑧

Leahy 法官在 Transamerica 案中接着解释:披露义务源于防止公司内幕人员借职务之便不公平地对待不知情小股东的必要性。其目的在于就交易地位提供某种程度上的平等,使得小股东在这类交易中能够作出知情判断。有些法院将此称为诚信义务,而有些法院则称其为"特殊情况"施加的一种义务。《1934 年证券交易法》的最主要目的之一,是禁止公司高管和主要股东利用内幕消息为自己谋取金钱利益、损害不知情公众公司证

---

① Anderson v. Commissioner, 480 F. 2d 1304, 1308 (7th Cir. 1973).
② Blau v. Lamb, 363 F. 2d 507, 520 (2d Cir. 1966), 驳回调卷令, 385 U. S. 1002。
③ 40 SEC 907 (1961).
④ Chiarella v. United States, 445 U. S. 222 (1980).
⑤ Dirks v. SEC, 463 U. S. 646 (1983).
⑥ 521 U. S. 642 (1997).
⑦ 71 F. Supp. 457 (D. Del. 1947).
⑧ 73 F. Supp. at 800.

券持有人利益的行为。[1]

最终，董事依据 10b-5 规则向交易对方披露重大事实的义务与其通常对公司承担的不提前披露的普通法义务之间难免存在冲突，因此董事除放弃交易外，通常并无其他可行的选择。[2] 这就是"披露或弃绝"规则的来源。

Cady, Roberts 案（1961 年）是证券交易委员会处理的美国第一起有重大影响的内幕交易案。通过该案，确立了"披露或放弃交易"规则。证券交易委员会时任主席凯里（Cary）在裁定中指出，证券法的主要目的之一是防止与证券交易有关的欺诈、操纵或欺骗。与上述目标保持一致，《证券法》第 17（a）条和《1934 年证券交易法》第 10（b）条及依据后者颁布的 10b-5 规则，是旨在涵盖误导性或欺诈性活动的广泛救济条款，无论其在准确性和技术上是否足以成立欺诈和欺骗有关的普通法诉讼。第 17 条和 10b-5 规则适用于"任何人"进行的证券交易。错误陈述也属于该范围，无论谁是陈述人。披露重大信息的肯定性义务传统上已经施加于公司"内幕人"，尤其是高管、董事或控制权持股人。证券交易委员会和法院一直认为，内幕人必须披露其因自己的职务获得的、作为交易对手的人不知悉且若交易对手知悉将影响到其判断的重大事实。在上述情况下未进行披露构成违反反欺诈条款。另一方面，若实施买卖前披露在具体情况下不适当或不实际，则我们认为其替代做法是放弃交易。证券交易委员会注意到，反欺诈条款的行文包含"任何人"，而且传统上对高管、董事或控制权持股人等公司内幕人要求有特别义务。但是，这三类人并未穷尽存在该等义务的所有人群类别。

虽然证券交易委员会最终通过 Cady, Roberts 案确认 10b-5 规则适用于内幕交易案，但是该案确立的"披露或放弃交易"规则属于行政裁定，其法律效力有待法院确定。法院在 1968 年的 Texas Gulf Sulphur 案[3]中判决认为，被告利用广大投资者不知道的重要事实，应当承担责任。至此，确认了信息平等理论以及相应的"披露或放弃交易"规则。

（二）诚信义务（fiduciary duty）理论

考虑到 Texas Gulf Sulphur 确立的信息平等理论适用的内幕人范围过

---

[1] 99 F. Supp. at 828–829.

[2] Oliver v. Oliver, 45 S. E. 232, 234 (Ga. 1903).

[3] SEC v. Texas Gulf Sulphur Co., 401 F. 2d 833, 852 (2d Cir. 1968).

广，联邦最高法院通过 Chiarella 案和 Dirks 案阐述诚信义务理论，对"披露或放弃交易"规则的适用范围予以限制。

在 Chiarella 案中，Powell 法官代表联邦最高法院多数意见裁定认为，责任的前提是存在交易当事人之间信托和信任关系引起的披露义务。交易前披露义务的适用保证有义务将股东福祉置于其个人利益之上的公司内幕人不通过欺诈性适用重大非公开信息牟取私利。第 10（b）条被恰当地描述成一般通用条款，但是其涵盖的必须是欺诈行为。当欺诈主张的依据是非披露时，若无必须告知的义务则不存在欺诈。第 10（b）条项下的披露义务并不仅因拥有非公开市场信息而出现。Chiarella 案断然拒绝了第二巡回法院裁定默示的"平等"或信息平等理论。根据大法官 Burger 的观点，盗用非公开信息的人绝对有义务披露信息或弃绝交易。

在 Dirks 案中，最高法院扩展了 Chiarella 案的学说，认为从内幕人获得重大非公开信息并不必然承担"披露或放弃交易"责任。Powell 法官代表多数意见指出，只有在内幕人违反对股东承担的诚信义务（为私利之目的）将信息泄露给受领人且受领人知道或应当道内幕人违反诚信义务时，受领人才对公司股东承担不依据重大非公开信息进行交易的诚信义务。

(三) 盗用信息理论

Chiarella 案和 Dirks 案确立的诚信义务理论使诚信关系成为追责的前提，限制了内幕交易监管的范围，同时带来一些潜在的问题。例如，政府官员是否因在拥有政府工作期间获得的重大非公开信息时买卖股票而违反联邦证券法？

1997 年，最高法院在 United States v. O'Hagan 案中解决了上述大多数问题，以多数意见支持 10b-5 规则版本的盗用理论，通过多数意见裁定证券交易委员会在通过 14e-3 规则时并未越权。[①] 另外，法院一致维持将邮件与欺诈法适用于在证券交易中所使用重大非公开信息的盗用者。法官 Ginsburg 代表多数意见认为：第 10（b）条项下的刑事责任可以盗用理论为依据。"披露或放弃交易"的传统经典理论旨在阻止公司内幕人不公平地占不知情股东的便宜，该理论不仅适用于公司的高管、董事和其他永久内幕人，还适用于律师、会计师、顾问和临时成为公司受信人的其他人。"盗用理论"认为，如果某人违反其对信息源承担的义务盗用保密信息从

---

① 521 U.S. 642 (1997).

事证券交易,则属于与证券交易有关的欺诈,违反第 10(b) 条和 10b-5 规则。依据该理论,受信人违反忠实和保密义务,未经披露为自我目的使用委托人的信息买卖证券,即对委托人排他使用该信息的权利构成欺诈。盗用理论的责任依据不是公司内幕人与公司股票买卖者之间的诚信义务关系,而是受信人转化成的交易人对授权其获得保密信息的人构成了欺骗。

传统理论和盗用理论相互补充,都是为了解决利用非公开信息买卖证券的问题。经典理论应对的是公司内幕人违反其对作为交易对象的股东所应承担的义务;盗用理论规定公司外部人违反其对信息源(而非交易方)承担的义务利用非公开信息进行交易是违法行为。因此,盗用理论旨在保护市场诚信不受公司外部人滥用造成的影响。《1934 年证券交易法》的宗旨是确保证券市场诚实和提高投资者信心,而依据盗用信息进行交易则破坏了证券市场的诚信和投资者对证券市场的信心。

该案就盗用的外部边缘而言更为模糊。而且尚未清楚解决的是什么人可能违反 10b-5 规则版的盗用理论。本案中有很多参照提及受信人以及委托人和代理人。偶然获得内幕信息的陌生外部人,显然不应承担法律责任。Ginsburg 明确将 Dirks 案注释 14 扩大到对目标公司或招标人存在保密关系的人。但是,这一范围是否包括从病人处盗用信息的精神病医生、入门偷盗人或亲戚?O'Hagan 案对此保持沉默,将这些情况留待未来或其他法院解决。一段时间以来,我们已经知道按照现代理论框架,内幕交易法存在一个较大的概念性漏洞:10b-5 规则并不适用于依据盗窃获取的信息进行的交易。盗窃是一种独立的犯罪,但是并不属于内幕交易制度管辖的活动。① 这些问题一般属于 10b-5 规则判例法的边缘问题。即便存在普通法的这种典型模糊性,最大的潜在漏洞现在终于被堵上了。Dorozhko 案②较大地扩展了内幕交易法的适用范围,但是却仍然承认要裁定被告违反 10b-5 规则,必须存在某些欺诈因素。故此,该案不无疑问地对以下两种人员进行区分:一是通过肯定性错误陈述盗用重大信息的人;二是盗取重大信息且不经披露而利用该信息进行交易的人。具体而言,法院裁定计算机黑客通过误述其身份获取信息,即违

---

① Donald C. Langevoort, "Fine Distributions in the Contemporary Law of Insider Trading", *Columbia Business Law Review*, 2013, p. 458.

② SEC v. Dorozhko, 574 F. 3d 42 (2d Cir. 2009).

反 10b-5 规则，但却指出，黑客通过渗透进入计算机安全网但并无错误陈述行为，随后也未披露其根据拥有的非公开市场信息进行交易，则不违反 10b-5 规则。实质上，每一 10b-5 规则违法者都将受到有效约束。

（四）各种理论之间的关系——市场诚信理论的勃兴

从美国内幕交易监管的发展来看，各种监管理论和实践都围绕着"内幕交易的构成要件"这一核心问题展开，在过宽与过窄两极之间寻找平衡点。平等信息理论适用于拥有重大内幕信息的任何人，打击面过宽。拥有重大内幕信息的人凭什么在交易之前要披露？显然，该理论预设了交易之前诚信关系的存在。

诚信义务理论通过判例深化了平等信息理论，进一步考证了"交易之前诚信关系存在与否"的问题；该理论说明，如不违反特定的诚信义务，仅仅利用内幕信息进行交易，并不违规。盗用信息理论在某种程度上是向平等信息理论的回归，"盗用"本身说明有"不当使用"之意，意味着"违反诚信义务使用"，违反了对信息来源的诚信义务。可见，盗用信息理论不过是对诚信理论的深化和推广。[①] 美国有学者认为，假如国会不进行干预，其他的唯一可行方案也就很明显了。证券交易委员会完全可以放弃努力，不再扩大其内幕交易的刑事追究权力，转而集中按照传统的盗用理论和外部交易理论来稳定法律。如果证券交易委员会不再努力扩大其对内幕交易的定义，那么法院就能够向投资者提供更加明确的预期，允许投资者更准确地决定什么样的行动违反法律。[②]

约翰·科菲教授认为，内幕交易监管的正确理论应当是保护信息财产权。他进一步主张，虽然该理论明显与传统的证券监管问题并无关系，但是同私人交易方和州执法人员相比，证券交易委员会在追究内幕交易刑事责任方面享有足够充足的竞争优势，应当保留对内幕交易犯罪的管辖权。盗用责任是相对较晚出现的内幕交易理论，最高法院 1997 年才予以认可。因此，该理论在很多方面都有很大的解释空间。在界定盗用理论中，最有意义的是对信息来源承担的诚信义务的性质，如果违反该义务，则导致可能承担内幕

[①] 参见刘峰《从信托义务理论到盗用信息理论：美国内幕交易监管经验与启示》，《社会科学研究》2012 年第 3 期。

[②] Jorge Pesok, "Insider Trading: No Longer Reserved for Insiders", *Fla. St. U. Bus. Rev.*, Vol. 14, 2015, p. 141.

交易责任。而且，盗用责任（同传统的接收泄密人理论一样）的前提假设是，假定的交易者应当禁止从事市场交易，除非其拥有的所有重大信息已经予以披露。因此，盗用责任在精确、准确性上与"披露或放弃交易"规则面临同样的批评。虽然最高法院认定盗用理论本身明确，足以用来裁定内幕交易刑事责任，但是有关盗用责任的法律本身尚不明确。①

总之，美国存在两种禁止内幕交易的思路，一种是从理论出发，承认内幕交易是一种欺诈，但是却将这种推定欺诈的责任范围限制于存在或者参与诚信类违规的人员；另一种是想当然地将内幕交易视为欺诈且有危害的行为，因此认为应当积极寻求对知道或者怀疑就不属于自己的信息获得交易优势的人进行刑事处罚。② 这两种思路有一个共性，即内幕交易者均在利用信息优势从事交易。

我国有学者指出，随着证券市场实践的深入发展，反欺诈立法难以克服的功能障碍和结构缺陷日益凸显，造成禁止内幕交易执法和司法实践面临诸多困境，故此逐渐为世界主要经济体所抛弃。基于反欺诈理念和市场诚信理念所建构的禁止内幕交易法律制度存在根本区别，前者注重保护投资者个人利益，后者则着眼于证券市场诚信的维护，进而导致二者在行为构成要件和法律责任设置等核心规则方面的重大差异。③ 还有学者认为，内幕交易基本理论是构建市场监管法律制度的理论基础，世界范围内主要以美国采取的相关性理论和欧盟国家采用的市场基础理论为主导。相关性理论着眼于微观经济层面，认为证券法律规制的是违反忠实义务和信托责任的行为，因此内幕人是指对公司负有忠诚义务的相关人员，而市场理论则以宏观市场监管为视角，要求法律制度保障市场公平性、保护投资者信心，唯有尽可能地扩大内幕交易法律规制的范围才能对市场进行全面保障。④ 其实，市场诚信理念的勃兴是以内幕人和特定关系或相关性为中心

---

① See Stephen M. Bainbridge ed., *An Overview of Insider Trading Law and Policy: An Introduction to the Insider Trading Research Handbook*, Northampton: Edward Elgar Publishing Ltd., 2013, p. 4.

② Donald C. Langevoort, "Fine Distributions in the Contemporary Law of Insider Trading", *Columbia Business Law Review*, pp. 429-460, 2013.

③ 参见傅穹、曹理《禁止内幕交易立法理念转换及其体系效应——从反欺诈到市场诚信》，《法律科学》2013 年第 6 期。

④ 参见吴防昱《我国证券内幕交易主体之理论解读与规则构建》，《政治与法律》2015 年第 7 期。

的诚信理论的继续深化，继续强化对内幕人和因拥有不对称信息而形成影响力的其他特定权力主体的约束和监督，以维持投资者对资本市场的信心。市场诚信理论仍然以作为私权力主体的特定人为中心，在更高、更广、更全的层面，以维持市场信心和诚信（integrity）为宗旨，继续强化对越来越复杂的资本市场中私权力的监督和约束。根据市场诚信理论，禁止内幕交易制度的立法目的是确保证券市场运行的透明、稳定与公平，维护全体投资者对证券市场的信心和信任，其核心利益是证券市场的诚信。

欧盟立法对于内幕交易行为的规制主要经历了三个阶段：分别以《禁止内幕交易指令》[1]、《禁止内幕交易和市场操纵指令》[2]和2014年《市场滥用条例》（MAR）[3]及《市场滥用刑事处罚指令》的出台为标志。在维护市场公平的立法理念指导下，欧共体1989年制定的《禁止内幕交易指令》是欧盟首个规制内幕交易的指令，为各成员国制定或修改国内立法提供了框架性原则及最低规范标准。该指令在序言中明示其立法目标：鉴于证券市场的稳定运行依赖于投资者对市场充满信心，而投资者信心则来源于其平等市场地位的赋予及不受不当使用内幕信息行为的影响；内幕交易仅使特定投资者获利，而对其他普通投资者则极不公平，这必将侵蚀市场信心进而损害其稳定运行，因此应予禁止。为加强对内幕交易及市场操纵等市场滥用行为的打击力度，欧盟2003年制定了《禁止内幕交易和市场操纵指令》，取代《禁止内幕交易指令》，成为其指引成员国反内幕交易立法的唯一规范。该指令继续坚持市场进路，提出"完整有效的金融市场需要市场健全性；内幕交易和市场操纵行为妨碍充分及适当的市场透明度，而市场透明度正是所有经济主体参与健全金融市场交易的前提；禁止内幕交易及禁止市场操纵立法具有共同目的，即维护金融市场的健全及增进投资者对市场的信心"。在内幕交易规制内容方面，该指令更加体现维护市场公平的实质性要求，首先废除主体要件，所规范的主体类型已经涵盖所有通过合法及非法方式拥有内幕信息之人；其次，降低主观要件；最

---

[1] Council Directive 89/592/EEC of 13 November 1989 coordinating regulations on insider dealing.

[2] Directive 2003/6/EC of the European Parliament and of the Council of 28 January 2003 on insider dealing and market manipulation (market abuse).

[3] 2014 Market Abuse Regulation: Regulation (EU) No. 596/2014 [2014] OJ L173/1.

后，统一客观要件。① 2014年出台的《市场滥用条例》（MAR）② 及《市场滥用刑事处罚指令》于2016年6月3日对成员国同时生效，继续坚持市场诚信原则，通过广泛的禁止性规定促进金融市场效率，维护投资者信心和市场的系统稳定。新条例和指令强调刑事执法的实质规范意义，认为同行政处罚和民事赔偿机制相比，刑事制裁更能展示社会对内幕交易的反对态度，能更好地向潜在违规者和公众传递社会不接受内幕交易行为的信号。英国司法也一改以往不对内幕交易定罪的传统，最近已有大量内幕交易行为被定罪。③

五 内幕交易的责任主体范围

（一）内幕人

禁止内幕交易理论的核心，是确定内幕交易的责任主体范围。Chiarella案和Dirks案引用并赞同Cady, Roberts案，认为披露或不交易义务是施加给公司内幕人的一种传统义务，尤其是高管、董事或控制持股人。④ 而且，Chiarella案明确说明，内幕人并非这三种。法院将上述特定关系区分为诚信关系⑤和其他保密关系。同一家庭的成员通常彼此存在一种诚信关系，Chiarella案和Dirks案将代理人义务等同于诚信义务和出售者对寄以信托或信任的人之义务。

地区法院遵循Chiarella案和Dirks案的观点，突出了诚信关系与其他保密关系之间的区别。⑥ "前者可以专用于在法律上有明确名称和归类的关系术语，如信托、代理、监护关系等"，当然包括公司高管和董事。"另外还有许多其他情况，其中的密切、保密、依赖和影响力至少与上述关系相同。这种关系通常称为'保密关系'，并享有衡平法院向诚信关系提供的相同保护。"Dirks案进一步认为：与对公司和股东承担独立诚信义

---

① 参见傅穹、曹理《禁止内幕交易立法理念转换及其体系效应——从反欺诈到市场诚信》，《法律科学》2013年第6期。

② 2014 Market Abuse Regulation: Regulation (EU) No. 596/2014 [2014] OJ L173/1.

③ Accessed at http://www.fca.org.uk/news/ryan-willmott-sentenced-to-imprisonment-for-insider-dealing.

④ 445 U. S. 227; 463 U. S. 653.

⑤ 445 U. S. at 230.

⑥ United States v. Reed, 601 F. Supp. 685, 704 (S. D. N. Y. 1985).

务的内幕人不同，典型的受领人并不存在该等关系。法院在 Dirks 案注释 14 中确认将内幕人的披露或不交易义务扩展到受信人，还扩展到法律传统上不认为是受信人但却在交易基础上达成保密关系的某些人，包括承销商、会计师、律师或顾问等外部人，称为推定的内幕人（"股东的受信人"）。Chiarella 案还强调，内幕人的诚信义务公司持股人。

2000 年证券交易委员会通过一条新的 10b5—2 规则，澄清了盗用内幕交易案中信托或信任义务的含义，[①] 就某人依据盗用理论承担信托、信任义务的情况提供了一个非排他性定义。但是，10b5—2 规则并未在任何其他方面修改内幕交易的范围。根据该规则，信托、信任义务仅存在于某人从特定近亲属家庭成员（如配偶、父母、子女和兄弟姊妹）接收、获得重大非公开信息的情形。有评论者指出，上述特定关系不包括合伙人、继父母或继子女。

（二）泄密人与受领人

在 Dirks 案之前，判例法认为受领人可能要对依据其知道直接或间接来源于内幕人的非公开公司信息进行的交易承担责任，前提是信息是重大信息且泄密人存在违法故意。即使没有进行交易，泄密人也可能承担责任。[②]

最高法院在 Dirks 案中认定，原告必须证明泄密人行为"不当"，旨在"个人获利"；[③] 而且"泄密人"存在这种动机后，"受领人""知道或应该知道已经存在违反"泄密人的诚信义务的，方为违法。[④]

为获益而泄密和因友情关系而泄密是两种典型的情况。前者范围很广，足以包括两个公司高管之间相互利用交换各自公司的非公开信息，而法院则会将顾问和类似身份的人从受领人转化成泄密人，将实践中的大多数泄密情况都包括进来。法院还毫不犹豫地认定泄密人就虚假泄密承担责任。Dirks 案就泄密人和受领人都留下了许多问题没有解决。要认定责任，受领人必须知道或应该知道违反了泄密人的诚信义务。法院认为，证券欺诈案所要求的违法故意证明通常是从情节证据进行推断的问题。[⑤] 证明被

---

① 43, 154, 73 SEC Dock. 3, 22-23（2000）（通过稿）。

② SEC v. Texas Gulf Sulphur Co.

③ 445 U. S. at 653, 662.

④ See Bateman Eichler, Hill Richards, Inc. v. Berner, 472 U. S. 299, 311 n. 21 (1985).

⑤ 459 U. S. 375, 390-391 n. 30 (1983).

告心理状态的难度支持一种较低的证据标准,低于优势证据所要求的标准。如果受领人不承担责任就很难要求泄密人承担责任。

(三) 外部人

Burger 法官依据盗用理论,认为平等商业交易的当事人无义务向对方披露信息,除非当事人之间存在某些保密或诚信义务关系。该规则允许商人利用其经验和技能获得并评估相关信息;鼓励勤奋工作、仔细分析和敏锐的预测。但是,作为该规则基础的政策还应该限制其范围。尤其是,当信息优势不是通过超级经验、远见或勤奋获得而是通过某种非法手段获得时,该规则就应该让位。第 10 (b) 条和 10b-5 规则应理解为包含以下原则并以该原则为基础:盗取非公开信息的人绝对有义务披露该信息,要么就只能弃绝交易。

第二巡回法院驳回了只有公司内幕人或推定内幕人才适用盗用信息理论的论点,认为"盗用理论更广泛地禁止内幕人或其他人侵占与买卖证券有关的重大非公开信息"[①]。Miner 法官对此持反对意见,其理由是与邮件和通信欺诈相关的盗用理论应限于"通过与信息源之间的特殊关系获得该信息的人使用与证券有关的非公开、保密信息"。最高法院在 1997 年 O'Hagan 案中采用了盗用变种学说。[②] Ginsburg 法官认为,根据盗用理论,披露义务及于信息源。O'Hagan 案还认定 10b-5 规则适用于抢帽子交易。

第九巡回法院认为专栏作家与公众之间的关系并非普通法项下的诚信义务关系,法院将专栏作家比作"准内幕人",美国法学会《联邦证券法典》将该概念定义为包含利用未公布意见中的信息进行交易的法官助理人员等。[③] Chiarella 案要求存在"诚信义务或其他类似的信托关系",因此,不能将不确认诚信义务的案件比作确定存在该义务的案件。

与盗用理论有关的另一问题是,是否可以对盗用信息者主张诉权。在 Burger 的理论概念中,回答是肯定的。"盗用非公开信息的人绝对有义务披露信息或弃绝交易。"[④] O'Hagan 案仅限于对 10b-5 规则的刑事执法。但是,国会通过的《1988 年内幕交易与证券欺诈强制执行法》第 20A 条规

---

① 791 F. 2d at 1029.

② 521 U. S. 642 (1997).

③ See Chiarella v. United States, 445 U. S. 222, 229-230 (1980).

④ 445 U. S. 240.

定，将私人诉讼法权扩大到同时交易人。按照众议院能源与商业委员会的解释，尤其是将同时交易人的诉讼成文化，其目的是要推翻在依据盗用理论证明被告违法的情况下拒绝授予原告损害赔偿的法院判例。这一结果与证券交易委员会的救济结果不一致，证券交易委员会借助盗用理论履行适当的监管目标，确定拥有重大非公开信息使进行交流或交易属于违法。第20A条解决了执行盗用理论是否存在私人诉讼的疑问，原告依据该理论可以首先提出违反《1934年证券交易法》的主张。①

六 违法故意

内幕交易构成要件涉及一项关键制度——过错推定。由于过错推定主要适用于传统的内幕人，因此，可以将其视为对以内幕人为中心的传统理论的继承。② 无论违法故意在普通法欺诈中有何含义，已有判决认为，同在邮件与电信欺诈法中一样，意图是《1933年证券法》第17（a）（1）条项下"欺诈计谋或手法"的要件。③ 意图（或违法故意）具有主观性，必须时常对认定为欺诈标志的，系列表象分离、实则灵巧的行为和事例进行推断。"若不知情包含不知道普通人在类似情况下本应知道的事实"，则也可以推断存在意图。④ 总之，第17（a）（1）条和邮件与电信欺诈法中的欺诈意图带有粗心大意的色彩。⑤

这些与正在弱化的意图和违法故意有关的判例，主要见于依据第17（a）（1）条、邮件与电信欺诈法或者两者提起的刑事诉讼情景之中。就第17（a）（1）条项下的刑事诉讼而言，第24条刑事条款中的蓄意构成要件本身就要求对虚假本身（或有关问题真实性的粗心大意）知情。但是，上述观点的原理至少应当同样适用于以第17（a）（1）条或其在反欺

---

① Jackson Nat'l Life Ins. Co. v. Merrill Lynch & Co., Inc., 32 F. 3d 697, 703（7th Cir. 1994）："制定法中的行文十分清楚，要想提出《1934年证券交易法》第20A条项下的请求，原告的主张必须以违反了《1934年证券交易法》或其项下的规则和条例为前提。"
② 参见胡光志《内幕交易及其法律控制研究》，法律出版社2002年版，第110页。
③ Troutman v. United States, 100 F. 2d 628, 632（10th Cir. 1938）.
④ Stone v. United States, 113 F. 2d 70, 75（6th Cir. 1940）; Irwin v. United States, 338 F. 2d 770, 774（9th Cir. 1964）.
⑤ See United States v. Henderson, 446 F. 2d 960, 966（8th Cir. 1971）.

诈规则中对等部分为依据的禁制令诉讼或其他民事案件。①

问题是，上述学说是否一般适用于第 17（a）条项下的民事诉讼，以及是否适用于 10b-5 规则和其他欺诈条款。最高法院在 Ernst & Ernst v. Hochfelder 案②中以第 10（b）条下民事损害赔偿诉讼为背景对该问题展开了详细论述。Powell 法官代表多数意见认为：我们认为在未主张"违法故意"——即欺骗、操纵和欺诈时，不存在第 10（b）条和 10b-5 规则项下的损害赔偿私人诉因。第 10（b）条规定违反证券交易委员会的规则使用或利用"任何操纵、欺诈手段或共谋"为违法行为。"操纵或欺诈"与"手段或共谋"一起使用明显表明，第 10（b）条旨在禁止知情或故意不当行为。"操纵"一词表示旨在通过控制或人为影响证券价格欺骗或欺诈投资者的故意或蓄意的行为。

Ernst & Ernst 案中的多数意见是令人迷惑的，所留下的问题与所回答的问题一样多：在将第 10（b）条中的行文"操纵、欺诈手段或共谋"解释为要求在 10b-5 规则中包含某种违法故意构成要件的限度内，判决意见基本上是正确的；存在某种被淡化的违法故意要件；法院根本不对违法故意进行定义；"粗心大意"在"某些情况下"根本就不够，故意向可能合理预期为自身利益使用信息的外部人透露其知道的重大、非公开信息的人具备必要的"违法故意"。

Stewart 法官明确指出，"Hochfelder 案的原理必然得出以下结论，即违法故意是违反第 10（b）条和 10b-5 规则的构成要件，无论原告的身份或所寻求的救济属于什么性质"。第 17（a）条的三项规定要求不同。第 17（a）条的行文明确显示，国会在第 17（a）条第（1）项中拟定有违法故意要求，但在第 17（a）条第（2）项或第（3）项中则并无此要求。司法权威允许第 17（a）条项下存在私人诉讼。按字面理解，第 17（a）条第（2）项和第（3）项甚至不要求存在疏忽；至少依据第 17（a）条第（2）项，对重大事实的任何错误陈述本身就足够，无论多么无辜。但是另一方面，就协助、教唆责任或共谋责任而言，不得推定 Aaron 案依据第 17（a）条第（2）项和第（3）项不要求违法故意。

---

① SEC v. Glass Marine Indus., Inc., 208 F. Supp. 727, 740 (D. Del. 1962).
② 425 U.S. 185 (1976).

即便如此，第六巡回法院[1]认为，为从会计师获得赔偿，必须证明其存在违法故意。[2]但是，第三巡回法院在涉及"外部"董事的案件中适用了疏忽标准。[3]

就在什么程度上存在私人原告，以及在任何情况下就证券交易委员会禁制诉讼而言，可以推定 Hochfelder 案和 Aaron 案适用《1934 年证券交易法》的相关条款。[4] 1995 年，国会就前瞻性说明对违法故意要求进一步做了重大变动。就前瞻性说明而言，原告必须证明被告行为实际知悉相关陈述虚假、具有误导性。

证券交易委员会 2000 年通过新的 10b5-1 规则，采纳知情占有标准和四种特定的肯定性抗辩。[5]但是，10b5-1 规则并不意味着改变依据第 10(b) 条和 10b-5 规则发展的判例法。

七 10b-5 规则的演化及其普遍适用性

10b-5 规则的故事很迷人，经过立法、行政规则制定和司法过程的互动，从一无所有到最终长成参天大树。更值得注意的是，整个发展过程根本没有任何规划。首席大法官 Rehnquist 称其为"从立法小橡果长成的司法大橡树"；Painter 教授将其喻为中世纪炼金家可以溶解任何容器的"万能溶剂"；罗思教授有时将该规则比喻成"血统可疑但脚力飞快的宝马"。

《1934 年证券交易法》第 10（b）条本身的特点被最高法院描绘成"包罗万象"。证券交易委员会得其所想，对购买所在公司股票的内幕人进行调查并对其施加禁令救济的手段。该法具有联邦性，法官 Friendly 称其为形成每一部联邦制定法框架的"联邦普通法"。[6]理论上法院只是在解释制定法和规则。但是，当制定法和规则像第 10（b）条和 10b-5 规则一样实质上同"正当程序条款"一样含混不清时，同州标准普通法一样，法律肯定成为法官制定的法。20 世纪末期和 21 世纪初期，大多数法官似

---

[1] Ultramares Corp. v. Touche, 255 N. Y. 170, 174 N. E. 441 (1931).

[2] Adams v. Standard Knitting Mills, Inc., 623 F. 2d 422 (6th Cir. 1980).

[3] Gould v. American-Hawaiian Steamship Co., 535 F. 2d 761 (3d Cir. 1976).

[4] Ernst & Ernst v. Hochfelder, 425 U. S. 185, 203 (1976).

[5] 43, 154, 73 SEC Dock. 3, 19-22 (2000)（通过稿）.

[6] Friendly, "In Praise of Erie—and of the New Federal Common Law", N. Y. U. L. Rev., Vol. 39, 1964.

乎将普通法"多数"规则看作律师或法官能陶醉于其自身构想之能力的一座丰碑,这一规则要求董事与其公司交易时要遵守诚信义务标准。

在涉及 10b-5 规则项下私人诉讼的第一个案例中,最高法院"将第 10 (b) 条解读为表示国会旨在禁止场内或面对面进行证券买卖中的欺骗手段和共谋"①。就市场交易而言,"如果对交易所一级市场实施的交易不给予反欺诈条款提供的保护,实际上是不正常的"②。

按照立法条文和相关规则要求,被禁止的行为必须与"证券买卖有关",这是 10b-5 规则框架中较难限定的一个问题。第 10 (b) 条和 10b-5 规则的宗旨是保护在证券交易中受到欺骗的人,确保证券购买者获得其认为试图获得的东西,确保不欺骗证券出售者以购买者知道不充分的价格或购买者知道不属于拟定的对价交付相关证券。

有些法院将"与……有关"构成要件解释为"表示相关欺诈与股票买卖之间存在因果关系"③。法院在 Hochfelder 案和 Aaron 案中采取了严格的违法故意态度。④ 在 Wharf 案中,⑤ 最高法院补充认为,第 10 (b) 条将适用于所有证券口头销售。

八 内幕交易的特别处罚

对于内幕交易,可以给予附属救济、民事罚款、禁制令、制止令、"取消"董事高管资格和刑事处罚。本部分仅探讨法院和国会针对证券交易委员会提起的非公开重大信息相关案件发展的各种特定处罚。

(一) 没收违法所得

自 1971 年 Texas Gulf Sulphur 案开始,⑥ 法院已经针对证券交易委员会提起的若干重大非公开信息相关交易禁制令诉讼判令恢复原状或没收违法所得。在 Texas Gulf Sulphur 案中,法院认为没收违法所得是《1934 年证券交易法》第 27 条的授权,该条默示授予地区法院在为执行该法项下责

---

① Superintendent of Ins. of State of N. Y. v. Bankers Life & Casualty Co., 404 U. S. 6, 12 (1971).

② Cady, Roberts & Co., 40 SEC 907, 914 (1961).

③ Tully v. Mott Supermarkets, Inc., 540 F. 2d 187, 193 (3d Cir. 1976).

④ Santa Fe Indus., Inc. v. Green, 430 U. S. 462 (1977).

⑤ 532 U. S. 588 (2001).

⑥ 446 F. 2d 1301, 1307-1308 (2d Cir. 1971).

任提起的诉讼中享有一般衡平法权力。① 没收违法所得的目的是剥夺被告"从违法行为获得的收益",而不是赔偿投资者。同时,"没收违法所得具有补救性而不具有惩罚性。法院命令没收违法所得的权力仅及于被告从违法行为中获利相关的金额。任何进一步的金额将构成罚款。"② 为了防止规避披露或不交易规则,要求泄密人吐出其本身或受领人获得的所有利润。③

证券交易委员会需举证说明其没收违法所得数额与不当得利金额合理类似。即使在拒绝发出禁制令时,乃至在原则禁止提起私人诉讼时,也可以授予没收违法所得。法院在实质问题审理期间可以签发财产冻结令,确保仍然可以提供所有非法获得的利润,以满足未来可能签署的没收违法所得命令。

(二) 民事罚款

1982年,证券交易委员会认识到,虽然其逐步加强了"打击内幕交易对证券市场这种威胁"的力度,但"现行救济方式仍无法"对内幕交易"构成足够的威慑",因此建议增加立法。证券交易委员会建议通过给予因违法买卖获得的利润或避免的损失三倍的民事罚款,扩大其寻求禁制令或没收违法所得的权力。作为回应,国会颁布了《1984年内幕交易制裁法》。④

若干严重的内幕交易案使国会认识到,虽然国会1984年通过了较为严格的处罚,但内幕交易案却急剧上升。因此,国会通过了《1988年内幕交易与证券欺诈强制执行法》,⑤ 允许证券交易委员会在美国地区法院提起诉讼,寻求对相关内幕交易人处以所得利润或所避免损失三倍的民事罚款。

证券交易委员会还可以提起诉讼,寻求由发生违法行为时直接、间接控制相关内幕交易人的人缴纳民事罚款。对上述控制权人处以罚款的数额不得超过100万美元,因该被控制人的违法行为而获得的利润或所避免的损失的三倍。控制权人的责任是对被控制人责任的附加而不是取代。但

---

① 446 F. 2d 1307-1308.

② SEC v. Blatt, 583 F. 2d 1325, 1335 (5th Cir. 1978).

③ SEC v. Texas Gulf Sulphur, 446 F. 2d 1301, 1308 (2d Cir. 1971).

④ 98 Stat. 1264.

⑤ 102 Stat. 4677.

是，对控制权人的责任规定了某些限制。上述规定"基本改变了现行法律，将第一违法人的民事罚款责任扩大到违反采取合理措施预防该等违法行为的义务的人"①。

证券交易委员会寻求给予民事处罚，必须确定控制权人存在"知情"或"疏忽"行为。制定法并没有对"知情"和"疏忽"两个术语进行界定，但是10b-5规则项下的判例法对这两个术语另有探讨。证券交易委员会可以无条件，或根据特定条款和条件，全部、部分对任何或任何类别的人、交易给予豁免。

（三）奖励条款

《1988年内幕交易与证券欺诈强制执行法》最富有创意的条款是在《1934年证券交易法》中增加了第21A（e）条，授权对举报人支付奖金。所支付的奖金不得超过该条项下罚款总额的10%，对此证券交易委员会享有绝对的决定权。

该款项下的任何决定，包括是否支付、向谁支付或支付金额等，都应该由证券交易委员会全权决定，但是不得对任何适当监管机构、司法部或自律组织的会员、高管或员工授予该等支付。这种决定都是终局的，不接受任何司法审查。②

第三节　我国禁止内幕交易的相关法律规定

一　内幕交易的规制理念

我国最早的内幕交易规范，是1990年中国人民银行发布的《证券公司管理暂行办法》。该办法第17条规定："证券公司不得从事操纵市场价格、内部交易、欺诈和其他以影响市场行情从中渔利的行为和交易。"1993年是我国证券市场的法规年、监管年，证券立法取得长足发展，出台的主要法规有《股票发行与交易管理暂行条例》《证券交易所管理暂行

---

① H. R. Rep. No. 100-910, 100th Cong., 2d Sess. 36 (1988).

② 关于第21A（e）条的进一步讨论，参见［美］路易斯·罗思、［美］乔尔·赛里格曼《证券法》第8卷，Aspen Law & Business, 2004年版，第3796—3799页。

办法》《禁止证券欺诈行为暂行办法》等,均对禁止内幕交易作出规定,在我国证券立法史上具有里程碑式的意义。

证券监管机构颁布的各种规范性文件对内幕交易责任作出了非常广泛的规定,这些指引与 2005 年《证券法》确定的范围更窄的内幕交易禁止性规定差别巨大。虽然 2005 年《证券法》就内幕交易责任确立了传统/诚信义务理论与盗用理论的混合机制,但是监管机构的指引则从形式和应用两个方面形成了仅对拥有内幕信息从事交易的人问责的机制。[1] 我国内幕交易的管制理念体现为现行《证券法》中规定的三公原则、诚信原则和反欺诈原则,体现为以公开披露为核心的预防体系和实质性禁止规范体系两个方面。

顺应国际趋势,以维护市场诚信作为禁止内幕交易制度的立法理念并依此重构制度体系,或能实现逻辑自洽与体系完整,似为提升我国证券市场核心竞争力的应然选择。我国现行禁止内幕交易立法,需要进一步厘清立法理念,将反欺诈作为立法理念,所建构的法律规则存在着规制范围疏漏和逻辑不一致的固有缺陷,直接导致行政执法和司法实践诸多困境的产生。随着金融市场的日益复杂和现代互联网技术快速发展,内幕交易行为和主体呈现多样化、多元化趋势,反欺诈立法在行为认定和责任实现层面的弊端和障碍已经日益显露。依据市场诚信理论,内幕交易的违法性基础在于对证券市场诚信的损害,而非对投资者的欺诈,因此包括主体范围、主观状态、行为样态、豁免情形及责任设置等禁止内幕交易制度的具体规则皆应随之作出调整,以实现逻辑的一致与体系的完整。[2] 首先,对于任何人不当使用内幕信息的行为皆可认定为内幕交易,主体要件和主观要件均应根据情况作出调整;在追究刑事责任时,可淡化主观故意要求。其次,对于客观归责可能导致打击面过宽的顾虑,可以通过增加法定豁免情形的方式予以消除。最后,在提高刑事责任和行政责任处罚力度情况下,引入惩罚性民事赔偿显无必要,毕竟民事诉讼只是救济手段,而不是当事人的获利手段;对于一般性民事赔偿,则应当实行推定过错责任,举证责

---

[1] Stephen M. Bainbridge ed., *An Overview of Insider Trading Law and Policy: An Introduction to the Insider Trading Research Handbook*, Northampton: Edward Elgar Publishing Ltd., 2013, p. 22.

[2] 参见傅穹、曹理《禁止内幕交易立法理念转换及其体系效应——从反欺诈到市场诚信》,《法律科学》2013 年第 6 期。

任倒置。

二 内幕交易的预防体系

我国《证券法》在总结以往立法和实践经验的基础上,参照国外经验,更加系统地确立了内幕交易的预防制度。[①] 相关规定内容丰富,包括监督检查制度（主要是第 178—187 条）、禁止短线交易制度（第 47 条）等,此外还有一些重大创新。

（一）短线交易制度

2005 年《证券法》对短线交易作出三方面的修改:其一,将短线交易的主体从持有百分之五以上股份的股东扩大到上市公司董事、监事、高级管理人员和持有上市公司股份百分之五以上的股东,使短线交易的覆盖面更广;其二,增加了股东衍生诉讼的规定;其三,关于归入权的行使,删除"致使公司遭受损失"的规定,同时将董事"连带赔偿责任"改为"连带责任",使责任承担形式的表述更为准确。在短线交易民事责任上寻求归入权,采取的是无过错责任原则。

《证券法（修订草案）》将有关短线交易的规定（第 86 条）从 2005 年《证券法》第三章"证券交易"第一节"一般规定"第 47 条移动到第四节"禁止的交易行为"之中,放在禁止内幕交易的规定之前,立法体系更加科学。修改进一步强化了对短线交易的规制。其一,进一步扩大短线交易的主体范围,将持有上市公司股份百分之五以上的股东扩大为持有或者通过协议、其他安排与他人共同持有上市公司股份百分之五以上的股东,增加了一致行动人。其二,扩大短线交易的客体,将持有的该公司的股票扩大为持有的该公司的股票或者其他具有股权性质的证券;而且增加规定"在计算前款所称上市公司董事、监事、高级管理人员、自然人股东持有的股票或者其他具有股权性质的证券时,应当将其配偶、未成年子女及利用他人账户持有的股票或者其他具有股权性质的证券合并计算",更进一步扩大了短线交易规则的覆盖范围。其三,扩大例外规定的范围,使短线交易除外制度更加具体,将"证券公司因包销购入售后剩余股票而持有百分之五以上股份的,卖出该股份不受六个月时间限制"改为"证券经营机构因包销购入售后剩余股票而持有百分之五以上股份以及国务院证

[①] 参见胡光志《内幕交易及其法律控制研究》,法律出版社 2002 年版,第 294 页。

券监督管理机构规定的其他情形除外"。

关于短线交易的行政责任,《证券法》195条规定,"上市公司的董事、监事、高级管理人员、持有上市公司股份百分之五以上的股东,违反本法第四十七条的规定买卖本公司股票的,给予警告,可以并处三万元以上十万元以下的罚款"。《证券法(修订草案)》(第286条)将这一条修改为"上市公司的董事、监事、高级管理人员、持有或者通过协议、其他安排与他人共同持有上市公司百分之五以上股份的股东,违反本法第八十六条的规定,买卖本公司股票或者其他具有股权性质的证券的,给予警告,并处以五万元以上五十万元以下的罚款"。除了上述有关短线交易主体、客体范围的修改为,修订草案增加了行政罚款的金额,加大了处罚力度。

(二) 信息公开披露制度

真实、准确、完整、及时的信息披露制度,对防范内幕交易具有重要作用,可以大大压缩内幕信息的存在空间,有效降低内幕交易的发生。因此,强化信息披露制度,不仅是《证券法》的基本任务,也是防范内幕交易发生的重要手段。《证券法》有很多条文涉及信息披露,其中第三章第三节是专门针对持续信息披露的规定(第63—72条),第四章"上市公司收购"从第85—101条共17条也均围绕信息披露作出规定。

《证券法(修订草案)》对发行信息披露和持续信息披露制度进行全面规定,明确及时、公平和简明披露要求,规定信息披露豁免和自愿披露制度,取消中期报告制度,新增季度报告制度,完善临时报告制度。为此,专列第六章,包括第133—152条共20条。

(三) 分业经营制度

《证券法》第6条规定,"证券业和银行业、信托业、保险业实行分业经营、分业管理,证券公司与银行、信托、保险业务机构分别设立。国家另有规定的除外"。分业经营制度是我国资本市场发展特定阶段的产物。但是随着我国金融改革的不断深化,金融业呈现混业经营的局面。随着金融业的继续发展和深化,混业经营终成大局。为此,2005年《证券法》增加了"国家另有规定的除外",为适当时机推行混业经营预留了法律空间。面对未来,如何在混业经营局面下建立金融业内部的中国墙,将是我们今后面临的课题。

(四) 董事高管及大股东持股和交易申报、公开制度

《证券法》第67条规定,"持有公司百分之五以上股份的股东或者实

际控制人,其持有股份或者控制公司的情况发生较大变化",属于重大事件,应当依法披露。《证券法(修订草案)》将上述第 67 条更改为第 142 条,内容改为"持有公司百分之五以上股份的股东或者实际控制人,其持有股份或者控制公司的情况发生较大变化,公司的实际控制人及其控制的其他企业从事与公司相同或者相似业务的情况发生较大变化",扩大了重大事件的范围。

此外,在上市公司收购制度中,《证券法》第 86 条又规定,"通过证券交易所的证券交易,投资者持有或者通过协议、其他安排与他人共同持有一个上市公司已发行的股份达到百分之五时,应当在该事实发生之日起三日内,向国务院证券监督管理机构、证券交易所作出书面报告,通知该上市公司,并予公告;在上述期限内,不得再行买卖该上市公司的股票。投资者持有或者通过协议、其他安排与他人共同持有一个上市公司已发行的股份达到百分之五后,其所持该上市公司已发行的股份比例每增加或者减少百分之五,应当依照前款规定进行报告和公告。在报告期限内和作出报告、公告后二日内,不得再行买卖该上市公司的股票"。《证券法(修订草案)》将上述第 86 条更改为第 109 条,内容改为"通过证券交易所的证券交易,投资者持有或者通过协议、其他安排与他人共同持有一个上市公司已发行的有表决权股份达到百分之五时,应当在该事实发生之日起二日内,通知该上市公司,并予公告。在该事实发生之日起至公告后二日内,不得再行买卖该上市公司的股票,国务院证券监督管理机构规定的情形除外。投资者持有或者通过协议、其他安排与他人共同持有一个上市公司已发行的有表决权股份达到百分之五后,其所持该上市公司已发行的有表决权股份比例每增加或者减少百分之五,应当依照前款规定进行通知和公告。在该事实发生之日起至公告后二日内,不得再行买卖该上市公司的股票,国务院证券监督管理机构规定的情形除外",增加了表决权相关的规定,改动了公告时间,并增加了除外情形。

(五)异常情况报告制度

《证券法》第 84 条规定,"证券交易所、证券公司、证券登记结算机构、证券服务机构及其从业人员对证券交易中发现的禁止的交易行为,应当及时向证券监督管理机构报告"。《证券法(修订草案)》删除了该条规定。此外,第 115 条规定,"证券交易所对证券交易实行实时监控,并按照国务院证券监督管理机构的要求,对异常的交易情况提出报告。证券交易所应当对上市公司及相关信息披露义务人披露信息进行监督,督促其依法及时、准确地披露信息。证券交易所根据需要,可以对出现重大异常交易情况的证券账户限制交易,并报国务院证券监督管理机构备案"。《证券法(修订草案)》将上述第115条更改为第196条,删除了"证券交易所应当对上市公司及相关信息披露义务人披露信息进行监督,督促其依法及时、准确地披露信息",减少了证券交易所对信息披露的监督义务。

（六）证券交易所的停牌制度

《证券法》第114条规定,"因突发性事件而影响证券交易的正常进行时,证券交易所可以采取技术性停牌的措施;因不可抗力的突发性事件或者为维护证券交易的正常秩序,证券交易所可以决定临时停市。证券交易所采取技术性停牌或者决定临时停市,必须及时报告国务院证券监督管理机构"。其中,为维护证券交易的正常秩序而临时停市,即可能涉及严重的内幕交易和操纵市场行为。《证券法(修订草案)》将上述第114条更改为第195条,全面规定如下:"因不可抗力、意外事件、重大技术故障、重大人为差错等突发性事件而影响证券交易正常进行时,为维护证券交易正常秩序和市场公平,证券交易所可以采取技术性停牌、临时停市、限制交易等处置措施,并应当及时向国务院证券监督管理机构报告。因前款规定的突发性事件导致证券交易结果出现重大异常,按交易结果进行清算交收将对证券交易正常秩序和市场公平造成重大影响的,证券交易所可以采取暂缓交收、取消交易等措施,并应当及时向国务院证券监督管理机构报告并公告。证券交易所依照本条规定采取措施的,豁免承担民事赔偿责任,但存在故意或者重大过失的除外。"草案修改规定的临时处置措施更加系统、全面,突出维护市场公平,而且增加了证券交易所就所采取的临时措施承担民事赔偿责任的规定。

此外,内幕交易的预防制度还包括《证券法》第8条规定的自律性管理,以及交易所建立的实时监控和风险防范制度。

三 内幕交易的构成

内幕交易法律制度的核心内容是内幕交易的构成。一般认为,内幕交易的要件由内幕交易主体、内幕信息、内幕交易行为和内幕交易主体的主观心态四要素组成。我国《证券法》将内幕交易的禁止性规定置于禁止的交易行为之首,界定了知情人、内幕信息和内幕交易等相关概念,并设计了刑事制裁、行政处罚和民事赔偿、自律管理四位一体的责任体系。《证券法（修订草案）》将有关短线交易的规定直接放在内幕交易的规定之前，突出短线交易是一种特殊的内幕交易，立法结构更为合理。

我国《证券法》有关内幕交易的规定，主要体现为六条，即第73—76条有关内幕人、内幕信息、内幕交易行为和民事赔偿责任的规定，第202条有关内幕交易的行政法律责任规定，第231条有关内幕交易刑事责任的规定。其中第73条为一般禁止性规定，即"禁止证券交易内幕信息的知情人和非法获取内幕信息的人利用内幕信息从事证券交易活动"。同世界各国趋势一样，我国内幕交易规制的总体态势是趋严。

《证券法（修订草案）》将《证券法》第73—76条有关禁止内幕交易的规定增扩为第87—93条，从四条增加到七条。修订草案没有修改《证券法》第73条的内容。

（一）内幕交易主体

有学者主张可以将内幕交易主体分为以下四类：公司内幕人、市场内幕人、政府内幕人、非法获取内幕信息的人员。[①] 针对不同类型的内幕人，适用不同的举证责任原则。《证券法》没有使用内幕人这一概念，第74条列举了七类证券交易内幕信息的知情人。与知情人概念并列，《证券法》第76条和《刑法》第180条还使用有"非法获取内幕信息的人"。有观点认为，对"非法获取"的理解不能过于狭隘，不能仅仅将其限于积极的且具有违法性的手段，而应从较为宽泛的角度加以解释，"非法获取"实际上应指"不该获取而获取"，"不该获取"是指行为人与内幕信息之间并无职务、业务上的紧密关系，行为人属于被相关法律法规禁止接触、获取证券、期货交易内幕信息的人员。[②]《证券市场内幕交易行为认定指引（试行）》第6条将内幕交易主体的范围进一步扩大到因其配偶、父母、子女以及其他亲属关系获取内幕信息的人。《上市公司信息披露管理办法》第66条则进一步规定，内幕交易主体包括泄露上市公司内幕信息，或者利用内幕信息买卖证券及其衍生品种的个人和机构。

《证券法（修订草案）》第88条对《证券法》第74条进行了修改，

[①] 参见胡光志《内幕交易及其法律控制研究》，法律出版社2002年版，第291页。

[②] 参见肖中华、马渊杰《内幕交易、泄露内幕信息罪认定的若干问题》，《贵州大学学报》（社会科学版），2013年第1期。

主要修改之处如下：其一，增加"或者从事与公司相关业务活动"，突出知情人的相关业务关系；其二，增加"上市公司收购人或者重大资产交易方及其控股股东、实际控制人、董事、监事和高级管理人员"，突出收购活动相关人员，明确将收购活动纳入重点规制范围；其三，增加"因职务、工作""职责"获取信息的职务、职责和工作关系；其四，增加"因法定职责对证券的发行、交易或者对上市公司及其收购、重大资产交易进行管理可以获取内幕信息的有关主管部门、监管机构的工作人员"，突出因法定职责进行管理可以获取内幕信息的其他主管、监管机构工作人员。

（二）内幕信息

《证券法》第75条第1款对内幕信息进行了界定，涉及内幕信息的两大特性，即重大性和非公开性。《证券法》第75条第2款和《证券市场内幕交易行为认定指引（试行）》对内幕信息进行了列举。

《证券法（修订草案）》用第89条取代《证券法》第75条，将第75条第1款内幕信息定义中的"公司"改为"发行人"，对信息来源的确定更加准确。《证券法（修订草案）》第89条第2款对《证券法》第75条第2款进行了很大幅度的修改，通过参引修订草案中第142条（对《证券法》第67条进行了较大修改，涉及对股票交易价格产生较大影响的重大事件）和新增的第143条（界定并列举可能对公开交易债券的交易价格或者发行人的偿债能力产生较大影响的重大事件），一方面扩大了内幕信息的覆盖范围，另一方面使内幕信息的确定更为精准。

此外，《证券法（修订草案）》新增了第93条："禁止证券交易场所、证券登记结算机构、证券经营机构、证券服务机构和其他金融机构的从业人员、有关监管部门或者行业协会的工作人员以及其他因工作、职责获取未公开信息的人员，买卖或者建议他人买卖与该信息相关的证券，或者泄露该未公开信息。前款所称未公开信息，是指除内幕信息以外对证券的市场价格有重大影响且尚未公开的信息。利用未公开信息进行交易给投资者造成损失的，应当按照本法第九十二条的规定承担赔偿责任。"这是一条有关未公开信息的禁止交易规定，力求与《刑法》第180条有关未公开信息交易罪的规定保持一致，对未公开信息进行界定，扩大了"其他因工作、职责获取未公开信息的人员"作为内幕交易主体，围绕"工作、职责"等特定关系主体，是对盗用信息理论的坚守。这一规定既想尽量扩大内幕交易主体的范围，又想有所限制，不脱离特定关系。

（三）内幕交易行为

我国内幕交易行为的表现形式规定，与众多国家的规定基本一致，分为三种形态。《证券法》第76条规定，"证券交易内幕信息的知情人和非法获取内幕信息的人，在内幕信息公开前，不得买卖该公司的证券，或者泄露该信息，或者建议他人买卖该证券"。这一规定与《刑法》第180条的规定是一致的。

《证券法（修订草案）》将《证券法》第76条的三款规定分别拆解为第90条、第91条和第92条。第90条内容未变；第91条增加规定"依法履行法定或者约定义务而进行证券交易的，不构成内幕交易"，明确规定不构成内幕交易的例外。

四 内幕交易的法律责任

（一）内幕交易民事赔偿制度

基于刑事、行政手段威慑内幕交易功能的不足，立法和司法通过实体法、程序法的特殊规定与特定的司法技术，将依照传统侵权法本不可行的内幕交易民事赔偿变得可行。基于证券市场健康发展的特殊需要，立法和司法技术又在内幕交易民事赔偿涉及的价值平衡指导之下，对内幕交易民事赔偿制度进行着适当的修正。同时，由于新的制度规定和法律措施的引进必然会引起新的问题，还必须采用其他的手段来抑制这些新规定和新措施带来的弊端，以实现制度的功能与立法的目的。这就使整个内幕交易民事赔偿制度的构建和实施，无论是在宏观层面，还是在微观层面，都体现出明显地在构建诚信的证券市场这一目标的指导之下，取长补短、有机互动的规则互补特征。[①]

2005年《证券法》新增加了内幕交易的民事责任，第76条规定，"内幕交易行为给投资者造成损失的，行为人应当依法承担赔偿责任"。《证券法（修订草案）》第92条将《证券法》第76条第3款所规定的"内幕交易行为给投资者造成损失的，行为人应当依法承担赔偿责任"修改为"内幕交易行为人应当对内幕交易期间从事相反证券交易的投资者，就其证券买入或者卖出价格与内幕信息公开后十个交易日平均价格之间的

[①] 参见赵旭东《内幕交易民事责任的价值平衡与规则互补》，《比较法研究》2014年第2期。

差价损失,在内幕交易违法所得三倍限额内承担赔偿责任"。修订草案将内幕交易的补偿性民事赔偿责任改为三倍限额的惩罚性民事赔偿责任,不符合时代潮流,大概是想借鉴美国的民事罚款规定。不过,修订草案的进步之处是明确了赔偿额的计算方法。

美国依据10b-5规则提起的内幕交易诉讼中不适用惩罚性损害赔偿。虽然在美国SEC可以依据1984年《内幕交易制裁法》对违法者处以所得利润或避免损失三倍的民事罚款,但是该罚款是行政罚款的性质,其目的在于惩罚违法者,而不是对原告进行赔偿,也不在于让原告获得额外的收入。[1] 我国台湾地区"证券交易法"第157条之一虽然首开原告可以请求三倍赔偿的先例,但是这一做法也受到了学者的质疑:"我现行法准许原告三倍受偿,其妥适性值得检讨。"[2] 英国对内幕交易追究民事责任,只能通过普通法;此外,英国法中追究内幕交易民事责任的主体仅限于公司。

(二) 内幕交易的行政责任

关于内幕交易的行政责任,《证券法》第202条规定,"证券交易内幕信息的知情人或者非法获取内幕信息的人,在涉及证券的发行、交易或者其他对证券的价格有重大影响的信息公开前,买卖该证券,或者泄露该信息,或者建议他人买卖该证券的,责令依法处理非法持有的证券,没收违法所得,并处以违法所得一倍以上五倍以下的罚款;没有违法所得或者违法所得不足三万元的,处以三万元以上六十万元以下的罚款。单位从事内幕交易的,还应当对直接负责的主管人员和其他直接责任人员给予警告,并处以三万元以上三十万元以下的罚款。证券监督管理机构工作人员进行内幕交易的,从重处罚"。

《证券法(修订草案)》第287条对《证券法》第202条进行修改,规定:"违反本法第八十七条、第九十条的规定,从事内幕交易的,责令依法处理非法持有的证券,没收违法所得,并处以违法所得一倍以上五倍以下的罚款;没有违法所得或者违法所得不足二十万元的,处以二十万元以上二百万元以下的罚款。单位从事内幕交易的,还应当对直接负责的主

---

[1] 参见赵旭东《内幕交易民事责任的价值平衡与规则互补》,《比较法研究》2014年第2期。

[2] 赖英照:《最新证券交易法解析》,中国政法大学出版社2006年版,第459页。

管人员和其他直接责任人员给予警告，并处以二十万元以上二百万元以下的罚款。国务院证券监督管理机构工作人员从事内幕交易的，从重处罚。违反本法第九十三条的规定，利用未公开信息进行交易的，依照前款的规定处罚。"新修订提高了没收违法所得和行政罚款的数额，加大了行政处罚力度。

(三) 内幕交易的刑事责任

关于内幕交易的刑事责任，《刑法》(2011年) 第180条规定了"内幕交易、泄露内幕信息罪"和"利用未公开信息交易罪"。按照现行刑事立法的规定，内幕交易罪属于情节犯，即只有实施内幕交易行为，情节严重的，才可能构成内幕交易罪。但实际上，对于"情节严重"的认定仍是一个比较困难同时也极易引起理论界和实务界较大争议的问题。总的来看，"情节严重"的入罪认定标准存在模糊性、随意性、不确定性以及与司法实践严重脱节等问题。①"情节严重"因标准过低一直以来备受各界批评。正如要提高内幕交易行政处罚金额一样，对内幕交易罪也应当提高"情节严重"的具体标准。否则，将导致按照法定低标准该入罪而司法实践却没有追究刑事责任的现象，损害法的尊严，影响打击内幕交易违法行为的力度。《证券法（修订草案）》新增的第93条将未公开信息的交易主体扩大到"其他因工作、职责获取未公开信息的人员"，这类主体是否纳入犯罪主体范围，是《刑法》需要关切的问题。

---

① 闻志强：《我国内幕交易罪刑法规制的困境与应对分析》，《行政与法》2015年第6期。

第六章

金融衍生品监管的诚信规则

第一节 衍生品市场的运行逻辑与诚信原则

在衍生品交易中,最基本的是期货交易。期货是期货交易的标的,对于期货的性质,理论上一直存在争议。一种观点认为期货交易的标的是所交易的商品本身,另一种观点认为期货交易的标的是期货合约,即期货在性质上是一种合约。[①] 我国《期货交易管理条例》第2条规定,期货交易的标的为"期货合约或者期权合约"。实证法将期货交易的标的确定为合约,是由期货交易的目的和功能决定的。期货交易的三大基本功能是套期保值、价格发现和投机。通过期货交易,交易者得以支配的权利是债权而非所有权。因此,期货法应当将期货交易的标的(即期货)的性质界定为合约而非商品。

金融工具包括衍生性金融工具和非衍生性金融工具,非衍生性金融工具本身具有市场价格,而衍生性金融工具的价格则取决于其他基础资产的市场价格。因此,作为衍生品的一种,期货还具有衍生性,即其价值由其他资产的价格来决定。我国《金融机构衍生产品交易业务管理暂行办法》第3条明确了衍生品的衍生特性:"衍生产品是一种金融合约,其价值取决于一种或多种基础资产或指数,合约的基本种类包括远期、期货、掉期

[①] 参见叶林、钟维《核心规制与延伸监管:我国期货法调整范围之界定》,《法学杂志》2015年第5期。

（互换）和期权。"

衍生品合约在本质上是合同，受《合同法》调整。但是在平衡自由价值与公平正义价值时，应充分考虑其射幸性，[①] 如此《合同法》与衍生品合约方能契合。在合同法范畴内对衍生品合约的讨论乃是微观层面上的法学关怀，但是衍生品合约具有典型合同不具有的极强市场外部性，需要期货法或衍生品法作出回应。[②] 合同法视野下的衍生品经由标准化，走向大规模市场化。衍生品合约标准化之初衷旨在增进市场效率，标准化的衍生品合约相较于个性化的衍生品合约，其意思自治性和合同自由价值面对市场效率作出一定程度的退让。然而，无论交易所之合约设计还是 ISDA 协议之制订皆须以市场广大参与者认可为基础。

期货合约由个性合同开始，经由远期合约继续衍化而成。期货合约同远期合约相比，有两处衍化：极度标准化，中央对手方制度。期货合约相较运用 ISDA 协议的远期合约之标准化程度更进一步，合同当事人只拥有选择品种、买卖方向、数量以及报价的有限自由。[③]《多德-弗兰克法》采用中央对手方制度，将大部分场外衍生合约纳入集中清算和监管范围，是出于对次贷危机反省而借鉴场内市场经验所致，中央对手方制度是期货合约的核心支柱。标准化的衍生品合约在相当规模的市场内进行交易可以更好地促进价格发现、风险规避、资源配置等功能的实现，具有正外部性，自不待言。然而，衍生品合约同样具有负外部性，即金融风险之溢出和中小投资者权益之易损。衍生品合约之市场负外部性问题，要求法律将安全价值从微观交易升位至宏观市场。金融法对于中小投资者权益保护的逻辑起点源于资本市场信息不对称，为践行正义，证券法对处于弱势地位的中小投资者给予倾斜保护，以信息披露为中心维护信息诚信。这种矫正是对证券市场中小投资者地位不平等的承认，是公平正义原则更深层次的

[①] 所谓"射幸"，即"侥幸"，是碰运气的意思；射幸指取决于死亡的降临，取决于不确定的偶然性。射幸合同是指当事人一方是否履行义务有赖于偶然事件的出现的一种合同，这种合同的效果在于订约时带有不确定性。最典型的射幸合同是保险合同。射幸合同属于双务合同的范畴，即缔约双方负有相互给付的义务。当然，与一般双务合同相比，这种相互给付有其特殊性：双方的给付并不一定是等价物，是否给付基于偶然事件的结果，当事各方可能获得巨额利益，也可能一无所获。

[②] 参见姜宇《衍生品市场的法逻辑》，《陕西行政学院学报》2016 年第 1 期。

[③] 同上。

体现。

衍生品市场与证券市场之间存在两大差别。从投资标的看,衍生品合约本质属合同之列,与有发行方信用背书的证券不同,衍生品合约交易方对对手方的信息透明程度要求远不如证券市场中投资者对发行方之要求,尤其是在中央对手方集中清算时,这种要求几降为零。从投资者结构看,衍生品市场以机构投资者为主,中小投资者保护并非立法之重点。然而,无论是在场外交易中的衍生品最终用户与交易商之间,还是在场内衍生品交易中的各交易主体之间,信息不对称的逻辑基础依然存在,而且衍生品合约具有风险放大效应,导致不对称信息产生的影响也随之放大。拥有不对称信息的交易商和经纪商随之成为具有更大影响力的权力拥有者,而利用诚信原则监督和约束交易商、经纪商的权力便成为期货衍生品法的应有之义。作为相应的制度设计,法律要对商品投资基金或期货投资基金投资者给予倾斜保护,对大客户行为给予重点关注,对权力拥有者施加相关信息披露要求。此外,还应当对投资者之资产、专业能力及经验等作出适当性要求,进而要求作为私权力主体的交易商和经纪商承担判断义务,确定作为交易对手的投资者是否适合进行相关投资,以便将普通公众和不适当投资者隔离于高风险产品和市场之外。

总之,从合同到市场,衍生品合约的监管由自由与公平正义二元价值间的线性平衡,嬗变为安全、效率、自由和公平正义四元价值间的立体平衡。其中,效率价值乃是市场之基本要求,安全价值和实质公平正义价值乃是对市场负外部性的回应之道,自由价值和形式公平正义价值乃是衍生品合约合同属性之基础,期货法应予平衡。①

第二节 美国期货衍生品监管中的诚信义务

一 美国期货衍生品法的宗旨

美国《商品交易法》第 3 条认为,通过在具有流动性、公平、金融安全的交易设施进行交易,可以提供一种管理并承担价格风险、发现价格或

---

① 参见姜宇《衍生品市场的法逻辑》,《陕西行政学院学报》2016 年第 1 期。

传播定价信息的方式,因此,相关交易关系到国家公共利益。为此,该法总的宗旨是通过建立期监会监督下的交易设施、结算系统、市场参与者和市场专业人士的有效自律制度,以维护公共利益。为了促进公共利益,该法的具体宗旨是遏制、防止价格操纵或对市场诚信的任何其他破坏;确保该法项下的所有交易保持财务上的诚信、避免系统性风险;保护所有市场参与者免受欺诈或其他滥用销售做法及误用客户资产的损害;促进交易所、其他市场和市场参与者之间进行负责任的创新和公平竞争。

美国的期货衍生品法对衍生品交易的两大市场外部性作出了很好的回应,兼顾安全、效率、自由和公平正义四大价值,尤其是突出了市场参与者和专业人士自律和市场诚信的地位和作用,强调规避系统性风险以及交易所、其他市场和市场参与者之间在创新中要负责任,竞争要公平。

二 美国联邦立法中的期货衍生品交易诚信义务

从历史来看,美国商品期货法始终贯彻诚信原则,围绕该原则构筑商品期货交易监管的规则体系。美国的商品期货经纪商最初完全由州法规制。[1] 根据州法,商品经纪人从事有关委托人资金或者其他财产的交易,在性质上属于受信人。因此,作为准受托人,经纪商必须本着最大的善意和诚信从事交易。1922 年美国国会通过了《谷物期货法》,联邦政府开始对期货市场进行监管。《谷物期货法》设立了许可制度,将指定的商品交易所视为"合约市场",要求所有期货交易均须在这些合约市场进行,合约市场对所有会员进行监督,防止会员进行价格操纵。虽然立法中并无旨在特别保护公众或确立诚信义务的其他规定,但是联邦贸易委员会早在1922 年立法前就对商品市场展开了广泛研究,指出经纪商对客户承担诚信义务。[2]

然而,从 1929 年股市崩溃对期货市场产生的影响来看,美国联邦立法并无什么效果。随后,罗斯福总统号召就证券和期货市场监管进行立

---

[1] Jerry W. Markham, "Fiduciary Duties under the Commodity Exchange Act", *Notre Dame Law Review*, Vol. 68, 1992.

[2] 同上。有学者认为,如果在商品期货交易中广泛适用诚信义务标准,历史上的许多市场悲剧就不会发生。例如,杜鲁门的父亲1901 年从事期货交易就亏损了 4 万美元,导致杜鲁门不得不放弃大学教育和钢琴课。杜鲁门从父亲期货交易亏损导致的贫穷中感受的缺失感,甚至在他成为总统后依然让他感到痛苦。

法，然而直到1936年商品期货领域的立法才获得通过。1936年通过的《商品交易法》继承了1922年立法采用的交易所许可制度，此外，还首次对经纪公司实施有效监管。这些经纪公司被称为期货佣金商，其在交易所招揽、执行客户指令，必须首先获得许可牌照。此外，《商品交易法》要求这些经纪商要将客户的保证金与经纪公司的自有资金分离，[1] 确认经纪公司以信托方式持有客户保证金，以免经纪公司将这些保证金违规用作其他客户的保证金或用于自营交易。这种信托资金理论在目前的立法中仍旧保留未变。依据《商品交易法》颁布的条例还就客户资金规定了允许投资的"法定"清单。按照美国国会报告的说法，该法的根本是就重要的公共市场行为规定了诚实原则。

《商品交易法》还规定了基于诚信义务概念的其他标准。该法的基本宗旨是确保商品交易所上的公正做法和诚实交易。除其他事项外，禁止期货佣金商和其他合约市场成员从事欺诈性的行为，具体包括虚假陈述、欺骗或欺诈客户以及其他类似活动。[2] 此外，根据诚信原则，该法禁止场内经纪商自身在无客户允许的情况下成为客户指令的交易对方。该法还禁止某些场内交易做法，如"洗售"、虚假交易和联合交易等。[3]

《商品交易法》规定期货佣金商等受托人要对其代理人的活动负责，同时，还承认大额交易商对市场中的其他参与者承担各种义务。例如，该法寻求禁止操纵市场价格的行为，还寻求通过限制投机商持有的头寸大小，避免"过度"投机带来的消极影响。[4]

1936年《商品交易法》最终未能有效应对市场滥用行为，也不适应20世纪70年代期货交易出现的爆炸式增长。因此，1974年该法进行了大幅修订，修订后的立法涵盖期货交易中的每一种商品；在1974年之前，该法采取的是零星修订的方式，每次有新商品成为期货交易的对象时，就修订一次。我国目前的场外衍生品市场采取的就是这种监管方式，遵循"推出一类产品即制定相应管理规定"的立法方式。此外，通过1974年修法，美国国会设立了商品期货交易委员会（CFTC）（简称期监会），成

---

[1] 资产隔离使客户在经纪人破产时享有对其他债权人的有限受偿权。参见美国1979年《破产法》中的相关规定。

[2] 7. U. S. C. Sec. 6b (1936).

[3] 7. U. S. C. Sec. 6 (c) (1936).

[4] 7. U. S. C. Sec. 6a (1936).

为新的独立的联邦期货监管机构,该机构享有广泛的权力,包括对违规者寻求禁令救济的权力和就每一违规行为处以高达 10 万美元民事罚款的权力。上述修订并未扩大市场参与者的义务,也没有规定更高的标准。修订主要是增加了依法要求注册的市场参与者类型的数量,并扩大了违反现行要求的处罚范围。新的注册人包括商品交易顾问,承担类似证券法中的诚信责任。另外一种新的注册人是商品基金运营人,其活动类似于共同基金,严格按照诚信义务要求进行监管。[1]

《2000 年商品期货现代化法》给期货市场监管带来了最大的变动,打破了商品交易法中根深蒂固的合约市场垄断带来的交易障碍。该法使衍生品监管成文化,并澄清了证券交易委员会与期监会各自的监管职责,确立了"两会"对证券期货产品的联合监管体制,还取消了对基于单只股票和窄基股票指数的股票期货之禁止性规定。该法对商品市场监管带来的全面改革对商品期货市场形成了三级监管,最严格的监管针对的是进行零售期货交易的指定合约市场。为了界定可进行较少监管或无监管交易的期货和期权合约,基本上将期货商品分为三类。该法还就某些基于商品的产品推出了一种新型期货市场,即只对特定合格投资者开放的衍生品交易执行设施,该设施需要满足的监管要求少于指定合约市场。该法还设立了一种新的豁免交易所市场,废除了认可交易所的单一概念,并废除了以前存在的合约市场垄断。最后,该法还对结算组织结构带来了巨大变化,就衍生品结算组织规定了新的独立注册程序,为结算组织带来了竞争机制。《2000 年商品期货交易现代化法》确立了场外(OTC)衍生品市场的合法地位,但是在 2001 年以来,场外衍生品市场享有大量的监管豁免。传统的反欺诈责任要么不适用,要么根本不起作用。立法范围和执法不明确,导致少数交易成员彼此之间缺乏诉讼的动力,最终自律和私人交易指令[2]占据主导地位,地位超过各州对市场做法的制裁。

金融危机之前,各国普遍存在对这一领域监管不足或监管空白的现象。次贷金融危机的爆发,敲响了场外金融衍生品积聚、传染金融风险的警钟。2009 年 G20 匹兹堡峰会之后,全球掀起了一场金融监管改革

---

[1] See Jerry W. Markham, "Fiduciary Duties under the Commodity Exchange Act", *Notre Dame Law Review*, Vol. 68, 1992.

[2] 即通过 ISDA 对衍生品市场进行私人监管。

的浪潮,旨在加强对场外金融衍生品的监管,增加市场透明度,降低系统性风险。[①] 根据G20匹兹堡峰会的决议,最迟2012年年末,所有适合标准化的场外衍生品合约必须在交易所或者电子平台上交易,并通过中央对手方(CCP)清算;场外衍生品合同需要向交易信息库(TR)报告;非集中清算的合约应具有较高的保证金要求。

经过金融危机,美国决策者寻求让复杂的衍生品市场承担更大的责任,要求市场参与者提高风险管理、治理和透明度。在这种背景下,《多德-弗兰克法》将中央对手方运用于场外市场,体现了集中监管向场外延伸之努力,明确规定将互换交易纳入中央对手方集中结算。需要注意的是,并非所有场外衍生品都适合中央对手方结算。[②] 一般而言,只有那些风险较大、流动性较强,可以通过市场定价且中央对手方有能力结算的合约才应被纳入中央对手方体制。[③]

《多德-弗兰克法》颁布之后,证券交易委员会和期监会详细阐述了各自的条例,将衍生品市场纳入传统欺诈责任之内。证券交易委员会和期监会通过条例明确证券交易法10b-5规则适用于场外衍生品市场,包括信用互换衍生品市场。[④] 将久经考验的反欺诈规则适用于衍生品,使衍生品与美国资本市场其他类型的证券保持一致。在规范层面,将10b-5规则适用于场外衍生品市场,反映出这些市场在危机后从原来的私人场外空间进入公共交易所。10b-5规则的传统政策偏好是提倡公平和信息诚信,这种传统政策现在扩展到衍生品交易,就像以前适用于广大的权益证券主体一样,现在也同样适用于数量较少的专家交易商。10b-5规则本身存在的各种原则上的不确定性和有关禁止性规定标准的各种学理现在还要考虑衍生品市场本身的设计构造。然而做到这一点,并非轻而易举。实际上,信用衍生品市场带来传统禁止性规定是否能够包容

---

① 邢天才等:《场外金融衍生品监管改革的国际比较》,《生产力研究》2014年第9期。
② 张路:《从金融危机审视华尔街改革与消费者保护法》,法律出版社2011年版,第55—59页。
③ 叶林、钟维:《核心规制与延伸监管:我国期货法调整范围之界定》,《法学杂志》2015年第5期。
④ 为将10b-5规则适用于场外衍生品市场,证券交易委员会通过9j-1规则对该规则进行修改,旨在确保反欺诈条款既覆盖基础证券相关的欺诈又覆盖依据互换产品进行的经常支付。

金融创新的严肃问题。①

三 期监会力推的诚信义务规则

（一）保护客户建议

成立伊始，期监会就根据"国会确认的商品专业人士与客户关系之诚信性质"提出了一揽子客户保护规则。这些规则包括要求期货佣金商不得推荐不适合客户的期货交易（合适性规则）；要求经纪公司勤勉监督其员工，以保护客户不受违纪和未经培训的员工危害。期监会建议禁止经纪商控制的账户进行过度交易（禁止"炒单"）；此外，期监会还建议，要求经纪商按规定格式、利用简洁的语言向客户提供有关商品期货交易各种风险的陈述。其他建议还有要求处理全权委托账户的经纪商在启动交易前获得账户持有人的书面授权，事先未寻求允许则不得交易；要求经纪商在执行客户指令时勤勉尽责等。

上述全方位的保护客户建议遭到业界的猛烈反抗，尤其是合适性规则。最终，通过的规则作了瘦身删减，包括监督要求、全权委托账户的书面交易授权以及简式风险披露说明书。期监会将未通过其他规则——包括勤勉尽责、过度交易和合适性规则的原因归结为《商品交易法》已经内在地包含了这些规则。期监会声明，它不想因通过可能过于受限的规则而导致上述各项要求被削减。

（二）故意问题

作为最初监管努力的另外一个重要部分，期监会在 Gordon 案②中主张，《商品交易法》中的反欺诈条款并不包含故意（scienter）要求，因为客户与商品专业认识之间的本人-代理人关系必然意味着商品专业认识与客户之间存在诚信关系。期监会引用证券法的判例指出，提供商品建议的商品专业人士本身是受信人，有义务了解所有重大市场事实，也有义务向客户披露这些事实。此外，商品专业人士承担一种诚信义务，对向客户提供的任何交易建议要有充分、合理的依据。

（三）披露要求

根据 Gordon 案裁决采取的扩大方法，期监会后来寻求加强披露说明

---

① Yesha Yadav, "Insider Trading in Derivatives Markets", *The Geogetown Law Journal*, Vol. 103, 2015.

② Comm. L. Rep. Para.1016 (CFTC Apr. 10, 1980).

书的作用，根据客户规则要向客户提供这种披露说明书。建议指出，交付风险披露说明书并不解除期货佣金商向客户披露"所有重大事实"的义务。这一建议的依据是期货佣金商对客户承担的诚信义务。由于遭到行业强烈的批评，期监会后来修改了披露建议，将披露义务修改为提供风险披露说明并不解除期货佣金商依据适用法律承担的其他披露义务。

期监会通过新闻公告阐述了以下观点：若商品专业人士违反对客户承担的诚信义务，则足以确定其违反了《商品交易法》的反欺诈条款。诚信义务可以设立超过依据这些反欺诈条款通常可能适用的义务。但是，期监会指出，其修改建议并不意图对各种经纪商施加一种统一的披露义务，也不意图要求向客户提供详细的招募书或进行冗长的披露。而且，期监会认为诚信义务可能存在一种变动范围。例如，期货交易商向全权委托账户客户披露信息的义务广于只履行执行客户指令功能的经纪商的义务。

对于从诚信义务的扩张视角看待披露要求，期监会的态度后来出现某些不确定性，包括对故意要求、商品基金运营人和商品交易顾问的诚信义务、保证金隔离相关的诚信义务、双重（dual）交易相关的诚信义务等相关的立场和观点。[①]

（四）合适性规则

虽然期监会曾经多次做过努力，但是最终其并未通过正式的合适性规则。不过，期监会认为客户缺乏经验这一事实将对商品专业人士的义务范围产生影响。期监会认为全国期货业协会可以就实施行业政策制定相关标准。交易所等自律组织的相关规则就判断不适当的推荐是否构成欺诈请求往往有决定性影响。例如，交易所可能认定不得对特定类型的客户提供某些交易项目。合适性问题对根据欺诈和其他不当行为提出的请求有影响。例如，在过度交易案件中，相关交易违反客户特定交易目标的证据，对确定是否存在过度交易具有决定性的作用。此外，未能提醒客户注意存在不合适的风险，也可能成为依据虚假陈述或者不披露风险提起诉讼请求的依据。全国期货业协会通过了"了解客户"规则，但是该规则并不明示施加合适性要求。

---

① See Jerry W. Markham, "Fiduciary Duties under the Commodity Exchange Act", *Notre Dame Law Review*, Vol. 68, 1992.

四 法院对诚信义务的立场和态度

同期监会相比，联邦法院对施加诚信义务态度较为谨慎。有些联邦法院明示或默示拒绝期监会的观点，认为诚信义务并不减轻证明义务。但是，联邦法院在其他领域依据《商品交易法》认定诚信义务时，态度并不一致。有的法院认为，对经纪商是否适用诚信义务取决于客户是否依赖经纪商的专业知识和判断；有的法院认为，对诚信义务应当采取变动范围的方法，即随着经纪商对客户账户控制权的增加，经纪商的义务也增加；有的法院认为，未向投资者说明商品期货交易的风险违反《商品交易法》第4b条，也就违反了诚信义务；有些联邦法院认为，诚信义务的范围和合适性标准应当根据州法的要求确定。[1] 以合适性规则为例，在若干行政损害赔偿（reparation）案中，[2] 合适性要求得到认可。行政法官则认为，根据合适性原理，要求经纪商只能根据投资者需要和目标推荐合适的投资品，这已经在某种程度上得到法律认可。虽然依据《商品交易法》无法提出合适性请求，但是依据州法可以就不适当的推荐建议提起诉讼请求。根据州法认定合适性义务，其假设依据是存在一种超过典型客户-经纪商交易的诚信关系。因此，对于非全权委托账户，经纪商不存在合适性义务。此外，对于信托工具项下的诚信关系，还适用增强的标准。

依据州法，违反诚信义务不限于合适性问题。经纪商对客户承担的诚信义务依据的是所形成的代理关系。在正常的经纪关系中，客户-经纪商关系内含有若干义务，包括及时执行客户指令的义务、向客户告知买卖特定证券存在的风险的义务、不进行自我交易的义务、只在接受客户授权后方执行交易的义务。而且，经纪商同意接受特定事项委托后还引起更广泛的义务。如果经纪商从事咨询服务，那么疏于履行该服务则可能导致州法项下的责任。

---

[1] See Jerry W. Markham, "Fiduciary Duties under the Commodity Exchange Act", *Notre Dame Law Review*, Vol. 68, 1992.

[2] 《商品交易法》1974年增加的第14条首次设立了作为期监会内部程序的行政赔偿诉讼计划，根据该计划，任何人均可以在"因"违反该法或其项下条例导致发生损害的事件时，对该法项下的注册人寻求损害赔偿。

五 有关诚信义务方法的改进

诚信概念的广泛性无疑归功于其灵活性。法院或监管机关在面临并不违反成文法或者普通法标准的道德违规、极端恶劣做法或判断错误时,可以使用诚信概念来填补法律空白,保护交易活动中的劣势人群。诚信概念还有助于法院和监管机关禁止立法机关未预测到的那些社会消极活动,或者太新而无法适用普通法严格限制的社会消极活动。诚信概念确保从事社会极端活动的人和趁他人不谨慎投机取巧的人无法通过钻法律的空子逃脱赔偿责任。诚信概念确保保护无力保护自己的人,并保护那些依靠政府监管维护安全的人。

诚信义务概念的负面作用是,该概念范围的不确定性可能会阻却积极的社会活动。诚信义务概念会导致对被监管实体的行为进行事后诸葛亮式的评判。决策者往往利用事后判断评估某一行为是否符合适当的注意标准。对被监管实体的这种不利因素往往导致该实体限制自己的行为,不利于创新和竞争。诚信概念的不确定性还导致屈从于决策者的意愿,干预合法行为。

应对诚信义务概念优缺点问题的方案,是根据市场的现实作出反应。期货市场不断变化的性质减少了诚信义务的广泛适用。期货市场越来越被大额机构投资者占据支配地位,这些机构投资者不需要受托人来替他们照看自己的利益。基于这种认识,就可以对诚信义务概念引起的问题进行管理。只有少部分客户需要特别保护。大多数市场参与者不受这些保护的影响。少部分客户需要保护的范围也是确定的,期监会可以通过颁布简单的规则予以确认。根据这些规则,再加上现有的反欺诈禁止性规定,可以提供更加理想的确定性和保护,即对特定的少数无经验的客户提供诚信义务保护。[1]

美国以极大的热情接受诚信概念,将其适用于越来越多的关系。随着法律哲学的变化,结果导致各种模糊、不确定性和寻根问底。这种现象在公司证券法中最为明显。同样,将诚信义务概念适用于商品期货业,也带来类似的矛盾。

---

[1] See Jerry W. Markham, "Fiduciary Duties under the Commodity Exchange Act", *Notre Dame Law Review*, Vol. 68, 1992.

虽然期监会的立场转变到要求存在故意才认定违规，但是更需要考虑至少某些期货客户需要更高程度的监管保护。客户目前可能获得的唯一保护是反欺诈条款，该条款提供的保护只不过是普通法欺诈标准的保护。因此，需要有更多的保护。首先，需要识别需要保护的客户类型。其次，对这类客户要提供有限数量的保护。这些保护措施包括特定的交易损失警示通知、适当数量的其他披露、扩大现有的基于合适性的监管要求和自律规则、仅限于对特定类型受保护客户的审慎尽职规则等。这样，向受保护客户提供的保护就可以避免诚信原则带来的模糊和不确定性特点。

需要说明的是，期货衍生品立法除了通过核心诚信规则实现对核心交易模式的有效规制之外，还要运用中央对手方制度，将具有类似期货交易风险的场外衍生品纳入调整范围。① 对于没有纳入监管范围的场外衍生品交易，也不是不受法律约束，作为契约性交易，除了要受合同法调整外，还要受诚信义务规则约束。诚信义务规则是法院认定场外衍生品交易主体义务责任、实施司法监督时所依赖的核心规则。主要体现为自律规范的诚信义务规则，包括合适性义务规则和了解客户规则等，在完善场外衍生品交易最终用户法律制度和交易商法律制度，最终完善场外衍生品交易监管法律制度②方面发挥着不可替代的作用。

六 小结——期货衍生品违法行为概说

《商品交易法》主要关注两大类型的犯罪行为：对市场运行的损害；对特定客户、交易所或其他市场用户的损害行为。这两类行为的焦点可以区分为市场操纵③和欺诈。市场操纵从性质上是对整个市场的违法行为，因此，具有"非个人"的性质。市场操纵者不关心其他市场参与者的身份，与其他市场参与者可能并无直接关系。操纵者的目的是以有利于自己的方式影响市场价格。相反，欺诈违规者则通常针对特定的受害人，具有"个人"的性质。因此，操纵和欺诈可以按照对他人产生的影

---

① 参见叶林、钟维《核心规制与延伸监管：我国期货法调整范围之界定》，《法学杂志》2015年第5期。

② 王旸：《金融衍生工具法律制度研究——以场外衍生工具为中心》，群众出版社2008年版，第363页。

③ See Philip McBride Johnson and Thomas Lee Hazen, *Derivatives Regulation*, New York: Aspen Publishers, 2004, pp. 1231-1330.

响来区分。

操纵行为不仅使操纵者本人受益，而且还使持有类似头寸的所有其他市场参与者受益。相反，欺诈的收益通常全部归欺诈者所有，其他清白的第三方无法享有。这种区别具体对救济而言特别重要。由于无法对操纵的清白受益人提起诉讼，因此，对操纵者提起的诉讼无法达到真正救济的目的。相反，由于欺诈的收益通常直接从受害人流向欺诈者，通过提起没收违法所得之诉或者损害赔偿之诉追回这些收益就更加可行、有效。

《1970年欺诈影响与腐败组织法》不仅规定了刑事处罚，而且规定对相关违法行为可以由受害人提起请求三倍损害赔偿之诉，此外，还可以要求违规者支付诉讼费用。州法院对相关民事损害赔偿请求享有共同管辖权。相关争议可以请求仲裁，可以独立提出诉讼请求，也可以结合《商品交易法》项下的明示诉权提出请求。还可以根据《邮件欺诈法》就商品交易犯罪追究刑事责任，但是该法不设定私人诉权。邮件欺诈可以成为《1970年欺诈影响与腐败组织法》项下违规的基础。此外，商品交易法项下的违规行为还可能与反洗钱法项下的违规交织在一起。鉴于某些证券衍生品适用证券法，因此，有些期货衍生品违规行为适用证券法规定。

简言之，根据期货衍生品法的宗旨可以判断，操纵违规行为是一种对市场诚信的破坏行为，而针对经纪商、交易商等受信人的欺诈行为设定的故意标准和相关合适性规则、了解客户规则则是诚信义务在微观层面的反映。

第三节 我国期货衍生品监管中的诚信义务

一 我国期货衍生品立法的模式、宗旨和原则

（一）期货衍生品立法的模式

在金融服务与市场立法方面，世界上目前主要有两种模式。一种是分立模式，以美国和我国台湾地区为代表。另一种是综合立法模式，以英国和韩国为代表。金融创新的实践往往走在法律发展的前面，导致既有的法

律出现监管交叉或者监管空白，所以金融市场的综合立法似乎已成世界范围内的一种发展趋势。①

然而，我国目前的金融市场已经形成了分部门立法的格局。与美国类似，我国这一立法格局的形成有其历史原因，更有部门监管利益在其中，短期内恐难改变。未来对金融市场进行综合立法，首先要在各领域建立起基本的法律规范。鉴于期货立法的重要意义，在全国人大财经委员会召开的"证券法（修改）和期货法起草组成立暨第一次全体会议"中，《期货法》被列入了十二届全国人大常委会立法规划，该法的立法进程正式启动。《期货法》将解决国务院制定的《期货交易管理条例》存在的位阶不高的问题。

2005年修订《证券法》时，法律委员会经同财经委、证券交易委员会研究认为，鉴于证券衍生品种具有特殊性，为了对证券衍生品种的发行和交易作出专门规范，在缺乏实践经验的情况下，宜授权国务院依照本法的原则另行制定管理办法。据此，根据法律委员会建议，在第2条中增加第3款，规定："证券衍生品种发行、交易的管理办法，由国务院依照本法的原则规定。"有观点认为《证券法》难以适用于各种证券衍生品，上述第3款规定也不是要让《证券法》适用于各种证券衍生品。② 但是，《证券法》的基本原则统一适用于证券和证券衍生品的发行、交易监管，不仅有上述第3款实证法上的明确规定，而且还是证券与衍生品之间存在内在密切联系以及两者在上市、交易方面具有共性的必然要求。

最新《证券法（修订草案）》对此又作了调整，在第3条中删除了有关衍生品监管的相关规定。虽然最新《证券法（修订草案）》删除了有关衍生品监管的相关规定，但是这并不意味着《证券法》的基本原则和核心规则不适用于衍生品。《证券法》的基本原则和核心规则，尤其是诚信原则和诚信义务体系，在作出相应的修改和变动后仍然适用于衍生品监管。可以形象地说，衍生品法是证券法的变体和衍生物。这一点在我国尤其明显。我国的证券监管机构和期货的监管机构都是证券交易委员会，

---

① 参见叶林、钟维《核心规制与延伸监管：我国期货法调整范围之界定》，《法学杂志》2015年第5期。

② 参见李飞主编《中华人民共和国证券法（修订）释义》，法律出版社2005年版，第6—7页。

不存在交叉监管的问题。只是统一的监管机构在对具有不同性质的证券和期货衍生品进行监管时,要进行共通但有差别的监管。这里的"共通",指的是共通的诚信原则;这里的"差别",指的是具体有差别的监管规则和措施。

简言之,面对金融市场综合立法的趋势,我国目前的"期货法"立法面临双重任务,既要在期货衍生品领域建立起专门的基本法律规范,注意与金融业其他部门立法之间的衔接协调,又要注意金融业的共性,尤其是注意与证券法等关系最为密切的部门法之间核心原则和核心规则,包括诚信义务规则的贯通,为走向统一监管做好准备,尤其是为证券交易委员会开展统一但有区别的执法奠定基础。

(二)期货衍生品立法的宗旨、原则

立法宗旨可谓"法眼",法律条款的设计、解释和适用皆围绕其展开。英美国家立法中,在最前面一般是有关立法宗旨的规定,虽然无立法原则的相关规定,但是在立法宗旨中大多包含有我国立法意义中的原则内容。因此,我国立法中的宗旨和原则可以合并在一起来理解。

我国现行期货市场的基本规范是《期货交易管理条例》,"期货法"立法要以该条例为基础。我国《期货交易管理条例》第1条对立法宗旨规定如下:"为了规范期货交易行为,加强对期货交易的监督管理,维护期货市场秩序,防范风险,保护期货交易各方的合法权益和社会公共利益,促进期货市场积极稳妥发展制定本条例。"第3条对立法原则规定如下:"从事期货交易活动,应当遵循公开、公平、公正和诚实信用的原则。禁止欺诈、内幕交易和操纵期货交易价格等违法行为。"这两条结合在一起,对两大市场负外部性作出了回应,但是仍存在以下问题:(1)将"加强对期货交易的监督管理"置于条文前端,带有明显的国家管制思维,对自由价值未给予足够重视,与我国发挥市场在资源配置中的决定性作用相悖,也没有注意发挥交易设施、结算系统、市场参与者和市场专业人士自律的作用;(2)"防范风险"之表述对于衍生品市场安全问题回应不准确,风险性乃衍生品之天然特性,期货法所应关注之风险乃是系统性风险,而非系统性的一般风险,期货法无须亦无法防范;(3)"禁止欺诈、内幕交易和操纵期货交易价格等违法行为"之表述与证券法中的禁止欺诈条款类似,将"内幕交易"包含在内并放在价格操纵之前,没有突出期货衍生品市场典型欺诈行为是价格操纵的特性。

建议"期货法"之立法宗旨和原则应当统筹安排,分别予以修订。关于立法宗旨,可表述为"考虑期货衍生品交易具有套期保值、价格发现和价格信息传播功能,与金融安全和公共利益密切相关,为了建立政府监督下的交易设施、结算系统、市场参与者和市场专业人士有效自律制度以维护公共利益,具体而言为了遏制、防范价格操纵等欺诈行为或对市场诚信的破坏,避免系统性风险,促进权力主体在创新和竞争中公平负责,制定本法"。

关于立法原则,可表述为"从事期货衍生品交易活动,应当遵循诚实信用和公开、公正的原则。禁止欺诈和操纵期货交易价格等违法行为"。如前所述,这一表述以诚信原则为核心,突出诚信原则所包含的公开、公正原则,突出操纵期货交易价格的典型欺诈行为,既是对证券法诚信原则的传承,又突出期货衍生品交易的特性。期货衍生品法律坚持诚信原则,可以统摄投资者适当性制度,以免普通公众遭受不当风险,此乃法律之实质公平正义价值之体现。投资者适当性制度要求对投资者进行分类保护,当成期货衍生品立法的一大特色。

二 我国期货衍生品立法的调整范围

(一)有关调整范围的立法现状与思路转换

"期货法"要对调整范围进行妥当界定,以填补金融市场的监管空白,同时处理好"期货法"与其他法律之间的关系。①《期货交易管理条例》第 2 条对调整范围作出了规定:"任何单位和个人从事期货交易及其相关活动,应当遵守本条例。本条例所称期货交易,是指采用公开的集中交易方式或者国务院期货监督管理机构批准的其他方式进行的以期货合约或者期权合约为交易标的的交易活动。本条例所称期货合约,是指期货交易场所统一制定的、规定在将来某一特定的时间和地点交割一定数量标的物的标准化合约。期货合约包括商品期货合约和金融期货合约及其他期货合约。本条例所称期权合约,是指期货交易场所统一制定的、规定买方有权在将来某一时间以特定价格买入或者卖出约定标的物(包括期货合约)的标准化合约。"这一界定方式至少存在三个方面的问题:第一,未能体

---

① 参见叶林、钟维《核心规制与延伸监管:我国期货法调整范围之界定》,《法学杂志》2015 年第 5 期。

现期货及期货交易的一般特征,对期货交易的标的采用限定列举方式,仅包含期货合约和期权合约,范围过窄且不具有开放性,无法适应我国金融市场迅速发展和金融创新的需要;第二,未涉及对具有类期货交易风险的场外衍生品交易的法律监管,无法实现系统性风险全覆盖;第三,没有考虑《证券法》的有关规定,并在调整范围上与其进行妥当区分。[①]

与《证券法》一样,在对我国"期货法"调整范围进行界定的过程中,应当以"核心规则与豁免制度"为立法思路。核心规则是指"期货法"应当对期货与期货交易的特征与规律予以明确,从而实现对期货市场核心交易模式的有效规制,不仅要将采用期货交易机制的场外衍生品纳入调整范围,而且还要为将新的交易标的或交易形式纳入调整范围提供判断标准和制度支持。豁免制度则是将金融风险溢出性较弱,且不涉及投资者地位不平等问题的衍生品合约排除在监管范围之外。纵观目前世界主要国家的期货及衍生品立法,在立法技术上,有的主要通过列举的方式对法律规制的合约类型进行明确,有的主要通过定义的方式进行一般规定,有的则在具体列举的同时还在某种程度上对调整范围进行了概括式的规定。对于期货及衍生品市场较为成熟的国家而言,具体列举的方式能够使法律具有较强的适用性,但考虑目前我国金融市场的发展程度仍较低,未来发展和金融创新的空间还很大,因此对我国"期货法"调整范围进行界定的时候应当采取"列举+概括"的方法:一方面,对立法时能够明确的合约与基础资产类型进行列举,以增强法律的可适用性;另一方面,通过对期货与期货交易特征的归纳总结,对调整范围进行一般的规定,使其保持一定的开放性,以适应实践发展的需要。[②]

(二) 场外衍生品的监管问题

目前,我国场外衍生品市场发展和监管遵循"研究一个,推出一个产品,出台一个办法"的方式,"推出一类产品即制定相应管理规定",这种方式往往过于局限,缺乏可操作性,且法律层级较低。因此,相关监管制度也零散在各监管机构颁布的行业规章以及相关行业协会的自律性规范中,缺乏统一规则。主要立法包括:国务院制定并实施的《证券公司监督

[①] 参见叶林、钟维《核心规制与延伸监管:我国期货法调整范围之界定》,《法学杂志》2015年第5期。

[②] 同上。

管理条例》，中国人民银行颁布的《关于开展人民币利率互换业务有关事宜的通知》《关于加快发展外汇市场有关问题的通知》《关于加快发展外汇市场的有关问题的通知》《全国银行间债券市场债券远期交易管理规定》，银监会的《金融机构衍生品交易管理办法》，中国银行间市场交易商协会发布的《银行间市场信用风险缓释工具试点业务指引》以及中国证券业协会的《证券公司柜台交易业务规范》《证券公司金融衍生品柜台交易风险管理指引》《中国证券市场金融衍生品交易主协议》等规范性法律文件。[①]

场外市场蕴含着巨大的风险，需要有效监管。继 2008 年金融危机之后，《多德-弗兰克法》借助中央对手方制度将场外衍生品纳入期货衍生品法调整之中，已成为后危机时代各国的重要经验。我国《期货交易管理条例》第 2 条将调整范围限于场内期货和期权，已然不符世界趋势，"期货法"将调整范围扩及场外衍生品势在必行。然矫枉不可过正，衍生品之本质乃是自由之合同，不可基于安全价值之考虑而扼杀金融创新。按照"核心规则与豁免制度"的立法思路，"期货法"立法所要讨论的问题并非"是否调整场外衍生品"，而是在采用核心规则实施全方位风险防控和全方位覆盖的前提下，采取最新《证券法（修订草案）》的做法，实行豁免制度，考虑"豁免哪些场外衍生品"。因为有些金融风险溢出性较弱，亦不涉及投资者地位不平等问题的衍生品合约完全可以留待合同法调整，交由 ISDA 等组织通过合同范本予以引导规范，以保障自由、释放活力、增进效率。

《多德-弗兰克法》的主要内容是对衍生品监管的核心原则进一步作出规定。除了对认定为合约市场和指定结算组织的商会进行的新互换相关监管和监督外，该法对现有 CFTC 监管框架也进行了大量变动。合约市场和结算组织依据该法均将适用《商品交易法》项下业已存在的许多系列"核心原则"。尤其是，衍生品和结算组织的新核心原则包括与治理、金融稳定和信用风险敞口限制有关的要求。[②] 作为一种核心制度规则，中央对手方制度不仅可以提高结算效率，节约担保资源，降低对手方风险，确

[①] 参见鲍晓晔《论场外衍生品交易商审慎监管制度的构建》，《南方金融》2015 年第 5 期。

[②] 参见张路《从金融危机审视华尔街改革与消费者保护法》，法律出版社 2011 年版，第 59 页。

保交易履行，更重要的是它可以增加场外市场透明度，方便监管机构进行风险评估，从而及时有效地采取监管措施。凡纳入中央对手方机制的场外衍生品，均应适用"期货法"的相关规定。

"核心规则与豁免制度"作为界定"期货法"调整范围的思路要一以贯之，也就是说《期货法》除了规制场内交易外，还应当实现对场外衍生品交易的覆盖。期货交易的标的是采用对冲交易机制的合约，这一界定方式实际上将一些场外衍生品纳入"期货法"的调整范围，并提供原则性的判断标准。要使这一界定具有适用性，主要方法就是将这些可对冲的场外衍生品纳入中央对手方结算。利用核心规则可以实现期货衍生品市场的全方位规制和系统性风险的全覆盖，而豁免制度则有利于金融创新和集中监管资源解决核心问题，提高整个监管体系的效力。

我国的金融衍生品市场发展尚在初期，场外交易市场更加不成熟，目前的场外金融衍生品有利率衍生品（利率互换、债券远期、远期利率协议）、汇率衍生品（远期、掉期、货币互换、期权）和信用衍生品（人民币信用风险缓释工具）三大类，交易主要在银行间市场。发达国家的场外衍生品市场经过了过度发展，现已进入修正发展阶段，而我国该市场面临的是发展不足的问题，因此，鼓励创新、繁荣市场是第一要务，要在发展中规范，控制风险。中央对手方清算在我国已经落实。2009年11月28日，上海清算所建立，2010年11月29日，该所清算系统成功上线，作为中央对手方对场外金融衍生品提供集中清算。国外经验的另一点重要启示是，美国、欧盟和新加坡都对监管对象实行了分层管理，对不同的产品、不同的机构实行不同的监管要求。非金融机构作为场外金融衍生品的最终使用者，交易目的多为套期保值，且数量不大，因而对它们的监管比较宽松，这有助于实现衍生品服务于实体经济的功能。目前，我国场外金融衍生品市场逐渐形成了核心交易商、一般交易商和非交易商三个层次，完善参与者的分层管理，明确各层的权利义务，对我国场外金融衍生品市场的稳定发展意义重大。①

此外，应当导入合适性原则，用于规范场外交易的行为。我国在商业银行个人理财方面已经引入了合适性原则。银监会2005年发布的《商业银行个人理财业务管理暂行办法》中规定："商业银行在利用个人理财顾

---

① 邢天才等：《场外金融衍生品监管改革的国际比较》，《生产力研究》2014年第9期。

问向客户推介投资资产产品时,应了解客户的偏好、风险认知能力和承受能力,评估客户的财务状况,提供合适的投资产品由客户自主选择,并应向客户解释相关投资工具的市场及方式,揭示相关风险。"在股指期货等场内金融衍生品和场外金融衍生品交易中均应推广合适性原则。

在场外金融衍生品交易中还要强化销售者的告知说明义务和信息披露义务。在举证责任方面,受到侵权损害的投资人只需证明违法行为的存在即可;至于损害结果的大小及其与违反说明义务行为之间的因果关系,由金融机构及其销售人员予以证明。在金融消费领域,金融消费者处于弱势地位,因果关系要件举证责任的倒置会对金融商品消费者起到保护作用。[1]

(三)"期货法"与《证券法》调整范围的协调

制定类似"金融商品交易法"或"资本市场法"这样的法律取代已有的金融市场相关立法,或者只保留《证券法》,将期货及衍生品纳入法律的调整范围甚至证券的概念之内,都是可行的选择。鉴于我国目前的态势是《证券法》与正在研究制定的"期货法"并存,无视证券与期货衍生品的特征差异不仅没有必要而且不再可能。即使是在类似"金融商品交易法"或"资本市场法"这样的立法框架下,证券与期货衍生品的差异也仍然值得研究。

讨论《证券法》与"期货法"调整范围的划分问题,应当首先从各自交易的特征入手。证券与期货在交易标的、交易程序以及交易功能上都有很大的区别,以此可以判断某种金融商品究竟应归属于《证券法》还是"期货法"调整。[2]

就交易标的而言,证券交易的标的实质上是一种权利凭证,而期货交易的标的实质是一种合约。就交易程序而言,证券有发行环节,而期货没有发行环节。就交易功能而言,证券交易的功能主要在于投融资,而期货交易的功能主要在于风险管理和价格发现。

最值得关注的是证券衍生品的法律调整问题。我国《证券法》第2条第3款规定:"证券衍生品种发行、交易的管理办法,由国务院依照本法

---

[1] 杨东:《论金融衍生品消费者保护的统合法规制》,《比较法研究》2011年第5期。

[2] 参见叶林、钟维《核心规制与延伸监管:我国期货法调整范围之界定》,《法学杂志》2015年第5期。

的原则规定。"这一规定是考虑证券衍生品与证券的差异性,认为《证券法》难以适用于各种证券衍生品,而不是要让《证券法》适用于各种证券衍生品。[①] 证券衍生品是股票等基础证券和一个权利合约相结合,并将其中的权利以证券的形式表现出来,形成了一种新的证券品种。有代表性的证券衍生品种包括认股权证和可转换公司债。《证券法(修订草案)》第3条规定:"本法所称证券是指代表特定的财产权益,可均分且可转让或者交易的凭证或者投资性合同。下列证券的发行和交易,适用本法;本法未规定的,适用《中华人民共和国公司法》和其他法律、行政法规的规定:(一)普通股、优先股等股票;(二)公司债券、企业债券、可转换为股票的公司债券等债券;(三)股票、债券的存托凭证;(四)国务院依法认定的其他证券。资产支持证券等受益凭证、权证的发行和交易,政府债券、证券投资基金份额的上市交易,适用本法;其他法律、行政法规另有规定的,适用其规定。"修订草案明显将证券衍生品种排除在《证券法》适用范围之外,但是"国务院依法认定的其他证券"之规定又为《证券法》和"期货法"调整范围的分工协作提供了灵活性,预留了空间。

美国有关证券法和期货衍生品法调整范围的规定对我国修订《证券法》和制定"期货法"时有关两法调整范围的统筹安排有借鉴意义。美国证券法对某些证券衍生产品享有管辖权。《2000年商品期货现代化法》确立了证券交易委员会和期监会对证券期货产品的联合监管体制,该法对商品期货市场形成了三级监管,最严格的监管针对的是进行零售期货交易的指定合约市场。为了界定可进行较少监管或无监管交易的期货和期权合约,基本上将期货商品分为三类。《多德-弗兰克法》授权SEC和CFTC分工协作监管场外衍生品,主要沿用CFTC与SEC之间历史上的管辖划分,将受监管的衍生品交易划分为"互换""基于证券的互换"或"混合互换";"互换"由CFTC行使主要监管权,"基于证券的互换"由SEC行使主要监管权,"混合互换"由CFTC和SEC行使共同监管权。该法授权CFTC对SEC依据《1934年证券法》第36(a)(1)条豁免的证券之卖出权、买入权和期权行使管辖,授权SEC对CFTC依据《商品交易法》第

[①] 参见叶林、钟维《核心规制与延伸监管:我国期货法调整范围之界定》,《法学杂志》2015年第5期。

4(c)(1)条豁免的产品行使管辖。这两个委员会还可以在管辖权不明的情况下彼此分出管辖权,同时不放弃反欺诈管辖权。许多同时含有商品合约和证券成分的结构化产品将继续作为证券进行监管,不视为该法项下的互换或基于证券的互换。

我国无论是证券市场还是期货市场,均由证券交易委员会负责监管,不存在管辖权之争的问题。针对伴随金融创新不断出现的新衍生产品,证券交易委员会应当根据新产品的具体特性,动态把握,确定适用《证券法》还是"期货法"。

三 期货衍生品法中的典型欺诈行为——兼与证券法比较

(一)操纵市场

1. 期货衍生品市场操纵与证券市场操纵监管的共性和个性

证券市场中的典型欺诈行为是内幕交易,而期货衍生品市场中的典型欺诈行为是操纵市场。有学者把操纵比喻为"期货市场中最大的毒瘤"[①]。如前所述,关于"期货法"的立法原则部分,应当表述为"禁止欺诈和操纵期货交易价格等违法行为",取代《期货交易管理条例》中"禁止欺诈、内幕交易和操纵期货交易价格等违法行为"之规定。本书第五章专门探讨了禁止证券市场内幕交易的基本法律制度规范,这里则重点探讨禁止期货衍生品操纵市场的法律制度规范。

美国《商品交易法》有许多条款涉及市场操纵和其他形式的市场滥用行为。但是,该法未对"操纵"给出任何定义。识别非法操纵行为特征的任务是由联邦法院完成的。由于美国最高法院至今一直拒绝考虑这一问题,最终,联邦上诉法院的裁决成为最高权威。对操纵的定义,可以从美国联邦证券法获得启示。虽然《1934年证券交易法》第9条[②]并未就操纵规定一个万全的定义,但是却旨在全面禁止操纵行为,并专门规定禁止某些众所周知的操纵行为。这些行为包括洗售、虚假交易、对敲,意在造成"活跃交易的误导性表象"的同时交易均被列为操纵性行为。证券交

[①] 董华春:《期货市场中最大的毒瘤——对操纵期货市场价格行为的认定和处罚》,《金融法苑》2001年第6期。

[②] 《1934年证券交易法》第9条禁止某些涉及上市证券的操纵行为。操纵行为的受害投资者享有法律明文规定的私人诉讼权。

易委员会有权制定相关规则，10b-5规则中有禁止任何人在证券买卖时进行欺骗的反欺诈禁止性规定。[①] 可见，操纵并非一个囊括证券市场所有不公行为的完全概念。有关证券法的司法解释对操纵这一概念进行限制，其方式同样适合《商品交易法》，只是法院在解释《商品交易法》时使用了更为宽泛的术语。[②] 被操纵的价格是人为因素的结果，因此属于不公平的价格。仅有一次行为一般不会构成操纵行为。操纵行为往往是各种行为共同作用产生的结果。证明操纵行为的存在，一般不能基于单一行为，而要基于故意干预证券市场正常运营的一种行为过程。事实上，操纵行为的种类不胜枚举，但是许多操纵行为却有一些共同的特征。针对既往立法与执法中出现的严重问题以及受2008年金融危机影响，美国《多德-弗兰克法》以及2011年《反操纵实施细则：反操纵最终规则》对主观故意、人为价格作出了实质性修改，区分了两类设置不同的市场操纵认定标准：（1）针对使用操纵或欺诈手段的操纵行为，操纵者主观上应该是故意的或者轻率的，对是否试图或者已经制造人为价格则无须证明。（2）针对价格操纵行为，操纵者主观上应具有特定故意，还需证明人为价格的存在。这些新规定降低了证明市场操纵的难度，有利于司法的执行。[③] 同时，《多德-弗兰克法》还进一步对某些新型操纵方式加以明确禁止，如利用未公开信息、高频交易技术等形成的不对等优势进行操纵。英国对市场操纵也有较为清晰具体的认定标准。

此外，在预防机制方面，英国的期货市场风险预防机制更多地建立在交易所层面，在保证金管理上不仅设立了初始保证金、变动保证金，还设有日间保证金。由于缺少涨跌停板制度和熔断制度，价格风险的控制权赋予做市商。英国金融业的发展得益于前瞻性的金融监管体系，主要依靠系统自身的力量自我完善。美国高度重视预防市场操纵，具体措施有限仓、提高保证金、大户报告、实际控制关系账户监管、设置熔断机制等。

熔断机制是一种控制市场波动的措施。根据美国《1934年证券交易法》第9（h）条授权，证券交易委员会有权制定防止操纵权益证券市

---

① 《联邦规章汇编》第17编第240.10b-5节。

② See Philip McBride Johnson and Thomas Lee Hazen, *Derivatives Regulation*, New York: Aspen Publishers, 2004, pp. 1238-1339.

③ 参见胡光志《我国期货市场操纵立法之完善》，《法学》2016年第1期。

或证券市场主要部分价格水平的规则,①有权在"市场异常波动"期间禁止或限制具体的交易做法。②除其他规定外,《1990年市场改革法》还规定如下:(a)授权证券交易委员会监管市场极端波动期间的程序化交易;(b)授权证券交易委员会主席在市场紧急情况下经总统准许中止所有证券市场的交易;(c)要求大户证券交易商向证券交易委员会报告市场持仓;(d)要求协调股票、期权和期货合约的结算与交收程序;(e)要求财政部、联邦储备委员会、证券交易委员会和期监会提交有关保护市场诚信的年度工作报告;(f)授权证券交易委员会审查拥有经纪自营商的控股公司的财务状况。美国的熔断制度是通过自律规则而非证券交易委员会直接干预完成的。例如,CME对S&P500股指期货的熔断分四段进行,仅在下跌阶段生效,实行"熔即断"的方式。

此外,英美法国家有关期货衍生品违规行为的责任分配较为合理,规定有民事责任、行政责任、刑事责任和自律处分,加大了市场操纵者的违法成本;对期货衍生品市场操纵设置了多元化纠纷解决机制;还对监管机关规定了监管协作责任。

市场操纵案引发许多问题,这些问题很少能直接得到解决。有观点认为现货市场价格报告尚且常常根本不可信,期货市场就更无法成为真实价值的晴雨表。最大的疑惑是,期货交易所是不是真正合法的商品交易所。虽然立法肯定了期货交易所的价值和合法性,但是美国判例法从来都有对此持怀疑态度者。③这也是我国对期货市场一直持谨慎态度的原因之一。这些疑惑给我们的启示是,由于期货衍生品交易技术性非常强,有非常大的风险放大效应,既有正面外部效应又有负面外部效应,其带来的系统性风险会影响到国家金融安全。我们对待期货衍生品立法只能是慎之又慎,也许期货衍生品成熟一个推出一个,是我们立法和监管应当采取的现实可行路径。

虽然各种操纵市场行为有共性,但更有差别。同样,证券市场操纵行为和期货衍生品操纵行为既有共性又有不同,两者的监管从来都是相互交

---

① 《美国法典》第15编第78i(h)(1)节。关于禁止操纵市场的各种制定法和规则是为了禁止控制市场并进而妨碍供求"自然法则"发挥作用的活动。

② 《美国法典》第15编第78i(h)(2)节。

③ See Philip McBride Johnson and Thomas Lee Hazen, *Derivatives Regulation*, New York: Aspen Publishers, 2004, p.1284.

织在一起的。由于我国证券交易委员会是统一监管机关，既然已经决定分开立法，那么"期货法"立法和《证券法》修法就应该既考虑两者的共性又考虑两者的区别。考虑两者的共性是为了寻求市场规律，考虑两者的区别更多是为了方便市场运营和监管的实际操作。果真有两法合并统一之时，立法中留下的可能主要是具有共性的规范，而将区别留给监管机关另行规定。

2. 我国期货衍生品市场操纵立法之完善

1994 年"第八届全国人大常委会立法规划"将"期货交易法"等金融法律列入第一类审议的法律草案，后来"期货法"又被列入第九届、第十届、第十一届和第十二届全国人大立法规划，但 20 多年过去了，至今规范期货市场的最高专门性法律文件仍为《期货交易管理条例》，不仅立法层级偏低、不适应期货交易快速发展的现状，而且也无法应对期货市场机构投资者准入、高频交易等技术创新、市场双向开放等新时代背景下市场操纵等难题。除了《期货交易管理条例》外，《期货交易所管理办法》《刑法》《行政和解试点实施办法》以及期货交易所出台的规定中也有部分涉及操纵期货市场的防控办法。此外，《证券法》有关操纵市场的规定对禁止操纵期货市场也有参照意义。但是，综观现行规范期货市场操纵的法律体系，仍存在许多不足。[①]

在市场操纵的认定标准上，首先，我国"期货法"应当准确界定市场操纵的内涵，明确以下几点区分：①价格操纵与市场操纵的区分。前者是指操纵行为导致或可能导致期货价格的异常；后者的着眼点没有限定在价格单方面，还包括引起或可能引起交易量的异常。《期货交易管理条例》第 3 条使用"操纵期货交易价格"一词，又在第 71 条试图把操纵期货交易量的行为纳入价格操纵，概念含混亟待厘清。②证券市场操纵与期货市场操纵的区分。金融期货和证券的操纵类型并不完全相同，比如囤积现货，这种类型在证券市场操纵中并不存在。[②] 我国《刑法》将操纵期货市场、操纵证券市场作为单一罪名用同一条款规定，但是在第 182 条中没有包含囤积这类行为，可能是立法者当初基于证券市场无囤积之考虑作出的选择。其实，完全可以将囤积这类行为加入，也可以将二者单独立法。

---

① 参见胡光志《我国期货市场操纵立法之完善》，《法学》2016 年第 1 期。

② 同上。

③市场操纵、内幕交易、欺诈的区分。三者同为违法行为，但在交易手段和影响上却区别显著。此种分类可以沿袭，但应通过相关法条对三者进行概念界分，尤其是与《证券法》相反，"期货法"中市场操纵的地位远高于内幕交易。

《证券法（修订草案）》已经在朝上述方向努力，草案第94条将2005年《证券法》第77条修改如下："禁止任何人以下列手段操纵证券市场，影响或者意图影响证券交易价格或者证券交易量：（一）单独或者通过合谋，集中资金优势、持股优势或者利用信息优势联合或者连续买卖；（二）与他人串通，以事先约定的时间、价格和方式相互进行证券交易；（三）在自己实际控制的账户之间进行证券交易；（四）不以成交为目的的频繁申报和撤销申报；（五）利用虚假或者不确定的重大信息，诱导投资者进行证券交易；（六）对证券及其发行人公开作出评价、预测或者投资建议，并进行反向证券交易；（七）国务院证券监督管理机构认定的其他手段。"修订草案明显扩大了操纵证券市场的范围，将影响交易量和交易价格的行为均包含在内，认定更为方便、准确。这种方法同样可以用于制定"期货法"。

其次，对市场操纵主体、操纵手段、操纵意图、操纵结果需进行合理界定。例如，在操纵手段上，除传统操纵手段外，还可借鉴美国做法，规定跨市场操纵行为，同时在期货程序化交易指日可待的背景下，为使法律具有一定的超前性，利用该新技术实施自成交、频繁报撤单、在收盘阶段大量交易等行为都应纳入市场操纵的调整范围。

例如，《证券法（修订草案）》第95条增加了有关跨市场操纵的规定，具体规定如下："禁止任何人从事下列跨市场操纵行为：（一）为了在衍生品交易中获得不正当利益，通过拉抬、打压或者锁定等手段，影响衍生品基础资产市场价格的行为；（二）为了在衍生品基础资产交易中获得不正当利益，通过拉抬、打压或者锁定等手段，影响衍生品市场价格的行为；（三）国务院证券监督管理机构认定的其他跨市场操纵行为。"

在操纵意图上，鉴于主观心理较难判断，对其界定可借鉴英国做法，即采推定性标准——重大利益标准，要求对信息发布有重大利益的市场主体尽到合理注意的义务，否则被推定为主观故意。在操纵结果上，如果借用刑法中"结果犯""行为犯""危险犯"的说法，那么《期货交易管理条例》第71条之规定可归为结果犯，美国针对非价格操纵行为的规定可视为行为犯，英国法中多次使用"可能"一词，属于典型的危险犯。我国制定"期货法"时不妨效仿英国做法，只要可能造成操纵风险，市场操纵即告成立。①

在预防机制上，需明确保证金监管权分工，构建动态交叉保证金制度；继续改进并选择合适时机再次推出熔断机制；② 在关联账户的控制上，应摒弃主动申报而选择强制性申报；要设置期货市场操纵的民事赔偿制度，逐步建设以仲裁为主的期货纠纷解决机制。③

(二) 期货衍生品内幕交易

期货衍生品市场也有内幕交易行为，但是期货衍生品市场内幕交易的规制原理与证券市场相比存在着较大的不同，证券市场内幕交易制度的构建是以上市公司为核心的，而期货市场内幕交易制度的构建是以交易市场为核心的。不能将证券市场内幕交易的理论直接套用于期货市场，也不能将证券市场内幕交易的相关规则准用于期货市场。④

美国证券交易委员会和期监会明确 10b-5 规则适用于期货衍生品交易，期监会还仿照 10b-5 规则制定了规则 180。但是就内幕交易而言，期监会在新闻公告中声明衍生品市场与证券市场有所不同，故此规则 180 在某些方面必须考虑这些不同特征。期监会指出，许多市场参与者可以根据重大非公开信息从事衍生品交易，譬如从事套期保值交易等。因此，规则 180 在认可衍生品交易可能导致使用非公开信息的同时，划出了尊重内幕交易管辖权的精确红线。规则 180 规定的核心特权是允许在衍生品交易中使用"合法获得"的非公开信息。这就意味着，交易者使用重大非公开信息从事衍生品交易，必须证明其是"合法"获取这种信息。规则 180 继续坚守传统的理论，仍然将内幕交易的责任认定建立在 O'Hagan 案确定

---

① 参见胡光志《我国期货市场操纵立法之完善》，《法学》2016 年第 1 期。

② 2016 年 1 月 4 日，上交所、深交所、中金所正式实施指数熔断机制，熔断基准指数为沪深 300 指数，采用 5% 和 7% 两档阈值。但第一天就触发熔断而提前休市，4.24 万亿元市值蒸发，周四全天仅交易 14 分钟，创造了休市最快纪录，3.8 万亿元市值蒸发，广大投资者因此蒙受了重大损失。权衡利弊，负面影响大于正面效应。为维护市场稳定，证券交易委员会决定暂停熔断机制。

③ 参见胡光志《我国期货市场操纵立法之完善》，《法学》2016 年第 1 期。

④ 详见钟维《期货市场内幕交易：理论阐释与比较法分析》，《广东社会科学》2015 年第 4 期。

的盗用理论基础之上。①

然而,信用衍生品市场对传统的禁止性规定是否能包容金融创新提出了严峻的挑战。信用衍生品似乎在构成设计上从一开始就对禁止内幕交易的理论形成挑战。市场允许拥有高度知情信息的放贷人从事其基础债务之信用违约互换(CDS)和信用风险交易。不谈法律意义,至少从功能的角度,市场似乎在对这种内幕交易提供便利。放贷人可以利用其接触债务人获得的信息从事信用违约互换交易。

总之,创新的金融市场正导致久经考验的内幕交易责任理论快速崩溃。正当监管机构一面对新问题就求助旧法之时,仔细考察市场实务惯例,却发现传统的监管范式已不再像从前那样应对自如了。潜伏在衍生品市场中的内幕交易揭示,以前的原理和政策已经跟不上金融创新的步伐。信用违约互换市场正在侵蚀内幕交易的传统原理和理论,传统的原理和理论快速变得陈旧,不合时宜。放贷人在从事信用违约互换交易时,通常有机会获取借款人的大量信息。在原则上,这些市场似乎从构造设计和经济功能上对现行法律带来了挑战。法律与现实之间的这种张力也同时摧毁了长期坚持的理论假设。内幕交易规制领域投资者保护与市场效率之间的传统对抗,在信用违约互换市场显得过于简化。实际上,股东在享受债务驱动增长的成果时,完全可以从信用违约互换交易中获益。如果价格更多集中于"负面"违约相关信息而牺牲更加平衡的局面,那么市场效率就存在问题。正是这些细微的差别,导致我们必须分析股东和放贷人如何才能以最佳方式管理信用违约互换市场出现的新的利益权衡。从保障信息流安全的私人谈判交易到更加激进地思考在衍生品市场设置禁止性规定,似乎必须要寻找解决方案。

以上思考引发许多超过信用衍生品本身的市场问题。很明显,禁止内幕交易在努力适应现代市场各种复杂情形时高度紧张。如果不进行深层次的改革,当前的监管理论和政策面对不断变化、快速扩张的金融市场仍将守旧僵化。这种监管性局部保护的成本根本无法量化。毫无疑问,这种监管性保护带来的成本反映着对投资者和市场稳定带来损害的成本。但也许更重要的是,随着市场在创新时代变得越来越复杂,如果监管的核心理念

---

① See Yesha Yadav, "Insider Trading in Derivatives Markets", *The Geogetown Law Journal*, Vol. 103, 2015.

仍然固守陈旧的所谓正统，局部保护带来的成本所指向的恰好就是监管本身造成的成本。① 总之，期货衍生品市场本身并非一个具有统一基础资产的市场，如果说必须对衍生品市场适用内幕交易禁止性规定，那么这种规定也必须针对不同衍生品有所区别。

基于以上分析，我国有关期货衍生品内幕交易的规定显然既过于简单又过于陈旧。学界一般认为，期货市场内幕交易包括信息、主体和行为三项构成要件。关于内幕交易主体，即内幕人，我国《期货交易管理条例》第82条第12项规定："内幕信息的知情人员，是指由于其管理地位、监督地位或者职业地位，或者作为雇员、专业顾问履行职务，能够接触或者获得内幕信息的人员，包括：期货交易所的管理人员以及其他由于任职可获取内幕信息的从业人员，国务院期货监督管理机构和其他有关部门的工作人员以及国务院期货监督管理机构规定的其他人员。"虽然《关于办理内幕交易、泄露内幕信息刑事案件具体应用法律若干问题的解释》第2条对"非法获取证券、期货交易内幕信息的人员"进行了补充规定，但这一规定仅适用于刑事案件，并不适用于民事和行政案件，而且作为司法解释，其效力层级也偏低。

关于内幕信息之要件，《期货交易管理条例》第82条第11项规定："内幕信息，是指可能对期货交易价格产生重大影响的尚未公开的信息，包括：国务院期货监督管理机构以及其他相关部门制定的对期货交易价格可能发生重大影响的政策，期货交易所作出的可能对期货交易价格发生重大影响的决定，期货交易所会员、客户的资金和交易动向以及国务院期货监督管理机构认定的对期货交易价格有显著影响的其他重要信息。"在该项规定中，内幕信息的特征被界定为对期货交易价格的重大影响性和尚未公开性。然而何为"重大影响"，何为"尚未公开"，条例并没有说明，实践中也缺乏统一的解释。因此，有人主张借用证券市场的有关规定进行理解，如借用《证券市场内幕交易行为认定指引（试行）》中的相关规定。

关于内幕交易之行为要件，我国《期货交易管理条例》第70条规定，期货市场内幕交易是指期货交易内幕信息的知情人或者非法获取期货交易

---

① See Yesha Yadav, "Insider Trading in Derivatives Markets", *The Geogetown Law Journal*, Vol. 103, 2015.

内幕信息的人,在对期货交易价格有重大影响的信息尚未公开前,利用内幕信息从事期货交易,或者向他人泄露内幕信息,使他人利用内幕信息进行期货交易的行为。该规定与《证券法》第 76 条规定采用同一模式。鉴于《证券法(修订草案)》已经作出调整,"期货法"立法中亦当会有类似规定。

第七章

基于诚信原则的资本市场自律制度

资本市场监管机构对公司私权力进行监督和约束,是他律。但是由于资本市场高度复杂、专业性强、技术要求高,一般公众难以理解,即便拥有更多资源的政府监管机构,同行业自律组织相比,在业务规则和行为准则的制定方面也无优势可言。故此,同资本市场由监管机构执行的政府监管并立,自律成为约束公司和资本市场中介机构私权力的基本手段之一。行业自律是行业诚信的基本要求,而完善的自律体系对社会诚信建设也有积极作用,有利于培育证券交易的诚信意识。

同发达资本市场一样,我国已经建立了他律和自律相互配合的立体监管体制。《证券法》第7条规定:"国务院证券监督管理机构依法对全国证券市场实行集中统一监督管理。国务院证券监督管理机构根据需要可以设立派出机构,按照授权履行监督管理职责。"第8条规定:"在国家对证券发行、交易活动实行集中统一监督管理的前提下,依法设立证券业协会,实行自律性管理。"所谓他律,是指政府监管部门通过法律、行政和经济手段,对市场和行业运行的各个环节进行的组织、规划、协调、监督和控制。所谓自律,是指由市场和行业自身制定并执行一套业务制度,由其自身在自律方案的制订和执行中同时充当"立法者"和"法官"角色。①

《证券法(修订草案)》将上述第7条和第8条分别修改为第9条和第10条。草案第9条规定:"国务院证券监督管理机构依法对全国证券市场实行集中统一监督管理。国务院证券监督管理机构可以设立派出机构。

---

① 严格说来,证券交易所对上市公司的监管并非自律,因为上市公司并非交易所的会员。本书采取广义说,将证券交易所对上市公司的监管视为市场自律的组成部分。

派出机构按照国务院证券监督管理机构的授权履行监督管理职责。"草案规定更为简洁、明确。草案第 10 条规定:"在国家对证券发行、交易活动实行集中统一监督管理的前提下,依法设立证券交易场所、证券登记结算机构、证券业协会及其他自律性组织,实行自律性管理。"除《证券法》规定证券业协会和证券交易所为自律组织之外,草案进一步在总则中明确自律组织还包括其他证券经营场所、证券登记结算机构和其他自律性组织,从思想上确认了自律在资本市场监管中的重要作用,并确认了自律功能、价值及其组织形式的多样性。

第一节 证券市场自律与诚信义务

一 作为命运共同体的金融业自律

(一) 自律模式

自律包含各种不同形式的监管体系。政府发挥直接作用的程度与行业、团体对其行为承担监管责任的程度各不相同。在制定自律结构模式时,可以参照政府直接命令和控制的监管结构,政府直接监管的内部结构反映在各种不同的自律形式中。完整的监管体系包括规则制定、规则传播、合规监督、执行、裁决、处罚和评估等组成部分。除了刑事处罚只能由政府行使外,上述其他功能均可由私人团体履行,也可以由政府和自律机构分别协同履行。事实上,监管实质上是在政府权力支持下,旨在修正行为的一种统治。

政府可以将其监管职能委托给自律组织,但通常进行选择性的干预,有时直接对自律组织进行监督或进行审计。当然,也有可能存在完全自愿的监管体系,由私人部门在公司层面或通过行业组织自行颁布、实施规则。总体而言,按照受政府干预由弱到强的顺序可以将自律分成五种模式:自愿行为规范、法定自律、公司确定的监管、受监督的自律以及监管性自我管理。[1] 上述五种自律模式还可能有不同的名称,如受监督的自律

---

[1] Margot Priest, "The Privatization of Regulation: Five Models of Self-Regulation", *Ottawa Law Review*, Vol. 2, 1997-1998.

又被称为受审计的自律,与"联合监管"类似。

可以采用以下十大特征对这五种模式展开分析:政府干预,权力来源,公众参与,对政府、被监管者和公众的责任,规则制定,裁决,处罚,违规(监管、民事和刑事),会员/监管范围,司法审查、章程、公共监督员、信息和隐私立法。[1]

(二) 自律的原因——优缺点分析

关于自律的原因,可以从自律的优缺点展开分析。关于自律的优缺点,虽然人们强调的重点各不一样,但是总体认识比较一致。[2] 总体而言,赞成自律者强调自律的灵活性和行业对自律的承诺,而对自律有疑虑者则强调自律存在对成员的偏爱和监管不足。

关于自律的优势,首先是政府选择自律作为监管控制模式具有实践优势。自律使政府能够在不密切涉足行业的情况下对行业行为产生影响。这样,就可以摆脱资金、人员和专门知识的限制,使本不可能的监管在实践上成为可能。自律对被监管行业也有现实好处,自律对被监管行业授予资格特权,限制他人准入,被监管行业可以从公众那里获得垄断租金。其次,自律还有政治优势,可以使政府在无须就监管制度承担直接责任的情况下,向批评者确保相关领域受到监管(进而保护公共利益)。最后,支持自律的另外一个论据是自律具有灵活性。同政府立法程序反应相对较慢相比,自律规则可以根据不断变化的情况需要随时予以调整。还有主张认为,自律与同级政府监管相比成本较低。被监管公司参与自律还能带来更高水平的守规。据说,践行自律还能够培育道德意识。此外,自律还有利于提高行业的国际竞争力。

就互换交易领域而言,虽然私人自律在规范违规行为中并非处于首要位置,但是自律却仍然在发挥作用。次贷金融危机之后,互换交易方都要进入受监管的交易所进行交易和结算。电子交易所和结算系统集中处理数据,有助于收集交易信息。虽然衍生品交易所和结算机制的主要目的是降低交易风险,但是信息处理机构却对交易进行跟踪,有助于提供有关涉嫌

---

[1] Margot Priest, "The Privatization of Regulation: Five Models of Self-Regulation", *Ottawa Law Review*, Vol. 2, 1997-1998.

[2] See United Kingdom, Cmnd 9125, Report, Part Ⅰ, Review of Investor Protection (Gower Report) (January 1984); Securities and Exchange Commission, *Report of Special Studies of Securities Markets*, House Doe. No. 95, Part 4, 88th Cong., 1st Sess. (1964).

违规交易的证据,便于追究责任。①

关于自律的缺点,首先,自律可能无法遵守公正、公平原则,导致自利行为,自律可能成为避免更严格直接监管的幌子。自律可以通过限制准入,成为一种反竞争工具。其次,自律可能被大公司支配,导致自律可能寻求偏袒大公司的利益,而不是全体会员的利益,更不要说公众的利益。再次,行业自律的目的本来是保护公众免受不称职或者不诚实专业人员的危害,但是自律往往可能会倾向于只考虑行业利益或者被自律组织管辖的部分行业利益。复次,行业会员缺乏热情,自律可能导致监管不足。而且,一方面缺乏热情和兼职人员可能导致监管不足;另一方面,也存在自律监管者过度监管的激励。例如,自律组织可能会通过扩大其监管作用,以证明其存在、扩编、影响和不断专业化的合理性。最后,私人自律组织在履行监管功能时,适用于政府直接监管的问责机制,包括成员责任、司法审查、监察人员监督以及决策的透明等,则可能失去作用。自律的成本高于政府直接监管还是低于政府直接监管,目前尚无定论。但是必须承认,管理特定自律体系的成本只是总监管成本中的一小部分。限制竞争的监管措施,还会提高价格,具有分配效果,导致较为贫穷的劣势消费者承担不成比例的负担。②

总之,上述有关自律的优缺点,站在不同主体的视角可能结论恰好相反。公共利益的视角可能较为妥当。同时,仅从抽象的角度,往往很难充分说明某一自律制度的优缺点。因此,作为政策工具的自律之选择以及自律模式的选择必须考虑具体的监管性问题。而分析框架可以就需要作出监管性回应的问题提供一种判断工具。

(三) 自律模式的分析框架与法律结构

标准的公共政策框架使用效益、效率、公开、公正和问责等标准,有助于确定在具体情况下所采用的自律模式的优缺点。

政府干预自律的程度各不相同。具体情况下,可能只是存在政府要来监管的威胁,这种威胁激励行业设定某种程度的自律,通常是采取行业行

---

① Yesha Yadav, "Insider Trading in Derivatives Markets", *The Geogetown Law Journal*, Vol. 103, 2015.

② See Margot Priest, "The Privatization of Regulation: Five Models of Self-Regulation", *Ottawa Law Review*, Vol. 2, 1997-1998.

为规范。也可能是直接将政府的监管权力授权给行业或行业组织，由政府机关进行积极监督，此时，行业履行着政府功能。如果政府的作用仅限于鼓励有更多公共精神的行为，那么就政府的作用对其问责，或者就服务于更广泛公共利益的行业所表现的行为对该行业问责的问题，往往是有限的。如果某一行业履行由政府授权而来的准政府功能，那么则必须探究经过政府功能的授权过程，丧失或者减少了哪种形式的责任。

在许多情况下，向机构或者组织授予权力，其目的往往是使这些机构、组织不受政府的直接影响。需要注意的是，国家向自律组织授权并不免除国家就被监管行业承担的公共责任。以美国为例，有关对自律组织问责的探讨，其中心主要集中在允许自律组织享有的自由裁量权的程度和对自由裁量权进行限制的需要。研究者对自律组织拥有越来越大的权力和自律组织以不负责任的方式使用授权的可能持谨慎态度。自律组织在履行授权时，应当持续努力保持其决策过程的透明。

对自律组织的活动展开司法审查并不常见。在启动司法审查前，监管机关往往会自行展开审查。是否对自律组织的活动展开司法审查，可能取决于政府设立该组织的程度和自律组织获得权力的程度。立法设立的专业组织应当接受审查，然而自愿性质的行业组织则不应当进行司法审查，自愿性行业组织更像是私人俱乐部而不是准政府机构，其会员往往只受会员资格契约条款约束。

（四）自律组织的法律责任

自律组织承担的法律责任主要可以分为竞争法性质的责任和疏忽责任两大类。自律往往享有所谓的"被监管行业豁免"，然而这种豁免实际上是一种与被监管行为有关的辩护。也就是说，并不是对整个行业豁免适用竞争法，豁免适用竞争法的只是被授权的行为。总之，如果被监督的自律组织所开展的活动或提出的政策具有反竞争效果，英美判例法显示这种活动或者政策豁免适用竞争法。

虽然政府监督和监管行为的法定授权可以为自律组织提供某种豁免，可以不受竞争法诉讼约束，但是自律组织并不享有普通侵权法责任豁免。既然设立自律组织的目的是保护公众，那么自律组织明显要对相关公众承担一种注意义务。根据国际证券交易委员会组织（IOSCO）的政策，证券监管的三大核心目标是保护投资者，确保市场公平、高效、透明，以及降低系统性风险。因此，资本市场自律组织所要保护的相关公众完全可以是社会公众。因此,自律组织承载着维持投资者对资本市场的信心和强化证券市场诚信度的使命。自律组织的会员出现与自律组织控制下的职业行为有关的疏忽大意或者违规行为时,如果自律组织未能对该会员展开充分调查并给予纪律处分,明显可能导致自律组织承担责任。由于准司法功能一般不可诉,故此,除非存在恶意,否则自律组织就纪律处分作出的实际决定并不承担责任。

一般责任趋势表明,政府机构必须认真对待其监管职责,否则要承担责任。"纯政策"决策受法律保护,但是监管不足、偏袒、未履行纪律处分程序等不仅本身需要反对,而且还可能导致对监管保护对象承担责任。此外,还存在被授权人未充分履行授权功能时政府承担责任的问题。

总而言之,不同的政治背景会对自律的优缺点给予不同的权重。在政府通过监督或者剩余执法权维持存在时,在政府监管的影子之中,自律通常能够发挥最佳效用。政府的影响力或"影子",体现为政府直接参与委任监管、规则设定或执法,也可体现为政府机关对行业组织监管活动的监督。虽然自律的优势确实存在,但是在需要政府对监管问题作出回应的领域,政府不能将责任完全推给自律机构。[①]

(五) 金融市场的自律理念变革——作为命运共同体的金融业镶嵌式自律

美国次贷金融危机导致人们广泛质疑,银行和其他金融机构不可能以对社会负责的态度,也不可能从为公众着想的方式开展业务活动。面对这种质疑,在不监管的情况下放任银行和其他金融机构自行开展业务至少与人的本能不符。但是,对金融行业持敌对态度却混淆了一个重要悖论。虽然金融行业在追求永无止境的利润中曾享有过多的"创新"自由,这可能是金融业当前面临各种问题的主要根源,但是,如果在未来的监管架构中不给行业自律安排适当的位置,那么几乎可以肯定,为这些问题寻求长期可行解决方案的大门也已经被关上。[②] 由于现代市场越来越复杂,而且具有全球性质,政府仅从单边、单向纯命令和控制方式监管金融市场的任

[①] Margot Priest, "The Privatization of Regulation: Five Models of Self-Regulation", *Ottawa Law Review*, Vol. 2, 1997-1998.

[②] Saule T. Omarova, "Wall Stret as Community of Fate: Toward Financial Industry Self-Regulation", *University of Pennsylvania Law Review*, Vol. 159, 2011.

何企图均将不可避免地遇到监管套利（regulatory arbitrage）的根本问题，金融机构总会找到规避政府监管规则的新方法。所谓道高一尺，魔高一丈，最终将导致制定规则与规避规则之间永无休止的循环。只有让金融业积极参与监管过程，才能打破这种恶性循环。[1] 然而自律并非"放松监管"或"去监管化"（deregulation）。主张自律，也不是赞成政府完全从金融业监管领域撤出。相反，需要寻求创造性的新方法，复兴并强化政府监管在金融服务中的基础地位，使政府监管目标更加集中、更加有效，并通过采取更加综合的视角扩大监管覆盖面。根据多学科的"新治理"理论，[2] 传统的自上而下监管模式中制定规则的权力完全属于国家，这种理论正在被一种更加灵活的"治理"模式所取代。在这种新治理模式中，设立和执行规则的权力在与政府合作的各种不同社会主体之间日益分散化。[3] 新治理理论旨在重新界定自律的含义和目标，并从更深层面界定金融服务业中公共与私人主体之间的互动模式，也就是说，重新思考作为现行金融业监管基础的监管理念基本信条。[4]

根据新治理理论，防范系统性风险是监管的核心目标，相应地，行业自律在确保及时获取并分析关键市场信息以及监督、监管全球范围金融活动与风险方面具有天然优势。对金融服务业直接施加一种防范、化解系统性风险的责任，可以作为现行政府监管改革活动的补充，形成以市场为基础的激励，促进更加审慎的金融行为。同金融业现行自律模式相比，新的监管体系需要对自律概念进行根本的规范转变。现行自律模式范围较窄，主要关注证券专业人员的日常业务行为和消费者保护问题，而不是防范系

---

[1] See Kristin N. Johnson, "Things Fall Apart: Regulating Credit Default Swaps in the Battle of Man vs. the Gods of Risk", *Seton Hall Law Sch. Pub. Law & Legal Research Series*, Working Paper, 2010, available at http://papers.ssrn.com/abstract_id=1572467.

[2] See Scott Burris, "Michael Kempa & Clifford Shearing, Changes in Governance: A Cross-Disciplinary Review of Current Scholarship", *Akron L. Rev.*, Vol. 41, 2008.

[3] See Cristie L. Ford, "New Governance, Compliance, and Principles-Based Securities Regulation", *Am. Bus. L. J.*, Vol. 45, 2008.

[4] See Lawrence A. Cunningham & David Zaring, "The Three or Four Approaches to Financial Regulation: A Cautionary Analysis Against Exuberance in Crisis Response", *Geo Wash. L. Rev.*, Vol. 79, 2009; Saule Omarova & Adam Feibelman, "Risks, Rules, and Institutions: A Process for Reforming Financial Regulation", *U. Mem. L. Rev.*, Vol. 39, 2009.

统性风险。①

为了监测、防范和管控系统性风险,学者们提出了一种新的金融业自律方法,即镶嵌式自律。镶嵌式自律不仅在范围和运行上更加综合、系统,而且更加具有公共意识。为了实现防范系统性金融风险的宗旨,自律必须牢牢地"嵌入"更加广泛的政府监管和监督体系之中,界定关键的政策目标,并确保行业自律不会成为内在利益冲突的俘虏。这种新的镶嵌式自律模式寻求重新划定金融机构活动的基线,一方面是金融机构享有规范其自身以经济效益最大化的方式开展业务活动之自由;另一方面是金融机构在开展逐利并生成风险的业务活动中承担维护金融稳定之主导性公共利益的义务。镶嵌式自律的目标是在加大金融机构就其业务活动更加广泛的经济和社会影响承担责任的同时,增强其制定、执行业务活动相关规则的能力。从这一角度看,自律的主要目的是使私人行业主体的"责任制度化"。实际上,这种新的自律模式寻求将金融实务"镶嵌"入更加广泛的社会价值和监管原则,而不是使其与公共利益"脱钩"。②

如上所述,自律组织成功运行的必要条件是存在正式的政府监管和执法框架,自律则存在于这一框架之中。没有政府存在或干预的"纯粹"形式的自律并不现实,实践中通常也不存在。要想获得成功,大多数自律体系必须在"法律的影子中"运行。

提高行业自律成功运行概率的另外一个重要因素,是行业参与者之间存在"命运共同体"(community of fate)的感受。行业内的公司个体必须认识到通过自愿限制逐利活动确保集体生存的重要性。一个有效的命运共同体的成员内在形成了一种理念,即任何单个成员违反集体设定的规则,均将会为行业所有其他成员带来严重的后果。行业道德对行业自律制度至关重要。而制订和协商行业规范标准和原则的过程,本身是在分散的成员之间形成共同命运意识的重要步骤。核能和化学制造业是形成命运共同体意识最为明显的例子,这两个行业也成功建立了新型自律制度。

现代金融机构似乎并无多大的激励来创建镶嵌式自律制度。缺乏激励

---

① See Saule T. Omarova, "Rethinking the Future of Self-Regulation in the Financial Industry", *Brook. J. Int'l L.*, Vol. 35, 2010.

② Saule T. Omarova, "Wall Street as Community of Fate: Toward Financial Industry Self-Regulation", *University of Pennsylvania Law Review*, Vol. 159, 2011.

的因素是多样的,包括整个金融业监管的碎片化和利益的异质化,监督行业行为的直接公共参与度低,要求行业对系统性风险进行自我监督的政治压力不足等。也许对自律的最大障碍是行业内缺乏一种"命运共同体"的情怀,原因是金融业通过接入广泛的公共安全网享有特别安全,且几乎可以肯定出现危机时政府会出面救赎。[1]

金融服务业公共政策的主要目标是保护资本市场的诚信、效率和稳定,这些都是根本性的重要问题,但却具有抽象性、非个人化、高度技术性和专业驱动性。因此,一旦不存在重大危机或丑闻,金融监管问题吸引的公众注意力往往有限。

有迹象表明全球金融业新的自律体系正在形成之中。30国集团(G30)和对手方风险管理政策集团(CRMPG)是这种非正式行业领导致力于构建新自律组织的例子。

根据新治理理论中的镶嵌式自律方法,创建旨在明确防范系统性风险的综合行业自律体系,不能也不应当与更广泛的监管体系改革过程分离。将镶嵌式自律方法应用于监管改革,需要关注对目前的监管结构进行哪些变动能为全球金融业带来有效的激励,使全球金融业重新将自身视为真正的命运共同体。改革的方法是在从事场外衍生品和复杂金融工具交易的金融公司与提供旨在促进资本形成的纯传统金融中介服务的金融公司之间进行监管性隔离,这种方法最有可能重新塑造行业自律的激励。以这种方式重新划分监管边界,很可能产生两个重要效果:一是形成在复杂金融市场开展经营活动,数量较少但更加灵活的同质化统一市场群体;二是消除继续为高风险金融机构提供公共安全网的关键政策理由。在从事复杂金融工具交易的金融机构之间增强"命运共同体"情怀的另外一种监管措施,是推出强制性共同自我保险制度。此外,目标明确的政府干预带来的真实威胁,如直接禁止复杂金融产品以及就行业行为公共利益集团监督创建功能性替代措施等,均可以对金融业形成重要的外部制衡。

镶嵌式自律模式有明确的宏观审慎目标,从而与微观审慎方法区别开来,后者的典型代表是巴塞尔协议所采用的方法。寻求金融业自律的最佳结构,必须与寻求金融市场和业务政府监管的最佳结构相向而行,而不是

---

[1] Saule T. Omarova, "Wall Street as Community of Fate: Toward Financial Industry Self-Regulation", *University of Pennsylvania Law Review*, Vol. 159, 2011.

取而代之。有效的系统性风险监管,只有通过全面、深思熟虑地整合自律和他律这两个相互增强的过程才有可能。①

近年来,跨平台、跨地区计算机程序化交易的快速增长,以及系列丑闻揭露出的世界领先交易所的治理失败,导致证券业自律组织的"身份认同危机"。② 现在特别热门的话题是证券交易所的未来。证券交易所作为行业中最先出现的自律性会员组织,近年来正经历着公司化、跨境兼并的浪潮,不断尝试解决其作为监管者和逐利经济实体双重职能所包含的内在利益冲突。面对自律组织日益官僚化及其同联邦政府监管计划之间的密切整合,有人甚至提出现行证券业自律组织到底是否有效的严肃问题。

享有悠久传统的行业自律主要关注证券市场中介机构的业务行为和偿付能力,在全球金融业自律激励方面可能是一把双刃剑。一方面,证券交易所和证券业协会数十年的自律经验已经造成其对自律模式深深的制度熟悉和内在认同;另一方面,相同的熟悉度可能限制行业的能力,使其无法将自律重构成一种旨在化解、管理系统性风险,而不是对会员日常业务行为进行微观管理,范围更广、要求更苛刻的行业治理系统。此外,现行证券业自律组织面临的各种内在冲突和问题,也可能导致注意力分散,不去关注对全球金融业自律轮廓的必要争论。证券自律组织未能发现和防止行业专业人士的重大违规行为,可能会严重减少其能够获得的必要支持,导致无法允许金融业承担管理自身带来的系统性风险的责任。换言之,证券业自律的古老文化和模糊不清的传统可能会影响金融业综合自律新文化的形成。

然而应当承认,全球金融业近来出现的一些趋势可能有助于形成一种新的自律文化。例如,金融机构个体可能会发现自律能带来重大好处,尤其是削减监管合规成本,随着全球经营的展开,监管合规成本对金融公司会相对沉重。通过消除现有的官僚低效和重复性监管要求,可以增强精简经营以及更加有效地使用技术和其他资源的能力,能力的增强则可能激励金融监管支持强化自律的思想。

---

① Saule T. Omarova, "Wall Street as Community of Fate: Toward Financial Industry Self-Regulation", *University of Pennsylvania Law Review*, Vol. 159, 2011.

② Onnig H. Dombalagian, "Self and Self-Regulation: Resolving the SRO Identity Crisis", *Brook. J. Corp. Fin. & Com. L.*, Vol. 1, 2007.

二 证券市场中的诚信义务与自律

根据上述镶嵌式自律理论，资本市场中的自律在政府监管的影子中或影响下才能发挥最佳作用。政府监管与自律相辅相成、取长补短，是资本市场的永恒话题。然而，政府监管也好，行业自律也罢，无不遵从权力主体的诚信原则，在规范内容上无不以诚信义务为核心，分别从法律和道德两个层面，共同编织旨在维护市场诚信、防范系统性风险的全方位行为规范。以下以资本市场发展更为成熟的美国为例，从经纪交易商的监管历史视角，探讨政府监管、自律与诚信义务之间的密切关系和相互作用。

美国证券监管制度是历史发展的产物，可以溯源至《1933年证券法》和《1934年证券交易法》首创的各种强制性标准与义务。1929年股市崩溃和随之而来的大萧条，促使罗斯福总统提议立法，旨在保护公众投资者，提高证券经纪行业的商业行为标准。《1934年证券交易法》提高了证券业的专业行为标准，将"买者当心"的标准原则提升至对古老真理的更清晰理解，即管理他人钱财的经纪商应当承担专业受托人义务。然而，总统和国会均无意让联邦政府对证券经纪业进行过于广泛的监管，原因是行业参与者拥有行业专长和知识，更能对监管问题作出较快反应。

上述新政立法是一种妥协——联邦法一方面提高了行业标准，另一方面却保留了立法前业已存在的行业自律，但是行业自律只能在确保执行较高行业标准的法律框架内运行。[①] 因此，自律组织被授予初始管辖权，接受依据《1934年证券交易法》第4条设立的证券交易委员会执行的联邦监督。依照法律授权，自律组织有权制定并强制执行有关证券和经纪业的规则、标准。美国的证券自律模式代表一种"典型的私人部门自律和授权政府监管的混合体"，主要是政治妥协和经济权宜的产物。行业自律这一概念深深植根于后大萧条时代的监管范式，范围上受很大限制。实际上，证券自律组织发挥准政府实体的功能，履行证券交易委员会外包而来的资源密集型任务。虽然证券交易委员会拥有监管证券经纪商和其他市场中介机构活动的独立法定职权，但实践上却完全将这些监管功能授予私人资金支持的自律组织。证券交易委员会选择充当保安和监督人角色，确保自律

[①] Steven A. Ramirez, "The Professional Obligations of Securities Brokers Under Federal Law: An Antidote for Bubbles?" *U. Cin. L. Rev.*, Vol. 70, 2002.

组织诚实、有效地履行其法定义务。自律组织则制作广泛的规则手册,非常详细地规定会员的日常业务行为。

按照设想,自律制度允许自律组织制定保护投资者的行为标准,国会无须对这些标准进行立法。为了落实这一不干涉方法,按照自律的主旨,《1934年证券交易法》拒绝对证券业实行实质监管,而是坚持披露理念,要求披露与证券相关的重大事实而不是证券的内在财务价值。

立法并未采用"诚信"用语,未对经纪商规定一般性的行业标准。由于种种原因,包括政府缺乏专长、缺乏资源、避免政府官僚主义等,罗斯福总统认为自律组织和各州最适合制定有关经纪商的标准。"如果对经纪商规定广泛的诚信义务或者详细的法定强制标准,可能会挫败自律存在的基础。"①

然而,在《1934年证券交易法》颁布之前,美国法院将经纪商视为客户的代理人,因此对其适用诚信原则,对其施加注意和忠实义务。1938年,在证券经纪行业的支持下,美国国会通过了《马洛尼法》,将证券交易委员会的监管范围扩大到场外经纪交易商,依据该法和《1934年证券交易法》项下的自律授权,产生了全美证券经纪商协会(NASD)这一最主要的经纪交易商自律组织,该组织于2007年被重组为金融业监管局(FINRA)。国会1964年修订《1934年证券交易法》,要求NASD制订有关经纪商的具体规则和标准。20世纪60年代,出现了"合适性"义务,成为有关经纪商的行业标准。最后,NASD将该标准纳入自律监管规范。

投资顾问作为另外一类金融中介,也是联邦监管的对象。同客户相比,投资顾问拥有优势知识,因此对客户应当承担更大的责任。国会也认为需要对投资顾问进行更加直接的监管,要求投资顾问承担更加严格的诚信义务。故此,国会通过了《1940年投资顾问法》,适用于系列金融职业,通常包括金融规划师、基金管理人和投资顾问。该法要求所有投资顾问作为范畴问题对其客户承担诚信义务,规定了更为严格的注册、报告、记录义务和其他要求。

次贷金融危机之后,由于对麦道夫庞氏骗局的极大公愤,奥巴马政府坚持强化证券交易委员会的权力,并对经纪商规定类似于投资顾问的要

---

① Steven A. Ramirez, "The Professional Obligations of Securities Brokers Under Federal Law: An Antidote for Bubbles?" *U. Cin. L. Rev.*, Vol. 70, 2002.

求，要求这两类金融中介均承担统一的诚信义务。①

最高法院在 Transamerica Mortgage Advisers, Inc. v. Lewis 案中重申《投资顾问法》规定的诚信义务要求。② 该法第 206 条禁止违规和欺诈行为，与《1934 年证券交易法》项下 10b-5 规则禁止的行为类似。但是，与 10b-5 规则不同，第 206 条特别规定，禁止对"任何客户或者潜在客户"的欺诈和违规行为。而且，与 10b-5 规则不同，第 206 条规定投资顾问对客户承担诚信义务。由于有这一诚信义务规定，原告根据第 206 条无须证明投资顾问存在故意即可要求其承担责任——投资顾问满足疏忽标准即可。同《1934 年证券交易法》相比，证明满足《1940 年投资顾问法》项下的责任标准难度不大，相关救济也不高。按照最高法院的解释，第 206 条不承认私人诉权。而且，私人原告的救济仅限于恢复撤销投资合同的权利、禁止投资顾问违反第 206 条以及收回支付该投资顾问的费用。这同原告依据《1933 年证券法》和《1934 年证券交易法》获得数百万美元赔偿的证券欺诈裁决形成鲜明的对比。这就是所谓的二律背反，原告容易证明投资顾问责任成立，但其获得的赔偿相应少得多。也许这就是金融改革立法规定向举报人及其律师提供可观奖励和大量保护的原因；以此作为摧毁巨额损害证券欺诈案的橄榄枝，协助证券交易委员会发现并调查证券欺诈案。

就监管机关而言，只要法院允许，证券交易委员会总是努力扩大自身的权力、授权和责任标准。最终通过的《多德-弗兰克法》删除了立即对经纪商和投资顾问施以同样诚信义务的若干条款，而且拒绝了参议院的一些建议，不支持就故意违反诚信义务规定刑事责任。③ 这就为证券交易委员会和自律组织制定相关自律规则留下了空间，进一步显示了监管的多层次特点，也显示诚信义务主要是自律规范的内容。

---

① Matthew P. Allen, "A Lesson from History, Roosevelt to Obama-The Evolution of Broker-Dealer Regulation: From Self-Regulation, Arbitration, and Suitability to Federal Regulation, Litigation, and Fiduciary Duty", *Entrepreneurial Business Law Journal*, Vol. 1, 2010.

② Lewis, 444 U. S. 11.

③ Matthew P. Allen, "A Lesson from History, Roosevelt to Obama-The Evolution of Broker-Dealer Regulation: From Self-Regulation, Arbitration, and Suitability to Federal Regulation, Litigation, and Fiduciary Duty", *Entrepreneurial Business Law Journal*, Vol. 1, 2010.

第二节 我国证券法中的诚信自律监管制度

根据诚信原则，我国证券市场实行他律和自律相结合的综合监管体制。证券市场的自律组织包括证券交易场所、证券登记结算机构、证券业协会和上市公司协会等。

一 证券交易场所

(一) 交易所的两种类型

证券交易场所是证券市场的心脏，而有"交易所"名称的交易场所则是其中的代表。根据 2005 年《证券法》第 39 条和《公司法》第 139 条规定，我国的证券交易场所可以分为场内交易（即证券交易所市场）和场外交易（即国务院批准的其他证券交易场所），这一规定为我国建立多层次的资本市场提供了法律保障。

关于场外市场，2005 年《证券法》第 39 条规定："依法公开发行的股票、公司债券及其他证券，应当在依法设立的证券交易所上市交易或者在国务院批准的其他证券交易场所转让。"目前，经国务院批准且已经运作的其他证券交易所市场只有代办股份转让系统，俗称"三板市场"。代办股份转让系统已经开始股份转让试点，标志着我国多层次资本市场建设已经迈出重要一步。

《证券法（修订草案）》对场外市场交易和多层次资本市场建设作出了更为详细的规定。例如，第 59 条规定："依法公开发行的股票、债券及其他证券，可以在国务院批准的其他证券交易场所公开交易。"第 60 条规定："依法非公开发行的证券，可以在依法设立的证券交易场所非公开交易。协议转让证券的，不得向不特定投资者宣传推介，不得公开劝诱，不得采用变相公开方式。"这些规定，为进一步推动我国多层次资本市场建设提供了保障。第 177 条规定："证券交易所、国务院批准的其他证券交易场所是为证券集中交易提供场所和设施，组织和监督证券交易，实行自律管理的法人。证券交易所、国务院批准的其他证券交易场所的设立、变更和解散由国务院决定。"第 178 条规定："国务院批准的其他证券交易场所的监管、组织机构、自律管理等，适用本章有关证券交易所的规定。"第179条规定:"证券交易所、国务院批准的其他证券交易场所可以根据证券品种、行业特点、公司规模等因素设立不同的市场层次。证券交易所、国务院批准的其他证券交易场所设立公开交易市场的,应当经国务院证券监督管理机构批准。证券交易所、国务院批准的其他证券交易场所可以设立非公开交易市场,组织证券的非公开交易。"第180条规定:"国务院证券监督管理机构批准的证券交易场所可以组织证券的非公开交易。"第181条规定:"除国务院和国务院证券监督管理机构批准的证券交易场所外,组织股权等财产权益交易的其他交易场所应当遵守国务院的有关规定。"

(二)交易所的组织形式和地位

关于场内市场,交易所一般可以分为会员制和公司制两种基本组织形式。2005年《证券法》第102条规定,"证券交易所是为证券集中交易提供场所和设施,组织和监督证券交易,实行自律管理的法人。证券交易所的设立和解散,由国务院决定。"这一条没有明确说明交易所是"会员制"还是"公司制"。

但是从《证券法》关于交易所的规定中多次出现"会员""理事会"等概念,说明我国目前的交易所是会员制证券交易所,属于社团法人中的事业单位法人、公益法人。例如,第105条规定:"证券交易所可以自行支配的各项费用收入,应当首先用于保证其证券交易场所和设施的正常运行并逐步改善。实行会员制的证券交易所的财产积累归会员所有,其权益由会员共同享有,在其存续期间,不得将其财产积累分配给会员。"

按照《证券法》规定,我国的证券交易所既可以是会员制事业法人,也可以是非会员制的企业法人。因为上述第102条和第105条规定并未明确规定我国的证券交易所必须采取会员制。因此,现有的证券交易所进行公司化改造不存在法律上的障碍。《证券法(修订草案)》第182条对此明确作出规定:"证券交易所的组织形式,可以采取会员制或者公司制。"

鉴于公司制证券交易所具有的优点,面对如火如荼的全球证券交易所公司化改革浪潮,我国的证券交易所实现公司化改革既有必要性又有可行性。[①] 事实上,我国目前的两个证券交易所并不完全满足会员制组织形式

---

① 参见刘俊海《中国资本市场法治前沿》,北京大学出版社2012年版,第145—153页。

要求。① 我国证券交易所从诞生到发展，政府主导色彩十分浓厚，不同于自生发展的证券交易所，还不是真正的会员制。政府对交易所的直接控制力随处可见。例如，第107条规定："证券交易所设总经理一人，由国务院证券监督管理机构任免。"

我国证券交易所法律地位和职能设计的缺陷，影响了我国证券交易所应有作用的完全发挥，制约了我国证券交易所的进一步发展，最终影响到我国证券市场在全球资本市场中的竞争力和吸引力。

（三）交易所自律管理职能及其法律特征

证券交易所具有双重身份和职能，既是监管者又是被监管者。一方面，作为市场管理者实行自律，为众多证券从业机构提供集中交易场所，提供证券交易信息，组织管理证券交易；另一方面，作为市场主体要接受政府监管机关的监管。《证券法（修订草案）》第183条规定，证券交易所履行下列自律管理职能：提供证券交易的场所和设施；制定业务规则；审核、安排证券上市及终止上市；组织、管理证券交易；对上市公司、会员及其他市场参与人进行自律管理；管理和公布市场信息；法律、行政法规、国务院证券监督管理机构规定的其他职能。根据2005年《证券法》第8条和第9条规定，证券交易所等自律组织要接受国家的统一监督管理，同时，要接受国家审计机关的审计监督。

证券交易所的自律管理具有鲜明的法律特征。从法律属性看，交易所自律管理具有权力和权利的双重属性。作为社团法人，交易所自治权中权利与权力的界限已经变得模糊。即便交易所进行公司化改造，成为公司制法人，其自律管理所具有的权力和权利双重性也不会改变。交易所自律管理的权利属性主要体现为与上市申请人签订上市协议，上市申请人依据协议同意接受监管；交易所自律管理的权力属性一方面体现为与作为其会员的市场参与者订立章程，实现交易所作为法人的内部治理，另一方面则体现为对他们的监督、管理和处罚。而且，作为会员的市场参与者依照章程接受交易所的内部治理和管理，体现的是私权力，依据证券交易委员会制定、授权制定的规则接受交易所的监督、管理和处罚，体现的是公权力；而非会员上市公司依据上市协议和法定授权制定的自律规则接受交易所监管，体现的是交易所自律管理具有的私权力和公权力双重属性。

---

① 参见罗培新、卢文道等《最新证券法解读》，北京大学出版社2006年版，第175页。

从法律关系看，交易所自律管理具有契约性。交易所在自律管理中，要与上市申请人签订上市协议，与会员市场参与者订立章程。从法律效力看，交易所自律管理具有强制性。虽然交易所自律管理总体上属于契约性管理，但是由于《证券法》授予的自律性公权力的介入，市场主体有义务遵守交易所规则。违反这一义务，交易所可采取相应的纪律处分，包括通报、公开谴责、限制交易、取消会籍等，这些纪律处分措施具有强制力。从法律制约看，交易所自律管理具有受控性，即交易所的自律管理必须接受行政监管。

（四）交易所履行自律监管的原则和内容

交易所履行自律监管职能，旨在维护公共利益、市场诚信，防范系统性风险，因此应当遵守权力诚信原则。《证券法（修订草案）》第186条规定："证券交易所履行自律管理职能，应当遵守社会公共利益优先原则，维护市场的公平、有序、透明。"

交易所履行监管职能，包括对证券交易活动的监管、对上市公司的监管和对会员的监管，首先是制定相关规则。《证券法》第118条规定："证券交易所依照证券法律、行政法规制定上市规则、交易规则、会员管理规则和其他有关规则，并报国务院证券监督管理机构批准。"《证券法（修订草案）》第185条增加规定如下："国务院证券监督管理机构应当自受理之日起二十日内作出批准或者不予批准的决定。国务院证券监督管理机构有权要求证券交易所对其章程和业务规则进行修改。"

此外，对交易活动的监管还包括实时监控证券交易、公开证券交易信息、采取技术性停牌和临时停市措施。关于实时监控证券交易，《证券法》第115条规定，证券交易所对证券交易实行实时监控，并按照国务院证券监督管理机构的要求，对异常的交易情况提出报告。证券交易所根据需要，可以对出现重大异常交易情况的证券账户限制交易，并报国务院证券监督管理机构备案。关于公开证券交易信息，《证券法》第113条规定，证券交易所应当为组织公平的集中交易提供保障，公布证券交易即时行情，并按交易日制作证券市场行情表，予以公布。未经证券交易所许可，任何单位和个人不得发布证券交易即时行情。关于技术性停牌和临时停市措施，《证券法》第114条规定："因突发性事件而影响证券交易的正常进行时，证券交易所可以采取技术性停牌的措施；因不可抗力的突发性事件或者为维护证券交易的正常秩序，证券交易所可以决定临时停市。"

证券交易所采取技术性停牌或者决定临时停市,必须及时报告国务院证券监督管理机构。"《证券法(修订草案)》第195条增补修订如下:"因不可抗力、意外事件、重大技术故障、重大人为差错等突发性事件而影响证券交易正常进行时,为维护证券交易正常秩序和市场公平,证券交易所可以采取技术性停牌、临时停市、限制交易等处置措施,并应当及时向国务院证券监督管理机构报告。因前款规定的突发性事件导致证券交易结果出现重大异常,按交易结果进行清算交收将对证券交易正常秩序和市场公平造成重大影响的,证券交易所可以采取暂缓交收、取消交易等措施,并应当及时向国务院证券监督管理机构报告并公告。证券交易所依照本条规定采取措施的,豁免承担民事赔偿责任,但存在故意或者重大过失的除外。"

对上市公司的监管,除制定证券上市规则之外,主要包括监督相关主体履行信息披露义务以及决定证券暂停上市、恢复上市和终止上市等。参见《证券法》有关信息披露的规定以及第48条、第55条、第56条、第59条、第60条、第61条和第62条。

对会员的监管,除了制定会员管理规则之外,主要包括对会员资格的监管和对会员内控制度和风险的监管等。关于对会员资格的监管,《证券法》第110条规定:"进入证券交易所参与集中交易的,必须是证券交易所的会员。"《证券法(修订草案)》第193条将该条修订为"进入证券交易所参与集中交易的,必须是证券交易所的会员或者交易规则规定的其他机构",扩大了交易所监管的市场主体范围,为金融创新服务提供了空间。

关于对会员内控制度和风险的监管,《证券交易所管理办法》规定证券交易所对会员的内控制度和风险负有监管和检查的职责。

为了贯彻"三公"原则,避免利益冲突,《证券法》实行回避制度。第119条规定:"证券交易所的负责人和其他从业人员在执行与证券交易有关的职务时,与其本人或者其亲属有利害关系的,应当回避。"

关于对市场主体的纪律处分,《证券法》第121条规定:"在证券交易所内从事证券交易的人员,违反证券交易所有关交易规则的,由证券交易所给予纪律处分;对情节严重的,撤销其资格,禁止其入场进行证券交易。"《证券法(修订草案)》第200条将该条修订为"证券交易所依法制定的业务规则对证券交易业务活动的各参与主体具有约束力。发行人、投资者、证券经营机构、证券服务机构以及其他市场参与主体开展证券交易业务活动，应当遵守证券交易所制定的业务规则。违反业务规则的，证券交易所可以依照业务规则对有关责任人给予纪律处分或者采取其他自律管理措施，并及时公告。"草案明确了交易所制定规则的约束力、接受纪律处分的主体范围，并明确了交易所的公告义务，更具有可操作性。

二 证券登记结算机构

（一）证券登记结算机构的概念和法律性质

《证券法（修订草案）》最大的变化之一是从立法上确认证券登记结算机构为自律组织。该草案第10条规定，在国家对证券发行、交易活动实行集中统一监督管理的前提下，依法设立证券登记结算机构，实行自律性管理。这一规定揭示了证券登记结算机构属于自律组织。2005年《证券法》第155条规定："证券登记结算机构是为证券交易提供集中登记、存管与结算服务，不以营利为目的的法人。设立证券登记结算机构必须经国务院证券监督管理机构批准。"该条说明了证券登记结算机构的基本职能和法律性质，是承担共同交易对手的自律组织。

证券登记结算机构作为办理证券登记、存管与结算服务的专门机构，具有如下特征：是非营利法人；属于自律性专业服务机构；是特许法人，其设立和解散必须经国务院证券监督管理机构批准。

2005年《证券法》第156条规定，设立证券登记结算机构应当具备规定的资金、场所设施、符合从业资格的主要管理人员和从业人员及其他条件，而且证券登记结算机构的名称中应当标明证券登记结算字样。

（二）证券登记结算机构的职能和运营方式

根据《证券法》第157条，证券登记结算机构履行下列职能：证券账户、结算账户的设立；证券的存管和过户；证券持有人名册登记；证券交易所上市证券交易的清算和交收；受发行人的委托派发证券权益；办理与上述业务有关的查询；国务院证券监督管理机构批准的其他业务。《证券法（修订草案）》第203条将其中的"证券交易所上市证券交易的清算和交收"改为"证券的清算和交收"，扩大了证券登记结算机构的业务范围，非在证券交易所上市的证券可以在结算机构清算、交收。这样，证券登记结算机构也可以作为中央交易对手办理衍生品的清算、交收，将衍生品纳入监管范围。

根据《证券法》第158条规定："证券登记结算采取全国集中统一的

运营方式。"

(三) 证券登记结算机构的业务规则

1. 业务规则的一般性规定

《证券法》第158条规定，证券登记结算机构章程、业务规则应当依法制定，并经国务院证券监督管理机构批准。《证券交易所管理办法》第68条和第89条就证券登记结算机构章程、业务规则的制定和修订作出了更为详细的规定。《证券法（修订草案）》第204条增加规定如下："证券登记结算机构依法制定的业务规则对证券登记结算业务活动的各参与主体具有约束力。证券登记结算业务参与人应当遵守证券登记结算机构制定的业务规则。违反业务规则的，证券登记结算机构可以给予纪律处分或者采取其他自律管理措施。"

2. 证券登记、存管

《证券法》第159条规定："证券持有人持有的证券，公开交易前，应当全部存管在证券登记结算机构。证券登记结算机构不得挪用客户的证券。"

《证券法》第160条规定："证券登记结算机构应当向证券发行人提供证券持有人名册及其有关资料。证券登记结算机构应当根据证券登记结算的结果，确认证券持有人持有证券的事实，提供证券持有人登记资料。证券登记结算机构应当保证证券持有人名册和登记过户记录真实、准确、完整，不得隐匿、伪造、篡改或者毁损。"第162条规定："证券登记结算机构应当妥善保存登记、存管和结算的原始凭证及有关文件和资料。其保存期限不得少于二十年。"

《证券法》第166条规定："投资者委托证券公司进行证券交易，应当申请开立证券账户。证券登记结算机构应当按照规定以投资者本人的名义为投资者开立证券账户。"《证券法（修订草案）》作出了补充规定，其中第156条规定："法律、行政法规或者国务院证券监督管理机构规定为投资者开立名义持有证券账户的，从其规定。证券账户用于记录、确认持有人的证券持有及变动的事实。投资者申请开立证券账户应当根据规定提交开户申请资料，并保证所提交资料的真实、准确、完整。投资者应当使用以本人名义开立的证券账户。"第158条规定："申请证券登记，应当根据不同登记事项向证券登记结算机构提供证明材料，证券登记结算机构依照证券登记业务规则办理证券的初始、变更和注销登记。证券初始登记后,视为存管在证券登记结算机构。"第 159 条规定:"无权处分人对证券作出处分,证券受让人给付合理对价,并经证券登记结算机构登记生效的,证券受让人取得证券,但证券受让人明知处分人无权处分的除外。因前款规定给原证券权利人造成损失的,无权处分人应当依法承担赔偿责任。"第 160 条规定:"证券登记申请人的过错导致证券登记错误,给他人造成损失的,登记申请人应当承担赔偿责任。证券在登记错误后未被交易或者转让且未被设立任何权利负担的,发行人、实际权利人和登记权利人可以向证券登记结算机构申请更正。因登记错误给他人造成损失的,证券登记结算机构应当承担赔偿责任,但是能够证明自己没有过错的除外。"第 161 条规定:"开立名义持有账户的,名义持有证券为信托财产。名义持有人应当为每个权益实际拥有人单独开立权益账户,分别记录每个权益实际拥有人拥有的权益数据。名义持有人应当按照国务院证券监督管理机构、证券交易场所、证券登记结算机构的要求,及时报送权益实际拥有人的权益明细数据及变动情况。名义持有人可以委托证券登记结算机构为其名下的权益实际拥有人开立权益账户并记录权益。"第 162 条规定:"多个权益实际拥有人的证券登记在名义持有人证券账户的,权益实际拥有人按照各个实际权益账户记录的持有数量享有权益。证券权益实际拥有人不得越过名义持有人向证券登记结算机构或者上一级名义持有人主张权利。"

3. 业务保证措施

《证券法》第 161 条规定,证券登记结算机构应当采取下列措施保证业务的正常进行:具有必备的服务设备和完善的数据安全保护措施;建立完善的业务、财务和安全防范等管理制度;建立完善的风险管理系统。

4. 设立结算风险基金

《证券法》第 163 条规定:"证券登记结算机构应当设立证券结算风险基金,用于垫付或者弥补因违约交收、技术故障、操作失误、不可抗力造成的证券登记结算机构的损失。证券结算风险基金从证券登记结算机构的业务收入和收益中提取,并可以由结算参与人按照证券交易业务量的一定比例缴纳。证券结算风险基金的筹集、管理办法,由国务院证券监督管理机构会同国务院财政部门规定。"第 164 条规定:"证券结算风险基金应当存入指定银行的专门账户,实行专项管理。证券登记结算机构以证券结算风险基金赔偿后,应当向有关责任人追偿。"

5. 证券结算要求

《证券法》第167条规定："证券登记结算机构为证券交易提供净额结算服务时，应当要求结算参与人按照货银对付的原则，足额交付证券和资金，并提供交收担保。在交收完成之前，任何人不得动用用于交收的证券、资金和担保物。结算参与人未按时履行交收义务的，证券登记结算机构有权按照业务规则处理前款所述财产。"《证券法（修订草案）》第81条和第84条将该第167条修改如下："证券交易可以采用逐笔全额、双边净额、多边净额等清算方式。证券与资金的交收应当按照货银对付的原则进行，结算业务规则另有规定的除外。""证券登记结算机构作为中央对手方提供证券结算服务时，结算参与人应当足额交付证券和资金，并提供交收担保。在交收完成之前，任何人不得动用用于交收的证券、资金和担保物。"此外，《证券法（修订草案）》还就证券结算作出如下补充规定。第82条规定："证券和资金的清算交收实行分级结算。证券登记结算机构办理证券经营机构之间的证券与资金的清算交收。证券经营机构作为结算参与人，应当承担相应的清算交收责任，并办理客户证券与资金的清算交收。证券经营机构的客户证券的交收，由证券登记结算机构办理变更登记。"第83条规定："证券登记结算机构作为中央对手方提供证券结算服务的，应当同时受让证券买卖双方结算参与人的清算交收权利义务，作为证券买卖双方结算参与人共同的清算交收对手完成交收。结算参与人未按时履行交收义务的，证券登记结算机构可以拒绝向违约结算参与人交付应收证券或者资金；可以追回已向违约结算参与人交付的自营证券和资金；可以留置违约结算参与人与违约金额相当的自营证券和资金。结算参与人对证券登记结算机构发生资金交收违约时，证券登记结算机构可以依次动用结算保证金、结算备付金、证券结算风险基金等结算财产先予垫付，完成与结算参与人资金的交收。"第84条规定："结算参与人进入破产程序的，上述证券、资金和担保物应当优先用于交收。结算参与人未按时履行交收义务的，证券登记结算机构可以根据协议和业务规则处置第八十三条第二款未予交付的证券或者资金以及前款规定的财产"。第85条规定："证券登记结算机构按照证券交易成交结果或者结算参与人交收指令作出的证券变更登记不得被撤销或者被认定无效，但依照本法第一百九十五条的规定取消交易的除外。"

6. 专门存放、使用结算资金和证券

《证券法》第168条规定："证券登记结算机构按照业务规则收取的

各类结算资金和证券,必须存放于专门的清算交收账户,只能按业务规则用于已成交的证券交易的清算交收,不得被强制执行。"

7. 信息保密要求

《证券法(修订草案)》第 207 条规定:"证券登记结算机构应当对投资者的证券持有信息保密。有下列情形之一的,证券登记结算机构应当办理证券持有信息的查询:(一)证券持有人查询本人的证券登记情况;(二)证券发行人查询证券持有人名册及相关信息;(三)证券交易场所、国务院证券监督管理机构为履行职责查询证券持有信息;(四)司法机关依法进行查询;(五)法律、行政法规规定的其他情形。证券名义持有的,证券权益实际拥有人的权益拥有信息由名义持有人提供查询服务。"

8. 非公开发行证券的登记结算

《证券法(修订草案)》第 211 条规定:"非公开发行或者非公开交易的证券,其登记、结算可以委托证券登记结算机构或者其他依法从事证券登记、结算业务的机构办理。前款规定的证券在证券交易所或者国务院批准的其他证券交易场所公开交易时,应当转登记至证券登记结算机构。"

三 证券业协会

(一) 证券业协会的概念和法律性质

证券业协会又称证券业同业公会,是依法设立的自律性社团法人。《证券法》第 8 条规定:"在国家对证券发行、交易活动实行集中统一监督管理的前提下,依法设立证券业协会,实行自律性管理。"第 174 条规定,证券业的自律性组织,是社会团体法人。

就其法律特征而言,证券业协会是社团法人、行业性自律组织和法定组织。《证券法》第 179 条规定:国务院证券监督管理机构依法对证券业协会的活动进行指导和监督。第 174 条规定,证券公司应当加入证券业协会,《证券法(修订草案)》第 247 条修改规定如下:"证券公司、证券合伙企业应当加入证券业协会。其他依法从事证券业务的机构,可以加入证券业协会。"新规定增加了证券业协会会员的范围。

(二) 职责

根据《证券法》第 176 条规定,证券业协会履行下列职责:"(一)教育和组织会员遵守证券法律、行政法规;(二)依法维护会员的合法权益,向证券监督管理机构反映会员的建议和要求;(三)收集整理证券信息,为会员提供服务;(四)制定会员应遵守的规则,组织会员单位的从业人员的业务培训,开展会员间的业务交流;(五)对会员之间、会员与客户之间发生的证券业务纠纷进行调解;(六)组织会员就证券业的发展、运作及有关内容进行研究;(七)监督、检查会员行为,对违反法律、行政法规或者协会章程的,按照规定给予纪律处分;(八)证券业协会章程规定的其他职责。"

为了进一步发挥自律组织的作用,证券交易委员会2002年10月31日发布《关于赋予中国证券业协会部分职责的规定》,赋予证券业协会作为政府之手的延伸职责。[①]

《证券法(修订草案)》第249条明确了证券业协会的自律职责,对《证券法》第176条作了系列修改。草案第249条规定:"证券业协会履行下列自律管理职责:(一)教育和组织会员及其从业人员遵守证券法律、行政法规、自律规则,组织开展证券行业诚信建设,督促证券行业履行社会责任;(二)依法维护会员的合法权益,向证券监督管理机构反映会员的建议和要求;(三)督促会员开展投资者教育和保护活动,维护投资者合法权益;(四)制定和实施证券行业自律规则,监督、检查会员及其从业人员行为,对违反法律、行政法规、自律规则或者协会章程的,按照规定给予纪律处分或者实施其他自律管理措施;(五)制定证券行业执业标准和业务规范,组织证券从业人员的从业考试和业务培训,对证券从业人员进行资格管理;(六)组织会员就证券行业的发展、运作及有关内容进行研究,收集整理、发布证券相关信息,提供会员服务,组织行业交流,引导行业创新发展;(七)对会员之间、会员与客户之间发生的证券业务纠纷进行调解;(八)组织会员间非公开市场建设,对会员开展与证券非公开发行或者转让相关的业务活动进行自律管理;(九)证券业协会章程规定的其他职责。"

(三) 组织结构

证券业协会的最高权力机关为会员大会,理事会成员依章程的规定由选举产生。《证券法》第174条规定:"证券业协会的权力机构为全体会员组成的会员大会。"第175条规定:"证券业协会章程由会员大会制定,

---

[①] 参见罗培新、卢文道等《最新证券法解读》,北京大学出版社2006年版,第316—317页。

并报国务院证券监督管理机构备案。"第 177 条规定："证券业协会设理事会。理事会成员依章程的规定由选举产生。"此外，实践中证券业协会还设有监事会。

  此外，其他相关自律组织还有上市公司协会。《证券法（修订草案）》第 251 条规定："上市公司协会是由上市公司以及相关机构组成的社会团体法人，对会员实施自律管理。"

第八章

基于诚信义务的证券市场法律责任立法与执法协调

第一节 基于诚信义务的证券市场法律责任概述

如第三章所述，我国当前修订《证券法》采取发行注册制是大势所趋，而注册制的前提是要有与之呼应的严格责任制度和执法制度。从法律的本质属性和根本功能上看，民事责任、行政责任和刑事责任有着共同的本质、相同的属性，都在不同层面保护投资者、维护投资者信心和市场诚信。究其根源，证券市场违法违规行为所侵害的客体具有同质性，一是私权力持有人违反对私权力委托主体承担的诚信义务，二是私权力主体违反对社会公众承担的诚信义务，损害投资者信心和资本市场诚信。此外，作为公权力持有人的监管机构和工作人员也可能滥用权力，违反其对公众承担的诚信义务，损害投资者信心和资本市场诚信。建构科学合理的证券法律责任体系，要在整体上全面考虑不同责任种类间的界限、各责任种类间的衔接以及各种责任的协调与平衡问题。

一 证券市场法律责任概述

对于证券违法违规行为，刑事责任、行政责任、民事责任和自律处分从上到下，呈金字塔形状排列。不同的惩戒方式价值取向各不相同，惩罚与救济并举，兼具威慑和阻遏功能。四种惩戒措施相互协调，不可偏废。

根据诚信原则和诚信义务理论，法律责任制度体系旨在制约、监督公司董事高管、大股东、证券经营机构、证券服务机构及其专业人员等私权力主体和监管机构及其工作人员等公权力主体行使权力,这些权力主体因拥有不对等信息而享有并可能滥用优势地位。证券法律责任制度宏观上要维护投资者信心、市场诚信和稳定,防范系统性风险,主要体现为刑事责任和行政责任,微观上要保护投资者,主要体现为民事责任和自律处分。证券法律责任机制的建构,必须对相互冲突的价值目标进行恰当的协调和平衡,只有如此才能真正有效地实现证券法律责任制度的理想目标。

作为理想的立法理念,市场自律和民事救济措施在遏制证券违规违法行为方面,应当发挥基础性作用,刑事制裁则像达摩克利斯之剑,虽常高高悬起,但也并非备而不用,行政处罚则介于其间,从惩戒措施的普遍性、技术上的可操作性和便捷性来看,行政处罚具有不可替代的作用。[①]

刑事法律作为最终制裁力量,具有最后适用的谦抑品格。民事救济同刑事罚金和行政罚款的根本区别在于,违法者是向受害人给付赔偿金而不是向制度支付罚金,因而可以在最大限度内激发市场监督违法违规行为的积极性。但是由于种种原因,我国无论是在《证券法》立法还是执法方面,都存在"重刑(行)轻民"的观念。在立法层面,证券交易委员会行政规章与法律、行政法规之间分工不明确,规范对象和边界不清晰,致使其具体内容越位、错位现象比较严重:一方面,有的行政法规突破了《证券法》,扩大了证券交易委员会的行政审批权和执法权;另一方面,有的行政法规规定了本应由自律组织规定的业务规则。[②]

二 民事法律责任

鉴于本书第四、第五、第六章分别从受信人、内幕交易和操纵市场价格等重大方面,在不同程度上探讨了证券民事责任问题,这里仅就民事责任的性质、分类及其与自律、行政、刑事责任的相互关系作总体说明。

作为基础性救济措施,《证券法》除在法律责任一章中有 4 个条文(第 190 条、第 191 条、第 210 条、第 214 条)之外,还有第 2 章中的第 26 条,第 3 章中的第 47 条、第 69 条、第 76 条、第 77 条、第 79 条,第 5 章中的第 120 条,第 7 章中的第 164 条,第 8 章中的第 171 条、第 173

---

① 参见罗培新、卢文道等《最新证券法解读》,北京大学出版社 2006 年版,第 370—372 页。

② 同上书,第 371—374 页。

条，两者相加，民事责任条款共计 14 条。此外，《证券法》确立了民事责任优先受偿原则，即第 232 条规定："违反本法规定，应当承担民事赔偿责任和缴纳罚款、罚金，其财产不足以同时支付时，先承担民事赔偿责任。"

证券民事责任可以分为违约责任和侵权责任两大类。

（一）违约责任

合同关系是证券发行、交易和服务的基础法律关系。违反证券发行、交易和服务合同的违约责任，严格来讲是平等主体之间的交易违约责任，不属于证券法中的责任。这些责任包括：《证券法》第 30 条规定的违反证券承销合同的违约责任；《证券法》第 48 条规定的违反证券上市协议的违约责任；《证券法》第 141 条规定的违反证券买卖委托合同的违约责任，挪用客户资金的，还构成违约和侵权的竞合责任；违反证券交易服务合同的违约责任。

（二）侵权责任

证券侵权行为有操纵市场、内幕交易、虚假陈述、欺诈客户、擅自发行证券、虚假发行证券等。由于这些责任是《证券法》特别规定的责任，又可以称为法定责任。

证券法定侵权责任主要表现为以下几个方面。

1. 违法发行证券的民事责任

《证券法》第 10 条规定："公开发行证券，必须符合法律、行政法规规定的条件，并依法报经国务院证券监督管理机构或者国务院授权的部门核准；未经依法核准，任何单位和个人不得公开发行证券。"第 11—18 条则规定了发行股票和债券必须遵守的条件。

违法发行证券的行为应归于无效，因该行为而获得证券的投资者有权要求违法发行人偿还损失。对于违法发行行为，要按照《证券法》第 26 条规定承担民事责任；而且，应当按照《证券法》第 188 条和第 189 条规定承担行政和刑事责任。

《证券法（修订草案）》采用发行注册制，将《证券法》原第 10 条改为第 19 条，规定："公开发行股票并拟在证券交易所上市交易的，应当依照本节规定注册。公开发行股票且不在证券交易所上市交易的，其注册条件和程序由国务院证券监督管理机构依照本节的原则另行规定。"《证券法（修订草案）》将第 26 条改为第 32 条，规定："股票公开发行注册生效后，国务院证券监督管理机构发现注册不符合法定条件或者法定程序的，可以撤销注册；国务院证券监督管理机构发现注册文件存在虚假记载、误导性陈述、重大遗漏的，应当撤销注册。注册撤销后，尚未发行股票的，停止发行。已经发行尚未上市的，发行人应当按照发行价并加算银行同期存款利息返还证券持有人。撤销注册给投资者造成损失的，发行人应当依法承担赔偿责任。发行人的董事、监事和高级管理人员、控股股东、实际控制人、保荐人以及与本次发行有关的证券经营机构应当承担连带责任，但是能够证明自己没有过错的除外。证券服务机构应当就其所出具的文件承担连带责任，但是能够证明自己没有过错的除外。"

《证券法（修订草案）》将《证券法》第188条改为第269条，规定："违反本法规定，擅自公开或者变相公开发行证券的，责令停止发行，退还所募资金并加算银行同期存款利息，处以非法所募资金金额百分之一以上百分之五以下的罚款。对直接负责的主管人员和其他直接责任人员给予警告，并处以十万元以上一百万元以下的罚款。对擅自公开或者变相公开发行证券设立的公司，由县级以上地方人民政府会同依法履行监督管理职责的机构或者部门予以取缔。"《证券法（修订草案）》将《证券法》第189条改为第270条，规定："发行人在招股说明书或者其他证券募集说明书中隐瞒重要事实或者编造重大虚假内容，尚未发行证券的，处以一百万元以上一千万元以下的罚款；已经发行证券的，处以非法所募资金金额百分之二以上百分之十以下的罚款。对直接负责的主管人员和其他直接责任人员处以五十万元以上五百万元以下的罚款。发行人的控股股东、实际控制人从事或者组织、指使从事前款违法行为的，依照前款的规定处罚。"

2. 欺诈客户的民事责任

《证券法》并没有对欺诈客户给出明确的定义，第79条列举了欺诈客户的种类，属于狭义上的欺诈客户。第79条规定："禁止证券公司及其从业人员从事下列损害客户利益的欺诈行为：（一）违背客户的委托为其买卖证券；（二）不在规定时间内向客户提供交易的书面确认文件；（三）挪用客户所委托买卖的证券或者客户账户上的资金；（四）未经客户的委托，擅自为客户买卖证券，或者假借客户的名义买卖证券；（五）为牟取佣金收入，诱使客户进行不必要的证券买卖；（六）利用传播媒介或者通过其他方式提供、传播虚假或者误导投资者的信息；（七）其他违背客户真实意思表示，损害客户利益的行为。欺诈客户行为给客户造成损失的，行为人应当依法承担赔偿责任。"由于没有配套规定，该条不具有可操作性，只是导向性的规定。法律责任相关的第 210 条规定："证券公司违背客户的委托买卖证券、办理交易事项，或者违背客户真实意思表示，办理交易以外的其他事项的，责令改正，处以一万元以上十万元以下的罚款。给客户造成损失的，依法承担赔偿责任。"

《证券法（修订草案）》将《证券法》第 79 条改为第 230 条，规定："禁止证券经营机构及其董事、监事、高级管理人员、执行事务合伙人和其他人员从事下列损害客户利益的欺诈行为：（一）违背客户的委托为其买卖证券；（二）挪用客户所委托买卖的证券或者客户账户上的资金；（三）未经客户的委托，擅自为客户买卖证券，或者假借客户的名义买卖证券；（四）为牟取不正当利益，诱使客户进行不必要的证券买卖；（五）利用传播媒介或者通过其他方式提供、传播虚假或者误导投资者的信息；（六）其他违背客户真实意思表示，损害客户利益的行为。欺诈客户行为给客户造成损失的，行为人应当依法承担赔偿责任。"《证券法（修订草案）》将《证券法》第 210 条改为第 311 条，规定："证券经营机构及其董事、监事、高级管理人员、执行事务合伙人和其他人员违反本法第二百三十条的规定，欺诈客户的，给予警告，没收违法所得，并处以违法所得一倍以上五倍以下的罚款；没有违法所得或者违法所得不足五万元的，处以五万元以上五十万元以下的罚款；情节严重的，对机构并处撤销相关业务许可，对个人并处撤销任职资格或者证券从业资格。"《证券法（修订草案）》在有关法律责任的第 311 条中仅对行政和刑事法律责任作出规定，避免了对民事责任作出重复规定。

3. 其他民事责任

有关虚假陈述、内幕交易和操纵市场的民事责任，分别详见本书第四章、第五章和第六章的相关探讨。

第二节 基于诚信义务的刑事责任

一 基于诚信义务的证券刑事责任

在美国安然公司等系列财务丑闻之后，公司高管就违反诚信义务的行为越来越可能面临刑事责任。① 实际上，美国司法部对前安然、霍林格国际和阿德菲亚等公司之高管的起诉预示着未来对公司受信人追究刑事责任将进入新的阶段。在安然公司丑闻之前，就违反诚信义务只会导致公司管理层承担民事责任的行为，已经成为政府将高管个人视为罪犯追究刑事责任的基础，指控高管存在诚信服务欺诈罪。按照这种起诉方式，追究刑事责任的依据是"剥夺诚实服务"的模糊理论。正是诚实服务制定法的这种不准确性，使其对政府检察人员特别有用。由于这种立法可以广泛适用，政府律师随时可以据以提出指控。

根据《美国法典》第18编第1346节规定，"剥夺他人对诚实服务的无形权利"即构成联邦犯罪。判定诚实服务欺诈罪的，最高可判处20年有期徒刑。自1988年通过该节规定以来，联邦检察官使用这种刑事禁止规定处理系列广泛的行为。政府最初利用该第1346节追究公共腐败行为的责任，起诉立法者、政治幕僚，甚至州长。

对安然时代的财务欺诈提起的诚实服务欺诈刑事诉讼，相关第1346节指控几乎都建立在以下基础之上：被告违反了其对某些实体或者个人的诚信义务。但是对于具体是什么样的诚信义务以及该义务的法律来源，则取决于被告和采用的理论，因个案而异。

联邦法院基本上都认可了政府对第1346节的广义、随机变动适用。对诚实服务法不断演化的适用，检察人员依赖甚至可能创造诚信义务作为诚实服务欺诈起诉和定罪的依据，这些对受信人，尤其是对当前环境下可能承担责任的公司执行高管和专业人员可能具有深远影响。

在第五巡回法院对Jeffrey Skilling提出的上诉作出的判决中，② 政府并未提供证据证明Jeffrey Skilling对任何人行贿或者收取任何人的回扣。有评论认为第五巡回法院对诚实服务欺诈立法作出的是狭义解释。在判决意见最重要的部分，法院将"诚实服务欺诈"的构成要件总结如下：（1）严重违反州法规定的诚信义务，包括雇主-雇员关系确定的义务，（2）导致对雇主的损害。法院裁决认为，"不提供可能导致理性雇主改变其行为的

---

① Lisa L. Casey, "Enforcing Fiduciary Duties Through Criminal Prosecution of Honest Services Feaud", Notre Dame Law School Legal Studies Research Paper No. 09—27, http://ssrn.com/abstract=1420082.

② United States v. Skilling, 554 F. 3d 529 (5th Cir. 2009), cert. granted, 130 S. Ct. 393 (U. S. Oct. 13, 2009) (No. 08-1394).

信息，即构成对雇主的充分损害，违反诚实义务。"对雇主的"损害"似乎就足以构成违反诚实义务。不披露或者对雇主不诚实，即可能构成严重违反某些州法规定的诚信义务，构成对雇主的损害。这一观点似乎将第1346节解释为"强制披露"立法。

政府越来越多地使用第1346节对受信人违反诚信义务的行为追究刑事责任，这与依据民法对受信人违反诚信义务的行为问责呈下降趋势正好形成对比。就公司执行高管的诚实服务欺诈提起刑事诉讼的门槛，似乎并不高于依据某些州法强制执行违反诚信义务请求的门槛，也不高于寻求民事证券欺诈请求的门槛。事实上，趋势似乎在朝相反的方向发展：随着就违反诚信义务要求公司执行高管承担民事责任变得更加困难，可能更容易让其承担刑事责任。这些趋异的趋势颠覆了认为刑事指控比民事诉求更加严重、更难证明的传统预期。取代通过民法强制执行诚信义务、纠正对这些规范的违反，现在更有可能通过诚实服务欺诈刑事救济强制执行这些规范。[1]

更多地使用刑事处罚，其驱动力至少部分在于越来越多地感受到民法不足以威慑，更不要说处罚公司执行高管的违规行为。刑事执法正好与需要对公司违规行为加大处罚和威慑的感受相呼应。公司受信人不忠实和不诚实的行为不仅损害雇用这些腐败高管的公司，损害股东和员工的利益，而且这些违规行为还在更广泛的意义上对整个经济造成损害。正如全球系列公司财务丑闻所揭示的，公司执行高管从事的这种恶性欺诈行为不仅毁掉了其所在的公司，而且随着丑闻的揭露，严重损害了投资者对公众公司、金融机构和证券市场的信心。系列公司财务丑闻造成的恶劣社会反响，导致更需要有效的执法。但是，这种执法需求无法通过民法获得满足，因为民法原理是长期发展的结果，根据民法原理，公司执行高管越来越与责任隔离。

由于最高法院倾向于限制使用诚实服务欺诈作为威慑公司执行高管的武器，刑事立法必须有足够明确的规定，这样普通百姓、律师和法官才能明白到底要禁止何种行为，什么人依法应当受到处罚。[2] 目前，

---

[1] Lisa L. Casey, "Twenty-Eight Words: Enforcing Corporate Fiduciary Duties Through Criminal Prosecution of Honest Services Fraud", *Delaware Journal of Corporate Law*, Vol. 35, 2010.

[2] See Skilling v. United States, 130 S. Ct. 2896, 2904 (2010).

诚实服务邮件欺诈法并未明确界定被禁止行为的边界。① 有学者建议：①第 1346 节应当对公共事务和私人商业诚信服务违规行为分别作出规定；②诚信服务欺诈违规行为的依据应当是刑法义务，与代理法义务类似（简称"刑法代理义务"）；③第 1346 节应当明确对立法禁止的贿赂和回扣作出明确规定。② 尤其是，立法所依赖的义务应当是刑法代理义务。代理是相互关系中存在的一种诚信义务，代理方必须为委托方的利益行事。虽然有时可以通过合同约定免除民事代理义务，但是不得免除刑事代理义务。依据刑事代理义务认定诚实服务欺诈违规行为，可以实现以下两个目标：第一，法院可以依据相同的义务持续对诚实服务欺诈定罪；第二，诚信服务欺诈的潜在违规者无法通过契约免除其与第 1346 节相关的刑事责任。

二　我国有关证券期货犯罪的相关规定

美国有关证券期货刑事责任及其与民事责任关系的问题，在我国也同样存在。美国相对较为成熟的立法、司法判决意见和学者观点，对我国亦有启发意义。

（一）关于非法集资犯罪的规定

在各类金融犯罪活动中，非法集资是近年来我国刑事司法部门打击的重点对象。但是，《刑法》相关条文在适用中存在各种问题，不利于支持司法实践，不利于为金融市场的健康发展保驾护航，而背后的根本原因在于我国基础性金融法律体系存在严重的内在缺陷。

金融市场中的违法行为如果对社会公共利益产生严重损害后果，即可基于刑法规范将其转化为犯罪。对于何为金融违法行为，通常由基础性金融法律制度而非刑法制度来予以界定。目前存在的一个普遍现象是，针对金融犯罪行为的刑事立法很大程度上是"参照"或者"援引"自基础性金融法律制度。③ 例如，《刑法》对于非法集资行为的界定完全是来源于

---

① See United States v. Mahaffy, 693 F. 3d 113, 136（2d Cir. 2012）（说明陪审团要求利用"明晰的英语"界定诚实服务欺诈）.

② Michelle V. Barone, "Honest Services Fraud: Construing the Contours of Section 1346 in the Corporate Realm", *Delaware Journal of Corporate Law*, Vol. 38, 2013.

③ 黄韬：《存款还是证券》，载桂敏杰总编《证券法苑》第九卷，法律出版社 2013 年版，第 996—1016 页。

基础性金融法律规范的。1995年颁行的《商业银行法》第79条规定"未经中国人民银行批准,擅自设立商业银行,或者非法吸收公众存款、变相吸收公众存款的,依法追究刑事责任;并由中国人民银行予以取缔"。显然,在"九七刑法"颁行之前,我国金融法律体系中已有关于非法吸收公众存款行为的法律责任内容。

可见,对于非法集资行为的刑事制裁,刑法的立法者并非从无到有地自创一套全新的法律规则,而是在既有的金融法律规则对于"非法集资"行为内容界定的基础之上,划清行政违法和刑事犯罪的界限并明确行为人具体刑事责任承担的后果。从这个层面上来讲,摆在我们面前的"非法吸收公众存款罪"以及"擅自发行股票、公司、企业债券罪"条文无非就是《商业银行法》和《证券法》规则的"刑法化"而已。①《证券法》继续沿袭这一做法。旧《证券法》对可能构成犯罪相关条文后附加有"构成犯罪的,依法追究刑事责任"。2005年《证券法》将此删除,而用第231条专门规定"违反本法规定,构成犯罪的,依法追究刑事责任"。这样做,可以为以后基础性金融法律所规定的相关违法行为的刑罚化提供条件。

治理非法集资的刑事司法实践活动反映了我国当下金融刑法规范的诸多不足,具体表现为罪刑法定原则和罪责刑相适应原则没有很好地得到落实,同时还存在对正常民间融资活动扩大打击面的倾向。金融刑法规范的不完善归根结底是由于基础性金融法律制度的欠缺而导致的,它本身已经不再是一个纯粹的刑法制度完善的问题。唯有对《证券法》等基础性金融法律制度进行有针对性的改革,我国的刑事立法者才有可能完善关于治理非法集资的刑法规范。②

我国《刑法》中涉及非法集资的罪名一共有7个,除了第176条规定的"非法吸收公众存款罪"和第192条规定的"集资诈骗罪"之外,还包括"欺诈发行股票、债券罪"(《刑法》第160条及相应的《证券法》

---

① 在金融违法责任立法中,金融刑法立罪是在非刑事责任立法之后,即"立罪至后",这是刑法谦抑理论的原则,因而也应是金融刑法立罪的基本规则。参见胡启忠《金融刑法立罪逻辑论——以金融刑法修正为例》,《中国法学》2009年第6期;黄韬《存款还是证券》,载桂敏杰总编《证券法苑》第九卷,法律出版社2013年版,第996—1016页。

② 参见黄韬《存款还是证券》,载桂敏杰总编《证券法苑》第九卷,法律出版社2013年版,第996页。

第 189 条)、"擅自发行股票、债券罪"(《刑法》第 179 条及相应的《证券法》第 188 条)、"组织、领导传销活动罪"(《刑法》第 224 条)、"非法经营罪"(《刑法》第 225 条)和"擅自设立金融机构罪"(《刑法》第 174 条第 1 款及相应的《证券法》第 196 条和第 197 条)。

其中,适用最为广泛的是"非法吸收公众存款罪","集资诈骗罪"是该罪的加重版。2015 年 8 月 29 日《刑法修正案(九)》删除了第 199 条关于集资诈骗罪有关死刑的规定。实际上,对于存在合理需求的非法集资活动应以"疏导"代替"堵塞",以直接融资手段进行处理。体现在刑法规制上,对于非法集资活动的刑罚,就应当以"擅自发行股票、公司、企业债券罪"代替"非法吸收公众存款罪"。① 但要达到这一转型,我国基础性金融法律《证券法》中尚需要扩大证券的定义,相应地,该罪名也应当改为"擅自公开发行证券罪"。简言之,就是要取消非法吸收公众存款罪和集资诈骗罪。未经批准吸收公众存款,实际上就是擅自从事了商业银行业务。如果严格按照法律解释精神,《刑法》第 176 条规定的非法吸收公众存款罪应当取消,非法吸收公众存款具有非法经营罪的性质,应当归入擅自设立金融机构罪。以直接融资的法律制度来处理非法集资活动既可以为民间融资的合法化预留空间,也符合保护投资者公共利益的立法目标,修订《证券法》将多数民间非法直接融资适用"擅自公开发行证券罪",可以使非法吸收公众存款罪回归处置非法间接融资的本意。②

我国的非法集资活动,其实质是美国所称的庞氏骗局。我国将非法集资纳入《证券法》的监管范围,有充分的借鉴依据和参照,也是对民间融资提供发展空间的最佳选择。

(二)违规披露、不披露重要信息罪

《刑法修正案(六)》将《刑法》第 161 条修改为:"依法负有信息披露义务的公司、企业向股东和社会公众提供虚假的或者隐瞒重要事实的财务会计报告,或者对依法应当披露的其他重要信息不按照规定披露,严重损害股东或者其他人利益,或者有其他严重情节的,对其直接负责的主管人员和其他直接责任人员,处三年以下有期徒刑或者拘役,

---

① 参见柴松霞、张路《庞氏骗局的法律分析》,法律出版社 2013 年版,第 161 页。
② 参见彭冰《非法集资活动的刑法规制》,《清华法学》2009 年第 3 期。

并处或者单处二万元以上二十万元以下罚金。"《证券法》的相应规定为第 193 条。

（三）未经批准擅自设立金融机构罪

1995 年 5 月 10 日通过的《商业银行法》第 79 条规定："未经中国人民银行批准，擅自设立商业银行，或者非法吸收公众存款、变相吸收公众存款的，依法追究刑事责任，并由中国人民银行予以取缔。"《刑法》第 174 条第 1 款将《商业银行法》的规定具体化，有利于金融秩序的稳定。《刑法》第 174 条第 1 款规定："未经国家有关主管部门批准，擅自设立商业银行、证券交易所、期货交易所、证券公司、期货经纪公司、保险公司或者其他金融机构的，处三年以下有期徒刑或者拘役，并处或者单处二万元以上二十万元以下罚金；情节严重的，处三年以上十年以下有期徒刑，并处五万元以上五十万元以下罚金。"《证券法》的相应规定为第 196 条和第 197 条。

（四）内幕交易罪和操纵证券、期货市场罪

《刑法》第 180 条就内幕交易、泄露内幕信息罪和利用未公开信息交易罪作出了规定，详见本书第五章相关探讨。《刑法》第 182 条就操纵证券、期货市场罪作出了规定，详见本书第六章相关探讨。

（五）编造并传播证券、期货交易虚假信息罪

《刑法》第 181 条第 1 款规定："编造并且传播影响证券、期货交易的虚假信息，扰乱证券、期货交易市场，造成严重后果的，处五年以下有期徒刑或者拘役，并处或者单处一万元以上十万元以下罚金。"单位犯此罪的，对单位判处罚金，并对其直接负责的主管人员和其他直接责任人员，处五年以下有期徒刑或者拘役。

（六）诱骗投资者买卖证券、期货合约罪

《刑法》第 181 条第 2 款规定："证券交易所、期货交易所、证券公司、期货经纪公司的从业人员，证券业协会、期货业协会或者证券期货监督管理部门的工作人员，故意提供虚假信息或者伪造、变造、销毁交易记录，诱骗投资者买卖证券、期货合约，造成严重后果的，处五年以下有期徒刑或者拘役，并处或者单处一万元以上十万元以下罚金；情节特别恶劣的，处五年以上十年以下有期徒刑，并处二万元以上二十万元以下罚金。"单位犯此罪的，对单位判处罚金，并对其直接负责的主管人员和其他直接责任人员，处五年以下有期徒刑或者拘役。

（七）提供虚假证明文件罪

《刑法》第229条第1、第2款规定："承担资产评估、验资、验证、会计、审计、法律服务等职责的中介组织的人员故意提供虚假证明文件，情节严重的，处五年以下有期徒刑或者拘役，并处罚金。前款规定的人员，索取他人财物或者非法收受他人财物，犯前款罪的，处五年以上十年以下有期徒刑，并处罚金。"

（八）出具证明文件重大失实罪

《刑法》第229条第3款规定，承担资产评估、验资、验证、会计、审计、法律服务等职责的中介组织的人员，严重不负责任，出具的证明文件有重大失实，造成严重后果的，处三年以下有期徒刑或者拘役，并处或者单处罚金。

（九）挪用资金罪

《刑法》第272条规定，公司、企业或者其他单位的工作人员，利用职务上的便利，挪用本单位资金归个人使用或者借贷给他人，数额较大、超过三个月未还的，或者虽未超过三个月，但数额较大、进行营利活动的，或者进行非法活动的，处三年以下有期徒刑或者拘役；挪用本单位资金数额巨大的，或者数额较大不退还的，处三年以上十年以下有期徒刑。国有公司、企业或者其他国有单位中从事公务的人员和国有公司、企业或者其他国有单位委派到非国有公司、企业以及其他单位从事公务的人员有前款行为的，依照本法第三百八十四条的规定按挪用公款罪定罪处罚。以上犯罪实质上是企业腐败犯罪。

（十）证券监督管理机构的工作人员不履行法定职责的刑事责任

《刑法》第403条规定，国家有关主管部门的国家机关工作人员，徇私舞弊，滥用职权，对不符合法律规定条件的公司设立、登记申请或者股票、债券发行、上市申请，予以批准或者登记，致使公共财产、国家和人民利益遭受重大损失的，处五年以下有期徒刑或者拘役。若有其他不履行法定监督职责，滥用职权或者玩忽职守，致使公共财产、国家和人民利益遭受重大损失的，按照《刑法》第397条的规定定罪处罚。这一条也是金融腐败犯罪的相关规定。

第三节 基于诚信义务的行政责任

一 美国证券行政责任与执法

(一) 调查

1. 法律规定与证券交易委员会的程序

调查可以分为四种类型：

(1)《1934 年证券交易法》允许证券交易委员会自行决定进行其认为必要的调查，以确定某人是否已经、正在或将要违反该法及其项下颁布的规则。① 在调查之前，必须达到"在证券交易委员会看来，无论有无起诉书，法律或其项下任何规则的规定是否已经或即将被违反"②。

(2) 根据《1933 年证券法》《1934 年证券交易法》等，证券交易委员会可以"要求或允许"向其报备与涉及待调查事项有关的所有事实和情况的书面说明，无论是否经宣誓。约翰·威尔斯（John Wells）律师作为主席领导的执法政策与实务咨询委员会在 1972 年公布报告，建议被证券交易委员会调查的人有机会在授权执行程序之前向证券交易委员会表明其立场，随后，证券交易委员会修改了《与非正式和其他程序有关的规则》，将众所周知的"威尔斯提交"程序成文化。

(3) 根据《1934 年证券交易法》的调查条款，证券交易委员会可以自行决定公开与任何违法有关的信息。

(4)《1934 年证券交易法》还规定，证券交易委员会可以进行调查，"以协助执行该等任何规定、制定本法项下的规则和条例或获取作为与本法所涉事项有关的进一步立法建议依据的信息。"

经调查后，证券交易委员会可以提起行政或禁制程序，建议联邦或州主管机关提起刑事公诉，公布调查报告，或将有关问题提交证券交易所或 NASD 采取适当的纪律处分行动。有时，证券交易委员会可以将两种或两种以上的措施合并在一起。当然，证券交易委员会还可以结案，根本不采

---

① 《证券交易法》第 21 (a) (1) 条。
② Sec. Act § 20 (a); Trust Ind. Act § 321 (a); Inv. Adv. Act § 209 (a).

取任何行动。

2. 传票权力

联邦证券法,如《1934年证券交易法》第21(b)条规定:为进行上述任何调查或本法项下的任何其他程序,证券交易委员会的任何委员或证券交易委员会指定的任何官员,有权执行宣誓和不经宣誓而提供的证词、传唤证人、强迫证人出庭、取证,并可要求出示其认为对该等调查有关或关系重大的任何账簿、证件、信件、备忘录或其他记录。在美国任何地方或美国任何州的任何指定听证地点,均可要求该等证人出庭及出示上述记录。依据联邦证券法,证券交易委员会均可以申请相关美国地区法院执行其传票,不遵守法院执行传票的命令的,可能要处以蔑视法庭罪。而且,证券交易委员会的传票权并不剥夺其在法院的正常证据开示程序权。[1]

(二) 准司法程序

根据证券法,美国证券交易委员会可以采用两种类型的正式、准司法程序。第一种类型是相关人员可以申请某种类型的行政命令。常见的例子是依据《投资公司法》第17(b)条申请允许实施某些关联人之间的交易,申请延长《1934年证券交易法》第12(f)条项下的非上市交易特权。第二种类型的程序则由证券交易委员会本身发起。最常见的例子是吊销经纪—交易商在《1934年证券交易法》第15(b)(4)条项下的注册资格,以及根据《1933年证券法》发起停止令程序。

有关上述正式程序的流程,在制定法[2]及相关规则中均有说明,但是主要见于《证券交易委员会的行为规则》和《行政诉讼法》。无论是什么类型的程序,证券交易委员会首席行政法官通常要向每一方当事人发出听证通知,法官同时要确定听证的时间和地点。[3]

(三) 法定救济

1989年1月,证券交易委员会回应《1988年内幕交易与证券欺诈强制执行法》第3(c)条规定的指令,向国会提交了其就违法行为

---

[1] 参见[美]路易斯·罗思、[美]乔尔·赛里格曼《美国证券监管法基础》,张路等译,法律出版社2008年版,第1046—1056页。

[2] 如《1933年证券法》第8(d)条。

[3] 参见[美]路易斯·罗思、[美]乔尔·赛里格曼《美国证券监管法基础》,张路等译,法律出版社2008年版,第1057—1058页。

"扩大证券交易委员会寻求民事处罚或施加行政罚款"相关的建议，而且，国会根据证券交易委员会提交的《1989年证券法强制执行救济法》（简称《强制执行法》）通过了《1990年证券执法救济和小额股票改革法》。①

《强制执行法》通过使证券交易委员会以更加灵活的方式开展执法计划，创设了三种类型的司法和行政救济：①联邦法院和证券交易委员会可以就各类联邦证券违法行为给予民事罚款。②证券交易委员会有权签发"制止"令。③立法确认联邦法院有权禁止个人出任提交报告之公司的高管或董事。

1. 民事罚款

联邦证券制定法授权证券交易委员会可以寻求法院令，对违反证券交易委员会管理项下任何一部制定法或证券交易委员会制止令的人，给予民事罚款处罚。这些规定扩大了证券交易委员会早期在内幕交易背景下寻求民事罚款的权力，使证券交易委员会的该项权力扩大到小额股票市场欺诈性销售技术和价格操纵以及1987年市场暴跌期间出现的交易违法等行为。

2. 制止令

作为可选择的救济手段，与禁制令程序相互竞争，证券交易委员会享有根据联邦证券法寻求行政制止令的权力。制止令权力允许就违法行为采取快速救济行动，不需要首先求助联邦法院获得临时限制令，也不需要从联邦地区法院寻求其他异常紧急救济。根据制定法规定签署的命令，可以是临时性的，也可以是永久性的。与禁制令相比，行政制止令的一个明显优势在于不要求证券交易委员会证明未来很可能违法。

3. 公司禁止任职令

根据《1933年证券法》和《1934年证券交易法》，对于违反《1933年证券法》第17(a)(1)条或《1934年证券交易法》第10(b)条的人，若其行为"表明其确实不适合担任拥有根据《1934年证券交易法》项下注册之类别证券或需要根据该法第15(d)条款规定报备报告的发行人的高级管理人员或董事"，法院可以禁止或中止其担任该发行人的高级管理人员或董事。签署公司禁止任职令，不应解释为限制联邦法院就违反

---

① 104 Stat. 931.

证券法给予任何其他形式衡平法救济的权力。[1]

此外，联邦证券法授权证券交易委员会通过为履行法定职责确属必要的规则、条例。

美国证券交易委员会《执法手册》对其执法部的执法程序作出了详细说明。《执法手册》指出，执法部的任务是通过对潜在违反联邦证券法的行为进行调查并提起证券交易委员会执法诉讼，保护投资者和市场。执法过程中考虑的核心价值包括诚信、公平等。尤其是详细说明了包括传票、威尔斯提交程序在内的质询、调查、举报和相关实务指南，包括律师-客户保密特权和《海岸报告》[2]在内的特权与保护措施。

此外，证券交易委员会要与其他机构和组织之间展开执法协调，包括信息披露和获取请求，与刑事机关、公众公司会计监察委员会、美国食品和药物管理局之间的合作，向刑事机关、自律组织、公众公司会计监察委员会、州监管机关非正式检举。美国证券交易委员会宣布了新的鼓励公司与个人配合执法的方案，在修订版《执法手册》中重申了上述"海岸线因素"，并推出了新的"合作工具"，包括"合作协议"、"延期起诉协议"与"不起诉协议"。

《海岸报告》主要探讨上市公司在其内部人员有欺诈行为，尤其是财务欺诈行为时是否可减免责任，但实际上其适用原则与考量因素，已被适用到公司证券违法的方方面面。这些"海岸因素"与和解手段，也是我

---

[1] 参见［美］路易斯·罗思、［美］乔尔·赛里格曼《美国证券监管法基础》，张路等译，法律出版社2008年版，第1067—1068页。

[2]《海岸报告》确定了在雇员证券违法时公司可以得到执法部门信任，从而得到责任减免的四个方面考察维度：自我监督，包括建立有效的合规程序，尤其强调顶层管理人员遵守这些程序；自我报告，包括对违法行为的性质、程度、起因与后果实施迅速有效与彻底的内部审查，迅速且完整地将违法行为向社会公众与监管者披露；补救，包括处分违法行为人提升内部控制以及对受到负面影响的主体给予适当补偿；合作，包括将与违法行为有关的所有信息提供给证券交易委员会以及公司相应的纠正努力。经比较不难发现，上述标准与刑事追究和审判标准有不少相通之处。美国司法部办案指南所列决定不对公司提起刑事指控的因素，也包括与政府配合、主动披露违法行为、实施有效的合规程序，以及采取赔偿受害者、提升合规安排、处分违法行为人等补救措施。《联邦审判指南》也允许对于自愿披露违法行为并与执法机关配合的违法公司可以减轻处罚。转引自张子学《雇员证券违法引致的证券机构行政法律责任》，载桂敏杰总编《证券法苑》第九卷，法律出版社2013年版，第944—949页。

们执法实践中正在考虑的。①

二 我国的证券行政责任

(一) 证券行政处罚的权力主体

《行政处罚法》规定,行政处罚原则上由法律和行政法规规定。《证券法》第178条确定国务院证券监管机构依法对证券市场实行监督管理;第179条明确了该机构的权限,第180条赋予该机构对证券违法违规行为予以查处的各项权力。

(二) 证券市场行政处罚存在的问题

我国证券市场行政处罚存在的问题主要体现在以下几个方面。

第一,处罚的政策性强而连续性弱,处罚权威受损。我国行政处罚的政策性强,深层次的原因是监管机构一身多任而深陷角色冲突。② 不同时期的监管政策采取不同的处罚标准和尺度,导致处罚时宽时窄、时轻时重。证券市场理念在规范与发展孰轻孰重之间彷徨,混淆了规范与管制的区别。我国证券市场违规违法行为盛行,资本市场剧烈波动、局部风险频繁显露,无不昭示忽视规范、忽视处罚的连续性,将成为我们难以承受之重。此外,处罚的随意性和不确定性还有另外一层原因。只要公平被遗弃一次,违法违规逃避处罚的机会主义心理就将增加一分。这种重复违规交易的负面影响不容低估。

第二,行政处罚严重滞后,效果大打折扣。"迟到的正义非正义",过迟的罚单与过轻的罚单一样,都不足以起到应有的惩戒效果。

第三,行政处罚尺度不一,实体与程序存在偏废。具体表现在行政执法尺度不统一、不连贯,行政处罚程序欠妥,处罚权威受挫。

第四,执法资源配置不合理,违规成本过低。只要证券违规违法的收益大于违规违法的成本,就会有违规违法现象的不断发生。

第五,行政责任与民事和刑事责任设置不合理,过于倚重行政责任。有研究指出,在成熟市场中,内幕交易的民事、行政和刑事责任"三足鼎

---

① 参见张子学《雇员证券违法引致的证券机构行政法律责任》,载桂敏杰总编《证券法苑》第九卷,法律出版社2013年版,第944—949页。

② 相关问题分析,参见罗培新、卢文道等《最新证券法解读》,北京大学出版社2006年版,第393—402页。

立"，构成内幕交易法律责任制度的三大支柱，而我国的内幕交易查处过于倚重行政处罚，刑事问责的频度和力度不大，尤其是民事责任的欠缺，更是我国内幕交易有效规制的"短板"。① 行政责任承担过多的任务，角色错位。

（三）《证券法》关于行政处罚的规定

我国《证券法》第十一章专章以48个条文，规定了证券法律责任的行政、民事、刑事这三种形式。其中，40多个条文具体规定了对违法行为的行政处罚和行政措施。大量条文同时对行政、民事、刑事责任作出规定，存在三大责任的竞合。

然而，通过对证券交易委员会近年来作出行政处罚决定的相关法律依据和《证券法》法律责任条款可以发现，现行《证券法》中有部分法律责任条款使用效率不高，有些基本没有使用从而成为看似美丽却很少实施的"睡美人"条款。例如《证券法》第192条、第194条、第197条、第199条、第204条、第207条、第214条、第215条以及第78条。当然，现行法律责任条款从未被实际适用过的原因有多种，如该法律责任条款所针对的违法行为出现的概率较低，法律责任条款过于严厉而使人不敢触犯，执法应用的能力较低，或者该法律责任条款本身就存在缺陷而无法有效运用等。但对于这些实际应用很少或从未应用的法律责任条款，应当从各种角度以各种方式逐一分析，以建构既符合证券法理又有实际功效的证券法律责任体系。②

对此，《证券法（修订草案）》作出了一些回应，将48条法律责任条款增加到65条。例如，提高了各条款中的行政罚款金额；将第192条修改为："保荐人出具有虚假记载、误导性陈述或者重大遗漏的保荐书及其他文件，或者未履行持续督导义务的，责令改正，给予警告，没收业务收入，并处以业务收入一倍以上五倍以下的罚款；没有业务收入或者业务收入不足五十万元的，处以五十万元以上五百万元以下的罚款；情节严重的，并处暂停或者撤销相关业务许可。对直接负责的主管人员和其他直接责任人员给予警告，并处以十万元以上一百万元以下的罚款；情节严重

---

① 中国社会科学院课题组：《证券法律责任制度完善研究》，载桂敏杰总编《证券法苑》第十卷，法律出版社2014年版，第495页。

② 同上书，第499页。

的，撤销任职资格或者证券从业资格"；将第 197 条修改为："未经批准，擅自设立证券公司、证券合伙企业或者非法经营证券业务的，没收违法所得，并处以违法所得一倍以上五倍以下的罚款；没有违法所得或者违法所得不足五十万元的，处以五十万元以上五百万元以下的罚款。对直接负责的主管人员和其他直接责任人员给予警告，并处以十万元以上一百万元以下的罚款。对擅自设立的证券公司、证券合伙企业或者非法经营证券业务的机构，由县级以上人民政府会同国务院证券监督管理机构予以取缔"；删除了第 199 条；将第 204 条修改为："违反法律规定，在限制转让期内转让证券的，责令改正，给予警告，并处以十万元以上一百万元以下的罚款。对直接负责的主管人员和其他直接责任人员给予警告，并处以五万元以上五十万元以下的罚款"；修改第 215 条，增加规定"情节严重的，并处撤销任职资格或者证券从业资格"；将第 78 条修改为："禁止任何单位和个人编造、传播虚假信息，扰乱证券市场。禁止证券交易场所、证券经营机构、证券登记结算机构、证券服务机构及其从业人员，证券业协会、国务院证券监督管理机构及其工作人员，在证券交易活动中作出虚假陈述或者信息误导。各种传播媒介传播证券市场信息必须真实、客观，禁止误导。编造、传播虚假信息给发行人或者投资者造成损失的，行为人应当依法承担赔偿责任。"此外，《证券法（修订草案）》新增了大量有关行政责任的规定，避免无法可依。修订草案使行政责任制度设计更为科学合理，增加了法条的可适用性，加大了处罚力度。

第四节　证券市场法律责任及执法协调

一　树立证券民事责任、行政责任与刑事责任并重的观念

证券市场立法必须坚持证券民事责任、行政责任与刑事责任并重的观念。如前所述，我国现行《证券法》在法律责任设计上表现出重行（刑）轻民的特点。然而，最能确保投资者信心的法律责任是民事责任，只有民事责任才能直接弥补投资者损失。因此，民事责任制度理应在我国防范、惩治证券违规违法行为中发挥基础性作用。

强调立法者重视民事责任，并不意味着轻视行政责任和刑事责任的重

要作用。实际上，在证券违法违规频发和犯罪大案中，行政责任和刑事责任也会显得力不从心。例如，我国《刑法》第182条有关操纵证券交易价格罪的刑事处罚规定，在面对证券市场刑事大案时就遭到质疑，人们抱怨该条规定的刑事处罚过轻。为防止证券市场违法违规行为，必须进一步提高行政责任和刑事责任的力度，包括法定量刑幅度。

在我国证券执法和司法实践中，司法、执法机关也往往表现出重视行政处罚、轻视民事纠纷解决的思维模式。投资者就证券民事纠纷提起的诉讼，屡屡被法院驳回。最高人民法院还曾在2001年9月的司法解释中要求各级人民法院对涉及证券类的民事纠纷案件暂不受理。随后，最高人民法院于2002年1月15日出台了《关于受理证券市场因虚假陈述引发的民事侵权纠纷案件有关问题的通知》（以下简称《1·15通知》），要求相关中级人民法院开始受理虚假陈述民事赔偿案件。下一步要进一步扩大受案范围，除了受理虚假陈述民事赔偿案件之外，人民法院还应当受理其他证券类民事纠纷案件。不仅人民法院应当重视对证券民事纠纷案件的受理和审判，仲裁机构也应当重视对证券民事纠纷案件的受理和裁决。

鉴于我国目前对证券市场违规行为的行政处罚力度不够，违法成本过低，必须强化行政责任对违规行为的处罚、遏制作用。虽然《证券法》和《刑法》对证券刑事责任作出了较为详细的规定，但是启用刑事诉讼程序的案件屈指可数。证券市场监管机构与司法机关应当建立快速合作反应机制，切实提高证券市场中刑事责任手段的使用率。[①] 此外，还应当注意发挥自律处分的基础性作用。

二 三大责任并用与责任竞合

鉴于民事责任、行政责任和刑事责任有着共同的本质、相同的属性，均系根据诚信原则和诚信义务理论，制约和监督公司董事高管、大股东、证券经营机构、证券服务机构及其专业人员等私权力主体和监管机构及其工作人员等公权力主体行使权力，以在不同层面上保护投资者、维护投资者信心和市场诚信。民事责任、行政责任和刑事责任，很多情况下是根据违法违规行为的严重程度之不同而区分的，"数额巨大、后果严重或者有其他严重情节的"才构成犯罪。因此，各种责任之间往往存在竞合。由于

[①] 参见刘俊海《中国资本市场法治前沿》，北京大学出版社2012年版，第321—327页。

具体的违法违规行为存在类型差异，而且根据特定的交易关系，有的违规行为存在特定的受害人，但是有很多违法行为危害公共利益，未必有、也并不是非要找出特定的受害人。

故此，总体上对证券违法违规行为应当是三大责任并用，有时还可采取自律纪律处分措施。应处理好责任内容之间的衔接问题。首先是做好民事责任、行政责任、刑事责任之间的制度内容衔接。其次，做好同一证券法律责任的内容衔接，使其轻重适当、配置均衡。每一责任类型应自成体系，立法技术与功能设定相匹配。强化证券法律责任体系需要理性的制度设计。例如，从惩戒阻却违法者着眼，遏制证券欺诈的关键应是将责任承担主要配置给其最有可能的违法行为实施和受益者，诸如公司的董事和高管，这些人往往是违法行为的主谋和最大受益者。证券法律责任条款在设置时，应考虑其简洁、严谨、逻辑、清晰和条理等因素，要避免较轻行为处罚较重、较重行为处罚较轻的现象。例如，在现行的证券法律责任制度中，对《证券法》第188条规定的擅自公开发行证券行为的处罚，就重于第189条规定的以欺诈方法获得核准而公开发行证券的处罚，这很不妥当。①

关于责任竞合，《民法通则》《行政处罚条例》和《刑法》都有非常明确的规定。《民法通则》第110条规定，承担民事责任者需要追究行政责任的，应当追究行政责任；构成犯罪的，应当追究刑事责任。《行政处罚条例》第7条规定，受到行政处罚者，其违法行为对他人造成损害的，应当依法承担民事责任；构成犯罪的，应当依法追究刑事责任，不得以行政处罚代替刑事处罚。《刑法》第36条第1款规定，因犯罪行为使被害人遭受经济损失的，对犯罪分子除依法给予刑事处罚外，还应根据情况判处赔偿经济损失。可见，各种责任互代是不正确的。

当然，民事责任的发生不一定引发行政责任，反之亦然。人民法院不能以应当对违法者追究行政责任为由，驳回投资者提起的民事赔偿之诉。

关于民事赔偿金、罚款和罚金的顺位，《证券法》第232条明确了民事赔偿金的优位原则："违反本法规定，应当承担民事赔偿责任和缴纳罚款、罚金，其财产不足以同时支付时，先承担民事赔偿责任。"《刑法》

---

① 参见中国社会科学院课题组《证券法律责任制度完善研究》，载桂敏杰总编《证券法苑》第十卷，法律出版社2014年版，第490页。

第36条第2款也体现了优先承担民事赔偿责任的精神。

对于三大责任或者四大处罚措施之间可能发生竞合，应当坚持一事不二罚的原则。例如，《刑法》第180条对内幕交易罪规定了包括罚金在内的处罚；《证券法》第202条对内幕交易行为规定了行政罚款。《刑法》第180条规定的罚金与《证券法》第202条规定的行政罚款，即属于责任竞合。证券交易委员会授予的罚款应当折抵人民法院判处的罚金。在被告汪某某操纵市场案中，法院判决说明罚金可用行政罚款予以折抵。这说明，罚款与罚金原则上不重复科处。对于证券市场中的其他违法违规行为，发生责任竞合的，应当依此类推。《证券法（修订草案）》用第287条取代《证券法》第202条，改进了有关行政责任和刑事责任的规定，并以第92条增补了对投资者的赔偿责任。这样，内幕交易违规行为就存在三种责任竞合。

《刑法》第160条规定的欺诈发行罪与《证券法》第189条规定的欺诈发行行政违法行为也存在竞合。《刑法》第160条规定的犯罪要件，有"数额巨大、后果严重或者有其他严重情节"，考虑实践中我国证券市场最小规模的IPO融资额也远超500万元的数额巨大标准，可见欺诈发行罪与欺诈发行行政违法行为存在竞合。结合《证券法》第231条规定，可见第189条规定的行政违法行为均构成《刑法》第160条规定的欺诈发行罪。由此可以推出，《证券法》第189条并无适用空间。因此，《证券法》第189条应予以修改。也由此可见，要利用《证券法》修订的契机，重构包括《证券法》《刑法》在内的欺诈发行责任体系。

需要说明的是，《证券法（修订草案）》根据注册制的要求，在第270条对《证券法》第189条规定的行政处罚进行了技术性调整，但仍未解决与《刑法》第160条规定的欺诈发行罪之间的竞合问题。

《刑法》第160条规定的欺诈发行罪与第161条规定的披露、不披露重要信息罪之间也存在竞合问题。

此外，证券民事责任中违约责任与侵权责任之间也会发生竞合。关于契约责任与侵权责任竞合制度，我国《合同法》采取了请求权规范竞合说。根据《合同法》第122条，因当事人的违约行为，侵害对方人身、财产权益的，受损害方有权选择依照合同法要求承担违约责任，也可以依照其他法律要求承担侵权责任。因此，证券市场主体之间发生债务不履行与侵权行为之竞合时，除非依照立法目的只能运用特定法律规范，投资者可以自由选择对自己有利的法律依据。虽然《1·15通知》将因虚假陈述引起的证券民事纠纷案件通称为民事侵权纠纷案件，但是倘若存在合同关系，受害投资者可以选择提起违约之诉或者侵权之诉。①

三 证券民事诉讼的前置程序问题

《1·15通知》指出："人民法院受理的虚假陈述民事赔偿案件，其虚假陈述行为，须经中国证券监督管理委员会及其派出机构调查并作出生效处罚决定。当事人依据查处结果作为提起民事诉讼事实依据的，人民法院方予依法受理。"表面看，起草该规定有两大原因和动机：一是减轻股东的举证责任；二是最高人民法院当初曾坦承中国法院尚缺乏审理证券民事赔偿诉讼所需要的资源和技能。虽然如此，证券民事诉讼上述前置程序的设置在法理上确实站不住脚，因为承担民事责任的行为未必就应当接受行政处罚。设置这种前置程序也只能从现实需求中寻找动机和原因。设置这种前置程序的更深层次的原因，也许是保护我国上市国有企业，包括金融机构，以免这些对我国有重要意义的企业被外国投资者提起诉讼。因为，通过设置行政处罚前置条件，证券监管机构完全可以将是否处罚这些国有企业的权力控制在自己手中，从而达到控制外国投资者起诉我国上市国有企业之目的。

虽然2003年1月9日公布的最高人民法院《关于审理证券市场因虚假陈述引发的民事赔偿案件的若干规定》（简称《1·9规定》）将前置条件扩大为包括"人民法院的刑事裁判文书"，但是并不影响上述有关前置条件的分析。

问题还在于，有学者分析认为，目前我国证券虚假陈述民事赔偿诉讼制度的主要症结是有些法院在现实中没有公正、有效地执行证券法律实体和形式规则。现实中，出于审判能力不足和缺乏独立性等各种原因，法院在证券民事诉讼中的各个阶段都表现得非常糟糕，使得投资者在诉讼过程中需要"过关斩将"，严重影响了投资者提起诉讼的积极性。首先，很多法院在立案环节设置了重重障碍不愿受理，有时勉强受理但施加各种限制。其次，在立案后法院的审理时间通常非常漫长，以致很多原告无法支撑下去。再次，有些法院在判决时对于实体法的适用似乎带有倾向性地不

---

① 参见刘俊海《中国资本市场法治前沿》，北京大学出版社2012年版，第334—335页。

利于原告。最后，即使投资者苦苦等来了要求赔偿的法院判决或调解，执行环节又可能出问题。① 因此建议，现阶段无须废除前置条件，但应逐步扩大满足前置条件的处罚类型和范围；鉴于法院的地方保护主义和专业素质等问题，应允许投资者既可在被告公司的所在地起诉，也可在其上市地起诉。

四 尽快落实责任的争诉解决机制

"迟到的正义非正义"，快速、有效的证券责任争诉解决机制有利于保护投资者、维护证券市场诚信。为此，要打通六大争诉解决途径：友好协商、民事调解、行政调解、行政和解、仲裁、诉讼。从应然状态看，这六大争诉解决途径在运用数量上依次递减。尤其是，从根本上说，证券监管资源的有限性与证券市场执法需求之间的矛盾，是亟须引入执法和解制度的现实基础。

证券争诉问题的解决需要系列配套机制的支撑。例如，为应对投资者无力聘请律师的问题，可以建立投资者法律援助制度，设立小额证券诉讼基金；建立投资者协会，支持受害投资者提起诉讼等。②

在证券法律责任制度体系中，由于配套机制的缺乏，证券法精心设计的很多法律机制无法实现。以打击证券犯罪和防范系统性风险为例，要大力加强公安机关和证券监管部门之间的横向联系和协调配合，构建规范、有效的合作机制，共同构筑完善的防范体系。③

此外，举报制度的设计也有利于尽快发现和防范证券违法违规行为。《证券法（修订草案）》第263条规定："对涉嫌重大违法、违规行为的实名举报线索经查证属实的，国务院证券监督管理机构可以给予举报人奖励。国务院证券监督管理机构和证券交易所应当对报告人和举报人的身份信息保密。"

---

① 参见黄辉《中国证券虚假陈述民事赔偿制度：实证分析与政策建议》，载桂敏杰总编《证券法苑》第九卷，法律出版社2013年版，第977页。

② 参见刘俊海《中国资本市场法治前沿》，北京大学出版社2012年版，第348页。

③ 详细论述，参见刘俊海《中国资本市场法治前沿》，北京大学出版社2012年版，第258—320页。

第九章

诚信理论视角下的资本市场监管框架建构

第一节 金融监管机构设置模式及国别比较

一 金融监管模式选择的基本理论研究

(一) 监管模式选择的价值取向和原则

监管模式选择的价值取向通过平衡审慎监管与行为监管,实现金融监管改革的目标,即提高监管能力和效率。

金融监管模式选择的原则就是衡量金融监管框架和体系是否有效的七项标准:明确的目标、独立与问责、充足的资源、有效的执法、监管的包容性和全面性、成本效益、与所监管的行业结构是否契合。根据这七项标准和原则,可以得出以下结论:金融监管能力的提高是关键,金融监管体制的安排充其量是第二位的,改革监管体制本身并不能保证有效监管的自动实现;世界上不存在最优的监管模式,也不存在放之四海而皆准的万能监管模式;简单的双峰监管模式有助于提高监管效率;金融监管体制应实现无缝连接和全面覆盖;无论采取何种监管体制,都应强化对监管者的约束和问责;监管信息的沟通格外重要;监管体制的改革必须与时俱进、及时有效;对监管体制的任何改革都应自下而上地进行专业化的评估和诊断分析;监管体制改革是一项长期而复杂的系统工程,涉及多方利益的权衡、协调甚至妥协。

(二) 监管模式及理念的演进

各国金融监管体制安排主要有四种模式：机构型监管、功能型监管、统一型监管和双峰型监管。各主要国家的监管模式最先是机构型监管，典型的代表是分业监管，各类监管机构对金融市场的监管从审慎监管与行为监管两个层面着手。目前采用该监管模式的国家和地区有中国、中国香港特别行政区和墨西哥等。伴随现代金融市场跨业经营和多元化经营的趋势与以衍生品、互联网金融为代表的金融创新的不断出现，金融机构在功能上逐渐呈相互渗透与整合的态势，传统机构性分业监管的模式面临着规避监管、监管死角和重复监管的情形，同时对于按照分业模式设置的监管机构来说，也很难在金融商品复合化、金融集团综合化的条件下实施有效监管。于是，出现了功能型监管，将监管重点从机构转向业务或者产品，功能型监管模式将金融机构的业务行为划分为银行业务、证券业务、保险业务，每种业务分属不同监管机构负责。典型代表是巴西、意大利和西班牙。机构型监管以金融机构的身份分割为依据而进行监管分工，功能型监管则主要立足于各种金融业和产品的性质，而不论其提供者属于哪一类金融机构以及采取何种金融机构组织形式。功能性监管模式使金融监管更具连续性和一致性。机构型监管和功能型监管本质上都以监管对象为核心，属于对象监管。统一型监管模式有一个统一的监管机构来负责监管，典型的代表是加拿大、日本、德国、新加坡等国。此外，机构型监管与功能型监管相结合，统一监管与功能监管相结合的衍生模式是当前新的发展趋势。前者的代表是美国，实质上也属于分业监管模式；后者的代表是日本和韩国。德国虽然实现了统一监管，但其金融监管局下仍然设有各分业委员会，法国实现了银行和保险业的合并监管。最后出现的是以双峰型模式为代表的目标性监管模式，监管理念由监管对象转变为监管目标。目前，采用双峰型监管的主要有澳大利亚、荷兰和英国，西班牙、意大利和法国正在考虑是否采用该模式。

学理上，从不同角度出发，还有外部监管、内部监管和内外监管结合之分，以及规则监管与原则监管之分。

(三) 各种监管模式的优劣分析

1. 机构型或功能型分业监管模式的优缺点

机构型或功能型分业监管模式的优点包括：有监管的专业优势，监管目标明确，重点突出，监管力度较强；有益于监管竞争。该模式的缺点包括：各监管机构之间的协调性差，容易出现监管的真空和重复监管；从整体上看，各监管机构庞大，监管成本较高；不能综合评估混业金融机构的风险。

2. 统一型监管模式的优缺点

统一型监管模式的优点包括：有利于对金融控股公司进行监管；具有竞争中性；有利于问责；有利于节约监管成本从而取得规模经济效益；在监管目标和监管的手段上有一致性和协调性，可以防止监管的真空和交叉监管现象的发生；能有效地行使监管职责、及时了解不同业务之间的风险；灵活性、适应性较强，有利于金融业的金融创新；能高效利用专业人才、相关信息和基础设施。该模式的缺点包括：监管目标不明确，造成各目标之间失衡；有可能导致官僚主义；监管垄断造成多重无效，失去本来寻求的规模效益；协同效果有限，导致获得的规范效益小于丧失的规模效益；引起新的道德风险；在采取统一监管的变化过程中可能带来不希望的后果，或者存在不可预测风险，变化中的管理过程导致背离改革目标；可能给金融体系和经济增长带来更大的外部冲击和系统性风险，综合经营的风险容易被低估；立法过程被利益集团俘获；造成核心人员流失导致监管能力下降；等等。

3. 双峰型监管模式——一个理想模式

通过对分业监管模式与混业监管模式优劣的对比，可以发现理想的金融监管模式是双峰监管模式，这种模式具有灵活适应性，能够应对未来金融工具创新带来的挑战。与功能型监管模式相比，目标性监管模式的优势是通过对监管机构以及监管资源的整合提高监管效率，可以更好地应对由金融创新产生的监管真空，跳出了对于分业监管模式还是混业监管模式的争论，实现了两种监管模式的兼容。有学者认为 Taylor 及其支持者提出的双峰模式可能过于强调系统性风险防范和消费者保护这两个目标之间的区别，事实上这两个目标联系密切，长期来看具有很强的一致性。这正是双峰模式两种监管目标之间需要统筹协调的原因。上述不同模式的缺陷和优势，在各国实践中采取的金融监管模式中均有不同程度的体现。总之，金融监管体制只是为有效的金融监管提供了良好的组织架构与环境，本身并不能确保有效的金融监管。

(四) 诚信义务理论——双峰型两分模式的理论基础

诚信义务理论是认定金融监管理想模式为双峰两分模式的依据，旨在实现市场行为监管与审慎监管的平衡，并可适应新情况、应对新挑战，达到再平衡。根据诚信义务理论，金融机构的注意义务要求对其进行审慎监管，金融机构的忠实义务要求对其进行行为监管。政府实施金融监管是有范围和边界的，确定监管范围和边界的标准是在确保金融体系总体稳健的情况下，既要体现对金融机构金融创新和自主权的尊重，又要重视对交易者、金融消费者权益的保护。相应地，金融监管理念要体现出审慎监管与市场行为监管之间的动态平衡。然而，当前全球性的金融危机表明，多数金融发达国家的金融监管机构在两者之间并未形成较好的平衡关系。平衡关系的失调及其纠正思路也体现在两个方面。一方面，宏观审慎监管与微观审慎监管配置失调；另一方面，从行为监管来看，针对金融机构的行为合规性监管与针对消费者权益保护的职能配置也不平衡，重行为合规监管而轻消费者权益保护。英国、美国等主要国家的金融监管改革方向也体现了政府对审慎监管与行为监管的再平衡。从行为监管来看，监管边界正在将行为监管延伸到对金融产品本身的质量实施的产品监管。

二 金融监管模式的国别比较

2008年金融危机前后，在危机倒逼下，各国金融监管机构无论采取什么监管模式，改革的动向均体现着政府在金融监管中对于审慎监管与市场行为监管的再平衡。分业监管还是统一监管？分业监管越来越不合时宜，而统一监管又似乎无法克服这样那样的问题。无论如何，分还是合，成为各国监管无法回避而又挥之不去的问题。根据诚信义务理论，沿着审慎监管和行为监管两大主线，可以探寻英国、美国、德国、法国以及日本、韩国、澳大利亚、新加坡等国在2008年金融危机后金融监管改革的制度安排、规律、特征和趋势，为我国金融监管框架改革提供启示和借鉴。

（一）金融危机后美国的金融监管改革——双峰模式初露端倪

1. 美国金融监管改革的演变进程

次贷危机暴露出美国采用的分业功能型监管模式存在的严重弊端，美国政府随之对监管理念和模式进行根本改革。2008年3月公布了《现代金融监管架构改革蓝图》（简称《改革蓝图》），2009年又正式公布了金融监管体系改革"白皮书"，"白皮书"的改革力度较《改革蓝图》大为减弱。《改革蓝图》提出的短期改革建议是加强监管协调，中期改革建议是部分整合监管机构，长期改革建议以目标性监管为新的监管理念，建立以市场稳定监管、审慎监管和商业行为监管为三大支柱的监管体系，确保美国在全球金融市场的核心地位。"白皮书"几乎涉及美国金融领域的各个方面，从更加严格的消费者保护政策到对金融产品更为严格的监管，将游离于监管之外的金融产品和机构全部置于联邦政府控制之下，还就带来系统风险的非金融机构、接管陷入困难的大型金融公司以及建立国际监管标准促进国际合作作出规定。最终，放弃整合监管机构成立统一机构监管银行的设想，转而限制美联储的权力。

2. 最终立法

2010年7月美国总统奥巴马签署《多德-弗兰克法》。该法最终体现的美国金融监管改革，主要有两大支柱：有效防范系统性金融风险，防止所谓"大不容倒"的超级金融机构经营失败引发的新的系统性风险；充分保护金融消费者利益。在防范系统性风险方面，实施更加严格的审慎监管标准，尤其是对系统重要金融机构采取更加严格的审慎监管标准，同时针对不同机构之间的差别等相关因素，确定不同层次的严格标准。例如，针对总资产超过500亿美元的银行控股公司，美联储在风险资本要求、杠杆率、流动性要求、重整计划、信用开口报告、集中度、潜在资本要求、强化信息公开披露、短期债务限制和全面风险管理方面均建立相应的审慎性标准。此外，加强对外国金融机构的监管，对作为引发金融危机导火索的衍生品、信用评级机构、对冲基金和保险产品强化监管，强化对影子银行和场外衍生品的监管，加强对金融业高管的薪酬控制。在行为监管方面，限制银行自营交易和高风险的衍生品交易，实行"沃克尔规则"；在消费者保护方面，强制券商遵守诚信原则，要求制定相关法规。该法力图减少金融泡沫，有利于纠正经济结构中的实体经济与虚拟经济的比重，有利于调整产业结构。该法的缺陷是监管框架仍然保留银行、证券、保险分业监管的格局，对问题金融机构的事后处置非常严厉但对事前防范显得非常薄弱，改革总体上体现了政府扩权的冲动但对监管部门本身执法能力不足、监管不作为和监管失败的问责机制却几乎没有涉及。换言之，"谁来监管监管者"的问题成了新的改革盲区。

3. 对我国的启示和借鉴

美国认为目标性监管模式是未来的最优选择，并在审慎监管（系统性风险防范）和消费者保护两个方面作出了最大的努力。选择目标性的监管模式作为理想的监管模式,对我们有启发意义。尤其是《多德-弗兰克法》内容庞大、思路清晰,关于风险管理和投资者保护两大主题相关的改革措施非常详细,从宏观微观审慎监管和行为监管的具体措施以及庞杂立法系统中的立法协调技术来看,对我国应对金融创新和混业经营带来的挑战,在监管理念、思路、制度建设和立法上都极具参考价值。

(二) 英国的金融监管体制改革——双峰模式新的标杆

1. 英国金融监管模式的历史演变

20世纪70年代以前,英国金融监管采取的是金融机构自律,《1986年金融服务法》标志着英国金融业由分业经营向混业经营转变。《2000年金融服务与市场法》(FSMA)进一步明确了全能的金融服务局的义务和责任,使英国成为发达国家中设立统一全能金融监管机构、进行统一监管的第一个国家。FSMA的宗旨是维护市场信心、确保公众知情权、保护消费者和减少金融犯罪。

2. 金融危机后英国成为金融监管模式改革新的标杆

金融危机暴露了英国金融监管模式存在的问题,包括监管漏洞、引发系统性风险;以原则为基础的监管方法存在缺陷;统一的金融监管体制造成滥用权力和官僚主义;处理危机银行的相关立法缺失。为此,英国国会通过了《2009年银行法》,主要内容包括设立金融服务赔偿计划;设立特别救助机制,就困难银行提供维稳手段、破产程序和接管程序;扩大英格兰银行权力,新设金融稳定委员会。2009年还通过了《改革金融市场》白皮书,改革目的是加强金融监管以适应不断变化发展的市场;减少破产金融企业的影响;增强金融消费者信息;提高竞争力;加强监管队伍和国际监管框架。此外,还专门就控制系统性风险和加强金融消费者保护作出规定。财政部2010年发布《金融监管的新方法:判断、焦点及稳定性》,提出的改革内容主要包括设立金融政策委员会和审慎监管局,负责宏观和微观审慎监管;设立消费者保护与市场管理局,负责消费者保护和行为监管。其改革方向被《2012年金融服务法》继承,该法废除了金融服务局的监管职能,代之以审慎监管局和行为监管局,分管系统重要金融机构的审慎监管和行为监管的职权,行为监管局同时还负责对一般投资公司的审慎监管。在英格兰银行领导下的双峰监管模式正式确立,继澳大利亚之后,成为该模式新的标杆。

3. 对我国的启示和借鉴

英国最终选择以双峰模式为基础构建其监管框架,始终将审慎监管和行为监管分开考虑,英格兰银行负责总体宏观审慎监管,在其下单设金融政策委员会负责指导宏观审慎监管工作;对系统重要金融机构实施双重监管,即由英格兰下设的审慎监管局负责系统重要金融机构的审慎监管,而行为监管局负责系统重要金融机构的行为监管;此外,行为监管局还负责对一般投资公司统一进行微观审慎和行为监管。这种以审慎监管和行为监管为主线构建的金融监管模式框架,对审慎监管和行为监管时而分离时而统一,将双峰模式发挥得淋漓尽致,堪称双峰模式新的标杆,能够应对变化的金融市场,包括发展迅速的互联网金融市场所面临的各种问题,具有划时代意义的理论和实践借鉴价值。英国的金融监管改革特点趋势如下:改革统一监管模式,强化金融稳定监管;强调审慎监管,防范系统性风险;强调并突出金融消费者保护;加强国际合作,维护国际金融中心地位。英国将审慎监管的职责移交给央行是对统一监管模式的调整,以审慎监管和行为监管双峰模式为主线强化了监管整合的力度,是整合金融监管框架的绝佳案例和范本。在监管理念和措施上,给我们以启示:应当采取更加审慎性的监管,控制系统性风险,尤其是系统重要金融控股集团的系统风险,加强金融衍生品等金融创新的监管;扩大央行维护金融稳定的权力,维护金融安全;建立正式的工作联络机制,协调各监管机构的关系;建立金融业危险处理机制;保障金融消费者和投资者利益。

(三) 大陆法系德国和法国的金融监管改革——快步走向统一监管中对双峰模式的探索

德国金融业以全能银行为特征,一直坚持混业经营混业监管,2002年后走向统一监管模式,危机前就进行统一监管改革。危机后围绕加强风险管理、维护金融稳定采取的系列改革措施主要包括:组织来自金融机构、审计机关、行业协会和监管机构的专家代表组成风险管理小组,修改风险管理最低要求,要求金融机构严格进行风险压力测试;强化对投资者和存款者的保护,决定修改银行法和保险法,体现在资本充足率、杠杆比率、干预信贷和利润分配等方面;积极推进国际合作。德国金融监管改革满足了国内金融业发展的要求;在统一模式下提高了监管效率和国际竞争力;对混业监管的改革进程适应了欧洲一体化进程,建立了真正意义上的资本市场法。

法国从分业到统一监管的进程较德国相对缓慢。法国很长一段时期都秉持分业经营、分业监管的传统,在分业体制下,各监管机构的工作十分精细，由于80%的金融服务由银行提供，银行提供的金融服务包括存款贷款、投资保险产品等。2003年颁布的《金融安全法》以强化市场监管、保护投资者为宗旨，合并成立新的金融监管机构——金融市场管理局，具有监管和处罚双重职能，强化了对金融市场的监管力度。2008年金融危机后的法国金融监管改革主要内容有：进一步稳定金融市场，实行比以前更严格的措施；强化统一监管力度；启动非官方组织，将监管与自律结合，发挥调解、认证等中介机构的作用；倡导建立全球金融监管体系。尤其是机构改革将银行业和保险业的监管机构合并，走上了双重监管模式探索之路，增强了监管的统一性和协调性，将执行力不强的牵头监管模式转化为统一监管，在一定程度上填补了监管真空。德国与法国相比，央行在监管中作用不同，德国联邦银行与金融监管局密切合作，法兰西银行的行政权力强于合并成立的审慎监管局；法国走向统一监管的步伐更快。德、法两国金融监管改革给我们的启示是，德国有一整套法律制度为联邦金监局独立履行职责提供充分保障，保证金融体制的稳定与发展，监管独立性和专业性强；法国进一步突出央行的作用，体现出其审慎监管理念的导入，金融危机后，先将银行业和保险业的监管机构合并，置于法兰西银行监督之下，开始了双峰模式探索之路，值得我们借鉴。此外，法国重视非官方中介组织的协调作用，增强了市场主体的自治意识和自治能力。两国的统一监管趋势，也提醒我们应当适度推进金融监管模式向统一监管过渡。

三　国际金融监管改革的趋势和规律

（一）金融危机后国际金融监管改革的趋势特征

以金融危机为分界线，各国的金融监管较之前呈现不同的特征，各国均自觉、不自觉地围绕双峰监管的理念进行监管框架改革。转向新型双峰监管模式的英国，因多头监管弊端而向往目标性监管的美国，从分业走向统一监管的法国，显示以双峰监管为理念的统一监管已成世界趋势。

1. 加强金融业审慎监管以防范系统性风险

各国都开始意识到应当站在整个金融体系层面上考虑金融监管问题，监管方式方法和系统重要金融机构的道德风险引起各国注意。英国、美国、日本、韩国、德国、法国等均采取相关改革措施，探索统一监管和审慎监管结合之路，控制系统性风险。美国提出向澳大利亚学习，提出向双峰监管模式迈进；英国直接变成双峰模式的新贵；法国也向双峰模式迈出了实质性的一步。

2. 强调保护金融消费者，重建消费者信心

美国监管改革立法的一个重要目标是强调保护消费者利益，建立消费者金融保护局；英国改革白皮书指出金融机构应当进一步向消费者提高透明度，在存款保护方面也有相关规定，《2012年金融服务法》进一步将消费者保护的职责明确赋予行为监管局；日本的金融监管改革也体现出保护金融消费者利益的倾向，提出构筑值得信赖和有活力的市场。

3. 推出金融统一立法，重构金融监管框架

经过金融危机的洗礼，越来越多的国家针对本国法律进行调整，利用法律的权威规范金融市场的运行，明确监管目标。欧盟和20国集团均明确金融监管改革的核心之一是建立强有力的金融监管框架，并确定执行新的监管标准。

4. 金融监管国际化的趋势初露端倪

英美德法在重要的国际金融会议上纷纷表示将金融监管合作纳入国际金融监管框架，除欧盟外，经济合作与发展组织等国际组织也加强了成员国之间的合作力度，还发布了《高效金融监管政策框架原则》等，旨在强化以审慎监管为主的国际金融监管协调合作。

5. 危机驱动型金融监管改革之路

危机驱动改革已成金融监管改革的一大特征。危机驱动型金融监管改革针对的都是已经暴露出来的问题，往往疏于对金融监管长期效应和长期目标与理想应有状况的考虑。实现金融监管的长治久安，必须认识金融发展的规律。人类认识规律谋求发展是一个螺旋式上升的过程，不可能一蹴而就，金融监管和金融法制亦是如此。后发国家在金融监管改革中对金融监管规律会有更进一步的认识，同现有金融监管模式相比会更先进。认清危机驱动型金融改革之路，对研究危机后国际金融监管改革有指导意义。

（二）金融监管框架改革的反思——以双峰模式理念为基础的统筹协调之路势在必行

金融监管改革中必须面临分业还是统一监管以及具体监管方式的问题。研究发现，尽管各国（地区）都加强了市场监管，但并未形成多头监管或是统一监管的固定模式，两种模式各有优劣。美国、中国香港地区都保留了原有的多头监管，而英国和新加坡仍属于统一监管。同时，各国

家（地区）监管改革或多或少参考借鉴了双峰理论。美国、英国都设立了独立的审慎监管机构和行为监管（消费者保护）机构。澳大利亚和荷兰采用了双峰模式，英国建立起了具有自身特色的"准双峰"模式。新加坡则在统一金融监管监管下设立审慎监管部门和行为监管部门。① 可以发现，危机后各国统一监管和监管整合之路势在必行，而统一和整合监管的一个突出现象和规律是双峰监管理念发挥着越来越明显的作用，越来越多的国家自觉、不自觉地采取不同形态的双峰监管模式。

1. 澳大利亚

澳大利亚是双峰监管模式的典范。金融危机中澳大利亚的经济金融表现出的强大生命力和抵抗力，使其采用的双峰监管理论和目标性监管模式引起全球关注。同世界上许多国家一样，澳大利亚也经历了长时间的分业经营和分业监管状态。1998年澳大利亚政府在采纳《金融系统调查最终报告》建议的基础上，大力进行金融监管改革。按照不同监管目标，澳大利亚成立了两家监管机构，形成旗帜鲜明的双峰监管模式。新成立的澳大利亚审慎监管局以实现金融系统稳健运行为目标，负责金融机构的审慎监管和风险管理；另一家机构证券与投资委员会以实现消费者保护为目标，负责金融市场秩序和消费者保护。此外，澳大利亚储备银行负责各商业银行存贷款的发放，维护本国金融体系的稳定，预防并消除潜在风险，在商业银行破产不可避免时作为最后贷款人保证本国经济平稳运行。澳大利亚这种双峰监管模式有效运行的关键是两个相互密切联系的因素：一是各监管机构责任和目标清晰，对监管机构的作用进行明确区分，使监管重叠最小化；二是两大监管机构之间的协调机制，鼓励进行信息共享，并在履行监管和执法职能时相互合作。新西兰也在考虑采用双峰监管理念。

2. 英国

根据《2012年金融服务法》，审慎监管局和行为监管局分管系统重要金融机构的审慎监管和行为监管的职权。在英格兰银行领导下的双峰监管模式正式确立，继澳大利亚之后，成为该模式新的标杆。

3. 美国

2008年的《改革蓝图》提出以目标性监管为新的监管理念。《多德-弗兰克法》体现了这种双峰监管理念，在最大限度内作出了以审慎监管防

---

① 参见鲍晓晔《我国场外衍生品市场监管模式的困境与改革》，《求索》2015年第11期。

范系统性风险和保护消费者为核心的制度安排。可见,美国的多头功能性监管已经开始向监管机构更集中的目标性监管模式迈进。虽然英、美两国监管模式尚有很大差别,但是从发展趋势看,目标是一致的。尤其是在监管内容上,两国有共同点:整体看待金融体系、加强审慎监管和系统性风险控制、增强消费者保护以及加强国际监管合作等。

4. 荷兰

现行的荷兰金融监管体系主要是通过两次变革形成的:第一次变革是2002年由过去的分业监管模式演变为目标监管模式,即荷兰中央银行(DNB)负责稳定金融系统和对银行实施审慎监管,养老金及保险监管局(PVK)负责保险市场的审慎监管,金融市场管理局(AFM)则负责对整个金融体系中的各类主体,包括银行业、证券业、保险业中的行为进行监管。在具体操作方面,三家监管机构签订了协议,规定由 DNB 和 PVK 共同负责向银行及保险机构发放执照,由 AFM 负责向证券从业机构发放执照。第二次变革是 2004 年将 PVK 并入 DNB,至此改由 DNB 负责对整个金融体系进行审慎监管,而 AFM 继续负责对荷兰金融体系中所有市场主体的商业行为进行监管。

5. 区域统一监管模式和国际金融监管合作——审慎监管的国际舞台

审慎监管是区域统一监管模式以及国际金融监管合作的核心内容,体现在市场一体化进程中统一监管体系、统一监管机构、统一审慎监管标准、有效控制系统性风险和强化审慎监管国际合作等方面。

第二节 改革完善我国金融监管框架统筹协调机制的对策

一 我国现行金融监管体制的现状与问题

(一) 我国现行金融监管体制的现状

我国现行金融监管体制是在改革开放过程中随着金融业的改革和发展逐步形成的。目前的监管机构包括"一行三会",截至 2003 年成立银监会,中国完成了金融监管体制的改革和立法工作,建立了以行业为界限的严格分业监管体制。在这一体制中,中国人民银行主要职责是制定和执行货币政策，从宏观上维护金融稳定。而金融机构在银行、保险、证券领域的活动则分别由银监会、保监会、证券交易委员会进行监管。考虑到金融创新和混业经营趋势的影响，实际工作中不同监管主体之间存在监管职责交叉或监管空白，法律规定由国务院建立金融监督管理的协调机制，在中国人民银行、银监会、保监会、证券交易委员会以及财政部之间及时沟通信息、协商问题、协调政策措施。

我国目前的金融监管体制适应了当时进行金融体制改革的金融环境，对我国金融业的不断发展起到了很好的监督保障作用。这种以金融机构为监管对象的分业监管体制，在金融机构向混业经营方式发展时，立刻就暴露了它的局限性。为了协调处理这类新问题，银监会、保监会、证券交易委员会2004年6月28日签署了《在金融监管方面分工合作的备忘录》，初步建立金融监管方面的协调机制，明确三家机构要在工作中相互协调配合，避免监管真空和监管重复。但是备忘录并不能解决三家地位平等机构之间可能产生的工作推诿和相互扯皮的问题。为解决上述问题，2008年8月国务院批准《中国人民银行主要职责内设机构和人员编制规定》（即"三定"方案），明确了央行作为金融监管牵头部门的职责，要求央行会同"三会"建立部际联席会议制度，进行金融监管协调合作。但是这项制度依然具有其操作的局限性，关于建立金融监管协调机制的细则问题并没有得以解决。

（二）我国现行金融监管体制存在的问题

"一行三会"的金融监管模式，体现了我国机构监管和功能监管相结合的监管思路。这种金融监管模式主要存在以下几个问题。

1. 金融监管法律体系不健全

首先是监管制度存在缺陷。随着"一行三会"的建立，各监管部门在各自的领域颁布了大量的规章制度，但却各成体系，造成部分政策的重叠和缺失。部分规章制度已不能适应当前金融发展的需要，缺少对金融监管机构的权力制约，甚至存在区域差异化的问题。各制度间还存在规则不协调的缺陷，如一些下位法没有根据上位法的变化及时修订或废止，导致下位法与上位法冲突等。其次，立法层次和操作性不够。目前，金融规章大部分由各监管部门颁布，国务院制定颁布的较少，全国人大及常委会通过的金融法律更是罕有。在实践中，部分制度过于原则化，缺失实施细则，使其可操作性降低，无法付诸实施；部分制度缺乏相应的监管措施或法律责任，执行的有效性不高；部分制度没有及时向社会公布，透明度较低，实施效果较差。最后，立法相对滞后。现有的大部分金融监管制度是多年前制定的，无法紧密结合市场的特点和金融机构的特性，导致与金融业的发展现状不匹配，也与新形势不适应。

2. 金融宏观审慎框架不完善

目前，我国在金融宏观审慎监管方面存在不足，具体表现如下：第一，监管机构的权限受到约束，在"一行三会"的模式下，中国人民银行作为我国的宏观审慎监管机构，其权力范围受到较多约束和限制，不能总揽全局，影响了宏观审慎监管目标的实现；第二，监管体系在逆周期的监管上存在缺陷，无法应对金融全球化发展背景下开放型经济运作带来的大规模资本流动，不适应当前经济高速发展的需求；第三，防范系统性风险的能力不足。在现行分业监管体制下，虽然人民银行具有防范、化解系统性风险和维护金融稳定的职能，但是缺乏相应的手段。从处置系统性金融风险的方式来看，人民银行处置成本非常高昂，而且容易导致金融机构的道德风险。防范系统性风险与宏观审慎监管分析模型、政策工具密不可分。但是，目前我国在此方面的研究较为滞后，无法准确判断并把握宏观经济形势和风险。同时，我国尚未建立衡量金融市场发展状况的宏观审慎监管指标体系。在宏观审慎监管的实施工具方面，我国的发展也比较落后，无论是在逆周期风险的抑制方面还是宏观审慎工具（包括逆周期资本缓冲、杠杆率工具及动态拨备制度等）的研发方面都处于起步阶段。

3. 分业监管模式的缺陷

现阶段，我国金融监管采取的是分业监管模式，有助于各监管部门对各自的领域进行监管，暂时符合我国金融业的发展现状。但是，随着我国市场经济体制的日趋完善，金融创新日新月异，一些金融控股公司在我国相继成立，银行、保险、信托、证券等行业的相互渗透和混业经营的趋势越来越明显。在此种模式下，分业监管的弊端日益明显。目前，各监管部门在实际监管中各司其职、自成体系，信息沟通不足，共享机制不完善，经常导致监管过程中出现多头、脱节或摩擦的情况，甚至形成监管"真空"。同时，分业监管模式切断了资本市场与货币市场、国内市场与国际市场的联系，使得国内金融市场的业务画地为牢。虽然这在一定程度上阻止了国际金融危机的渗透，但是也阻碍了国内金融市场的发展，导致金融创新不足。

可以说，我国目前的金融监管体制不适应金融业发展混业化、集团化的发展趋势和互联网金融等金融创新，也与国际金融监管已形成的集中监管趋势相背。因此，我们应当借鉴国外金融监管体制改革的成功经验，进一步改革我国的金融监管体制，适应现代金融市场发展的需要。

二　改革我国金融监管框架的理论基础、必要性和可行性

（一）改革我国金融监管框架的理论基础

对我国的分业监管模式进行改革和整合，其理论基础包括符合成本效益原则、防范系统性风险的要求、保护消费者、避免监管缺位。而且，在世界各国整合金融监管体制的总体趋势下，我们的金融监管框架和模式改革应当总体坚持简单化原则。金融危机后，国际监管组织和世界各国金融监管改革的主要思路是，面对日益复杂的金融体系，金融监管框架应该不断扩展和细化。经过理论分析和实证检验，可以认为，通过提高金融监管的复杂性应对日益复杂的金融体系成效不大，相反，不断趋于复杂的金融体系可能更需要简明有效的金融监管来加以应对。

（二）改革我国金融监管框架的必要性

金融监管体制模式要反映金融业的发展和结构。随着金融商品、服务和市场的进一步发展，以影子银行、金融衍生品和互联网金融为代表的金融创新不断出现，金融市场改革不断深化，混业经营模式进一步扩大，金融控股集团公司日益壮大，客观上要求我们必须构建一个能够适应现代金融市场发展、维护国家金融安全的监管模式。我国传统的分业监管框架模式与金融行业混业发展的矛盾日渐突出。具体而言，改革我国金融监管框架模式的必要性体现在如下几个方面。

（1）国内金融行业混业经营趋势日益明显，事实上已经出现集团式、银行控股模式及实业企业控股式的金融控股公司，已经超越了相应的法规制度和监管范围，对分业监管体制提出了挑战，实践的发展呼吁对监管体制进行改革。

（2）以金融衍生品和互联网金融为代表的金融创新倒逼金融监管，监管空白和过度监管并存。互联网金融、交叉性金融产品、金融控股公司等新型金融业态和新型金融工具层出不穷，监管责任划分变得更加困难，从而留下监管空白地带。同时，行业监管部门出于本位主义，往往会出现监管过严造成金融服务供给不足，或者监管掩盖导致金融市场无法正常出

清，阻碍金融业的发展，影响我国金融业竞争力的提高。①

（3）央企实施产融结合的战略，涉足综合性金融业务。同一般的金融控股公司不同，产融结合形成的金融平台面临的系统性风险可能性更大，会影响到我国的金融安全。在这种背景下，整合监管势在必行。

（4）个人理财产品业务的快速发展。数量和规模急剧膨胀的各种个人理财产品将银行、证券、保险和信托等行业的金融机构联系起来，金融产品和服务已经走向整合。为满足个人投资者的需求，控制金融行业的系统性风险，维护国家金融安全，整合监管势在必行。

（5）单纯的分业监管模式无法对外资金融机构实施有效监管。越来越多的外资金融机构进入我国，主要的外资金融机构都采取集团化综合经营模式，我国的分业监管模式已经无法对其实施有效监管。尤其是随着我国金融市场开放的推进，对外资金融机构的系统性风险防范和控制问题越来越成为我国金融监管的重中之重。

（6）频繁显露的局部风险和严重的金融腐败现象倒逼金融监管改革。我国近来频繁显露的局部风险特别是近期资本市场的剧烈波动，以及金融领域存在的金融企业层面和金融监管层面的严重腐败现象，充分显示我国金融监管框架存在着不适应我国金融业发展的体制性矛盾，是我国金融监管改革的重要驱动力。

---

① 互联网金融创新对监管带来巨大挑战，但是应当在发展中加强引导和监管。《中国证券报》2015年9月7日报道："恒生公司、铭创公司、同花顺公司开发具有开立证券交易子账户、接受证券交易委托、查询证券交易信息、进行证券和资金的交易结算清算等多种证券业务属性功能的系统。通过该系统，投资者不履行实名开户程序即可进行证券交易。恒生公司、铭创公司、同花顺公司在明知客户经营方式的情况下，仍向不具有经营证券业务资质的客户销售系统、提供相关服务，并获取非法收益，严重扰乱证券市场秩序。恒生公司、铭创公司、同花顺公司的上述行为违反了《证券法》第一百二十二条的规定，构成《证券法》第一百九十七条所述非法经营证券业务的行为。根据当事人违法行为的事实、性质、情节与社会危害程度，依据《证券法》第一百九十七条的规定，证券交易委员会拟决定对恒生公司、铭创公司、同花顺公司及相关责任人员依法作出行政处罚。"应同花顺公司邀请，笔者就此处罚提出意见，认为同花顺公司第三方交易软件（含手机炒股软件）服务业务和第三方信息接入业务是互联网金融密切相关的信息技术服务，符合时代潮流和中国当下经济发展趋势和政策规定，应当加强引导和监管，而不是禁止。证券交易委员会对同花顺公司作出的"非法经营证券业务"行政处罚，就场外配资和"在明知客户经营方式的情况下，仍向不具有经营证券业务资质的客户销售系统、提供相关服务"而言有其合理性，同花顺应当作相应的改进。但是就向有资格的券商提供服务而言，并不违法。

(7) 整合监管符合大金融体系的要求。大金融理论特别关注大金融体系对实体经济的影响。在大金融体系中，统一监管有利于统一监管要求，更有效地配置资源，而且有利于避免监管重复和交叉监管，从而减少协调成本。

(三) 改革我国金融监管框架的可行性

1. 一步到位确立我国的金融监管新模式

根据各国整合监管的趋势和规律，借鉴各国成功的经验，结合我国金融市场发展的现状和特殊性，利用后发优势，选择采纳最理想的双峰监管理念作为改革我国金融监管框架的根本依据，争取一步到位。这样，可以使我国的金融监管框架具有一定的前瞻性，更好地适应以创新为特征的金融市场的变化。

2. 符合我国建立大部制的行政改革目标

遵循大部制改革战略，建立统一的金融监管框架更能回归我国的现实国情。参照英国、美国、澳大利亚的模式，兼采众长，未来我们可以合并银监会和保监会，新设审慎监管委员会和金融消费者保护委员会，分别负责系统重要金融机构的审慎监管和行为监管，保留证券交易委员会继续负责一般投资公司的微观审慎和行为监管，同时扩大央行对宏观审慎监管的监督权，强化央行的统筹协调功能。我们的这种新型双峰监管模式，在有效统筹协调的情况下，可以实现对日新月异金融创新产品的全覆盖，提高监管效率。

3. 具备建立新型双峰监管框架的法制基础

为了应对现实中金融混业格局下的监管要求，加强对金融综合经营的监管，监管部门一直在不断起草相应的法规，完善金融监管法规制度体系，为我国建立双峰监管框架奠定了充实的法制基础。

4. 地方金融办和自贸区改革的兴起

2009年北京市金融工作局正式挂牌，原北京市金融办不再保留。这种地方政府发起的改革，加上自贸区进行的金融监管改革，可以成为我国推动金融综合监管体制改革的实验区，标志着金融监管新格局正式开启。

三 改革我国金融监管框架的模式选择、策略和结构

(一) 改革我国金融监管框架的理想模式选择——双峰监管模式

根据金融监管的诚信义务理论，双峰监管模式是我国最理想的金融监管模式，可以说这是我国金融监管框架改革的战略问题。构建我国双峰监

管框架，需要解决以下两大问题：第一，按照双峰监管理念，通过合并银监会和保监会，设立审慎监管委员会和金融消费者保护委员会，如何在两者之间进行有效协调的问题；第二，审慎监管委员会的宏观审慎监管职能与央行的货币职能、宏观审慎监督职能如何统筹协调的问题。

（二）改革我国金融监管模式的策略反思和路径选择

1. 改革我国金融监管模式的策略反思

金融创新是市场经济发展到一定阶段的产物。从英、美等国几百年的金融发展历史看，我国的金融市场尚处于发展初期。我国的金融市场主要不是源于自发的自由市场制度环境，而处处渗透着政府的意志和政策主导，这是与西方金融市场最根本的区别。事实上，从实际层面看，由于各国金融系统的复杂多样性，各国金融监管的体制模式也有很大差异，迄今世界上并不存在一个公认的普适的最佳金融监管模式。关键在于应按有效金融监管的要求，根据自身国情选择适合于本国的监管体制。同时，金融经营体制与监管体制不是一一对应的关系。实行分业经营的国家可能实行混业监管，混业经营的国家也可能坚持实行分业监管。一国经济和金融制度的发展、演变过程及最终模式选择，受该国的历史、文化传统和政治背景的影响很深，因而构建我国的金融监管体系要充分考虑我国的国情，不能简单照搬其他国家的做法。我国金融业分业监管和经营是在监管体系尚不健全、风险控制尚不完善条件下的一个特定阶段，混业监管和经营则是成熟金融制度下的必然选择。当前，虽然我国经济发展水平与发达国家相比尚有差距，各项法律制度尚不完善，缺乏运用分散金融风险工具的经验，监管的综合性技术人才匮乏，素质相对不高，但随着我国改革开放的深入和各方面监管能力的提高，随着金融控股集团公司混业经营趋势的加强和互联网、衍生品等金融创新对分业经营带来的根基性破坏，随着风险传播的加快，分业监管的模式在事实上已经难以为继。"金融监管-金融创新，放松管制-再监管"这一动态博弈是金融业发展进步的一个辩证规律。整合监管体制已经成为历史的选择。

2. 改革我国金融监管模式的路径选择

围绕如何改革和完善我国金融监管框架的历史任务，首先要确定最终的理想模式——中国特色的创新型双峰监管模式。其次，从具体路径上，可以分步分阶段实施全国系统的双峰式金融监管框架。可以从地方性金融监管和自贸区金融监管体制改革开始率先突破，并探索经验；而且我们可以在全国范围内率先在目标相对集中明确、法制相对健全而且西方经验相对更加成熟的消费者保护领域整合行为监管框架，先合并各金融业的保护性监管部门（证券交易委员会除外），成立全国统一的金融消费者保护委员会。关注如何在加强审慎性风险管理的同时，允许而不是阻碍金融机构创新，塑造多元的金融市场主体并培育消费者的金融消费能力。相应地，进一步完善保护金融消费者层面的大量市场交易规范。最后，再利用地方性或实验性监管体制改革的经验，金融消费者保护监管框架改革的经验，以及对互联网金融监管框架建构的实验结果，通过法律机制建设将这些经验固定下来，从整体上完善我国的金融监管框架。

（三）我国金融监管双峰模式的构成说明

我国的新型双峰监管模式可以综合借鉴英国、澳大利亚的双峰模式和美国的功能型监管模式的架构。按照英国和澳大利亚的经验，分别设立审慎监管委员会和金融消费者保护委员会；设立综合性的金融消费者保护委员会也是美国的做法；按照美国的经验，保留证券交易委员会，证券交易委员会享有执法权和准司法权，负责非系统重要金融机构的审慎和行为监管。保留证券交易委员会的依据还包括证券交易委员会监管的金融业务主要在集中的交易市场（证券和期货交易所）进行，金融活动更加集中，主要功能是为企业募集资金，而且只对不会带来系统性风险的非系统重要金融机构进行监管，系统重要金融机构的宏观审慎监管和行为监管则分别由审慎监管委员会和金融消费者保护委员会负责。财政部继续履行其原有职能，并在职权范围内与审慎监管委员会、中国人民银行共同协调监管整个金融业。对中国人民银行要扩权，赋予中国人民银行对审慎监管委员会行使监督协调权。当然并不是说中国人民银行不再进行金融监管职能，中国人民银行在其相关职能权限内还应当对可能产生的金融风险进行监控并采取相应措施。

在完善的新型双峰监管体制架构内，为了更加适时、有效地监管金融业，审慎监管委员会、中国人民银行、财政部之间还应当建立完备的信息沟通与交流机制，协调各方及时采取恰当行动。在新型双峰监管体制之下，审慎监管委员会应是完全的监管执法机构，与央行合作，负责对监管对象进行审慎监管，在行政监管执法中主要注重市场准入管理和日常技术性监管，以避免发生行业性普遍违规行为。为了应对行政监管执法带来的行政纠纷，减少由于金融业快速发展伴生的大量行政诉讼，可以考虑在金融消费者保护委员会下设立金融申诉委员会。而为了对审慎监管委员会的行政监管执法情况进行监督，并对一切违法、违规主体及人员依法进行处罚，有必要对审慎监管委员会进行行政约束。为此，可以赋予中国人民银行行使该职权，履行金融再监管职能。同时可以借鉴英国做法，设立金融服务和市场特别法庭，促使金融消费者保护委员会认真依法进行监管，提高金融监管甚至整个金融业的法制水平。该法庭主要审理发生在金融消费者保护委员会与被监管机构之间且经双方协商难以解决的问题。金融法庭在英国的运作相当成功，在行使司法裁判权和规范统合监管机构的市场滥用方面取得了显著成绩。也可以考虑将审慎监管委员会作为中国人民银行的内设机构。

我国金融监管双峰模式的具体组织架构如图9-1所示：

央行
全面统筹协调，负责保护并提升国家金融系统的稳定性，与其他监管机构包括财政部、发改委、审慎监管委员会共同合作；央行的特别部门负责通过特别决议制度化解破产银行危机；央行的特别部门根据审慎性监管例外原则开展国际金融监管协调合作

统筹协调并监督审慎性监管工作

审慎监管委员会
负责对系统重要金融监管和金融控股公司（包括商业银行、保险和大型投资公司）的审慎性监管，确保其稳健发展，包括将其失败带来的冲击降至最小以提升金融系统的稳定性

金融消费者保护委员会
负责对系统重要金融监管和金融控股公司（包括银行、保险和大型投资公司）的行为监管，旨在提升金融系统的公信力，具体措施包括促进金融服务效率和可选择性，保证一定程度的适当消费者保护以及提升金融系统的统一性；内部设纠纷申诉专员委员会（ADR）

统筹协调并监督审慎性监管工作

统筹协调并监督行为监管工作

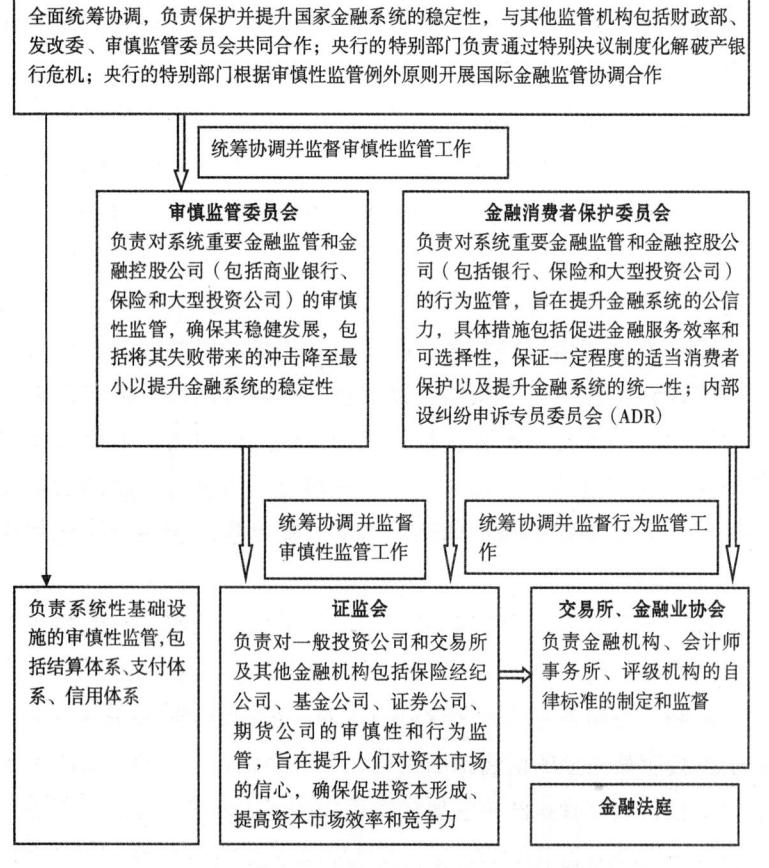

负责系统性基础设施的审慎性监管，包括结算体系、支付体系、信用体系

证监会
负责对一般投资公司和交易所及其他金融机构包括保险经纪公司、基金公司、证券公司、期货公司的审慎性和行为监管，旨在提升人们对资本市场的信心，确保促进资本形成、提高资本市场效率和竞争力

交易所、金融业协会
负责金融机构、会计师事务所、评级机构的自律标准的制定和监督

金融法庭

图9-1 我国基于双峰模式的理想金融监管框架结构

四 我国金融监管框架的统筹协调机制

在上述总体金融监管框架结构下，我国应当探索构建更高层次的监管协调机制，逐步出台金融监管协调方面的法律规章，加快金融监管协调配套制度建设。具体包括以下层面的统筹协调。

（一）审慎监管委员会与金融消费者保护委员会之间的协调合作

审慎监管与行为监管相互形成密切的协调关系，是诚信义务理论的要求。我国双峰模式的选择，要通过法律对审慎监管委员会与金融消费者保护委员会之间责任和目标进行明确的区分，以使监管重叠最小化。与此密切相关的是，要在审慎监管与行为监管之间建立协调机制，鼓励审慎监管委员会和金融消费者保护委员会主动共享信息，合作履行监管和执法职能。这种协调主要是非正式的、自愿的、合作性质的，多取决于软法而非正式的法律规定。协调机制应当灵活，以适应各种情况，在两大监管机构之间要形成一种相互信任的文化，彼此认同协调工作中的集体利益，使各自有效履行自己的职责。两者之间的职能、责任和履职效果是内在联系在一起的。这种有效的协调关系是双峰模式有别于其他模式的最大特点，还可避免监管目标上存在的利益冲突。双峰模式具有稳健性，富有弹性，便于操作管理，与国际标准有很高的契合度。同其他各种模式一样，双峰模式要注意问责制的落实，要注意资金来源、监管技能和监管工具，要注意监管竞争目标的再平衡，而且要注意改进实施新法规的过程。以上两个委员会之间的监管协调主要是针对与系统重要金融控股公司相关的监管。审慎监管委员会要搞好宏观审慎监管与微观审慎监管之间的协调，统筹协调并监督证券交易委员会对非系统重要投资公司的微观审慎监管工作；金融消费者保护委员会则应当就非系统重要投资公司的行为监管搞好与证券交易委员会之间的协调，保护投资者的权益。

（二）央行在统筹协调金融监管中的牵头作用

央行要负责系统性风险相关的审慎监管，全面负责统筹协调与审慎监管委员会、财政部、发改委等相关部门之间的工作关系，尤其是货币政策与宏观审慎监管之间的统筹协调；负责通过特别决议制度化解破产银行危机；负责根据审慎监管例外原则开展国际金融监管协调合作。央行的货币政策职能属于金融监管的重要内容，央行对货币和信用供给的控制，实际上是对整个社会宏观信用的管理，是金融监管诚信义务理论在货币信用领域的应用，确保国家金融安全和稳定是央行对整个社会和金融系统承担的忠实和注意义务。货币政策与宏观审慎政策之间的协调是一大难题。央行要利用货币和信用的价格即以利率和汇率为中心的金融价格体系，统筹协调宏观金融安全稳定与审慎监管之间的关系，防止信用和金融脱离服务实体经济的轨道。

关于宏观审慎监管政策与货币政策的协调。在宏观审慎监管政策讨论中，政策层面如何设计其与货币政策的关系是个重要问题。至少在特殊情况下，货币政策的目标应该要超越只以宏观经济稳定为目标的范围。银行资本充足率和杠杆率是控制风险和贷款总额的关键因素。央行和审慎监管委员会必须重视利用现代科技，包括大数据技术，加强对全国系统性金融风险的分析和管理。

关于常态下金融监管法律机制建构与非常态下法律机制建构的结合，应当将常态下的金融监管法律机制建设与金融危机和恐怖袭击突发事件等非常态下的法律机制建设结合在一起。对陷入困难的系统重要金融机构的救助，也是金融监管框架的必要组成部分，央行在这一方面应当牵头。诚信义务理论同样适用于金融纾困行动计划。

(三) 自律与政府监管之间的协调

辅助政府监管机构防范系统性金融风险是行业自律的新价值，自律行业新价值的最大特点是"嵌入式"。这种形式的行业自律试图促进金融机构治理自由与追求合法利润的平衡，目的是提高金融机构遵守监管规范、增加公共利益的能力。因此，要注意搞好行业自律与政府监管之间的协调，组建统一的金融业自律组织，强化交易所、各金融业协会、会计师协会等自律组织的自律监管，将评级机构、会计师事务所等纳入统一框架。增强以防范系统性金融风险为主要目的的金融业自律，是政府监管的必要补充。自律组织也应当接受政府的监督。金融业自律还要求搞好金融机构内部风险控制与外部监管之间的协调。

(四) 行业执法与司法之间的协调

德法并治是诚信义务理论的应有之义。一方面，监管是对法律不完备和司法的必要补充，因此，证券交易委员会被授予了准司法权，新组建的金融消费者保护委员会也应当被授予一定的准司法权；另一方面，司法是监管的必要组成部分，监管是否有"牙齿"，在很大程度上取决于是否能够通过法院获得救济。监管与司法必须协调统一，这也是应当专门设立金融法庭的理由和原因。监管救济必然是行政、刑事和民事手段并用，而且还辅之以自律救济。

五 金融反腐倡廉制度建设

反腐倡廉是金融领域的永恒话题。2004年对美国参议员20世纪90年代进行的股票交易结果展开的一项研究表明，有些参议员获得而且使用公司的重大非公开信息进行该公司的股票交易。政府内幕人员交易应当被视为一种公共腐败，同样，公司内幕人员交易也应当被视为一种私人部门的腐败。[①] 因此，如果认为有理由反对政府内幕交易形式的公共腐败，那么也同样有理由反对公司内幕交易形式的私人腐败。为了应对上述国会议员根据被选举的职位获得的非公开信息进行内幕交易，美国2012年通过了《禁止国会知情交易法》，该法将性质决然不同的公司法中形成的诚信义务关系移植到纳税人与国会之间的关系中。这种关系同样适用于政府雇员。按照盗用理论，该法同样应当适用于政治情报交易者等外部人员。[②]

根据诚信义务理论，金融监管无外乎就是金融权力治理，包括金融机构内部的私权力治理和金融监管机构利用公权力对金融机构私权力的制约、监督。这也是按照私权力治理（保护性监管）和公权力治理（审慎监管）两个层面展开研究的根本原因，而且金融监管模式选择的本质是监管公权力的配置和协调问题。"有权力就会有腐败，绝对的权力绝对会腐败。"金融反腐制度建设，是改革金融监管框架的应有之义。为此，我国要展开两个层面的金融反腐，一是金融机构本身内部的腐败，二是金融监管机构工作人员和领导存在的腐败。这也是选择双峰模式的理论依据之一。与建立一家综合统一的监管机构相比，双峰模式有利于实施分权、相互监督。中国特色的反腐倡廉，其特征是党委和纪委在纪检方面有特色的工作，嵌入党风廉政建设的党内自律，对中国特色金融监管框架相关的金融机构反腐和金融监管机构反腐制度建设具有指导意义。

[①] 可以将反对政府内幕交易腐败作为将公司内幕交易视为私人部门腐败予以反对的一种原因。

[②] Stephen M. Bainbridge ed., *An Overview of Insider Trading Law and Policy: An Introduction to the Insider Trading Research Handbook*, Edward Elgar Publishing Ltd., 2013, p. 22.

六 我国金融监管国际协调合作机制

国际金融监管界逐渐确立了宏观审慎与微观审慎相结合的金融监管新理念，并得到世界各国的大力支持和积极实践。审慎例外原则作为国际金融监管的基本原则，在各种国际金融协议和条约中均有体现。因此，国际金融监管协调合作也是我国金融监管框架的重要组成部分。国际合作监管是宏观审慎监管的长期追求。通过对英美等国和地区已有的金融审慎监管制度的设立、运行和实效进行比较和分析可以发现，我们应该在更广阔的视角下实施宏观审慎监管，关注的重点是金融服务实体经济的法律制度安排，国际金融协调合作的趋势，我国"一带一路"战略实施过程中人民币国际化和亚投行相关的金融监管国际协调合作，金融监管立法国际协调合作的理想模式，在国际金融立法协调合作中的话语权等。

第三节 证券监督管理机构

本节探讨独具特色、功能多样的证券监督管理机构之监管，借以说明我国未来金融监管框架下保留证券监督管理机构的原因。

一 证券监督管理机构监管概述

党的十八届三中全会审议通过《中共中央关于全面深化改革若干重大问题的决定》，指出"经济体制改革是全面深化改革的重点，核心问题是处理好政府和市场的关系，使市场在资源配置中起决定性作用和更好发挥政府作用"。具体到证券监管，就是要处理好政府监管与自律监管之间的关系，处理好实质监管与形式监管之间的关系。

证券资本市场广义的监管主体包括政府监管部门和公众组织，狭义的监管主体仅指政府监管部门。自律已经在第七章讨论，本节仅探讨狭义政府监管。政府监管的目的在于通过信息披露，制约、监督拥有不对称优势信息的各种主体的权力运行，惩罚市场违法违规行为，保护投资者，维护公众的市场信心、市场诚信和市场秩序，防范系统性风险。

我国的证券监督管理体制经历了由多个机构共同监管到由一个专门机构集中监管的演变历程。《证券法》第7条规定："国务院证券监督管理机构依法对全国证券市场实行集中统一监督管理。国务院证券监督管理机构根据需要可以设立派出机构，按照授权履行监督管理职责。"虽然立法没有明确证券监督管理机构的具体名称，但毋庸置疑，目前现实中证券交易委员会及其设立的派出机构是我国的证券监督管理机构。不过立法的这种技术手法，为未来金融监管框架的调整留下了空间，更有弹性。

《证券法》第 178 条规定："国务院证券监督管理机构依法对证券市场实行监督管理，维护证券市场秩序，保障其合法运行。"《证券法（修订草案）》第 252 条对该条进行修改，规定："国务院证券监督管理机构依法对证券市场实行监督管理，维护证券市场公开、公平、公正，维护投资者合法权益，促进证券市场健康发展。"新修改增加了证券交易委员会维护证券市场"三公"和保护投资者合法权益的宗旨，更为周全。

二 证券监督管理机构的职权

《证券法》第 179 条就国务院证券监督管理机构对证券市场的监督管理职责作出了详细规定，《证券法（修订草案）》将该条规定细分为第 253 条和第 264 条。

（一）规则制定、审批注册核准权

《证券法》第 179 条规定，国务院证券监督管理机构"依法制定有关证券市场监督管理的规章、规则，并依法行使审批或者核准权"。近来，证券交易委员会根据市场化和简政放权的要求，放弃了大量不适应现实需要的项目，取消调整了大批行政审批项目，使有限的监管资源得到更合理的配置。根据注册制的发展趋势，《证券法（修订草案）》第 253 条将"审批或者核准权"调整为"审批、注册或者核准权"。《证券法》第 179 条还规定，国务院证券监督管理机构"依法制定从事证券业务人员的资格标准和行为准则，并监督实施"。

（二）证券市场行为的监督管理权

1. 证券发行、上市、交易、登记、存管、结算的监督管理

证券发行包括股票和债券发行。根据《证券法》第 17 条，公司债券发行由国务院授权的部门或者国务院证券监督管理机构进行核准。实践中，国务院授权的部门是国家发改委，可转换债券由国务院证券监督管理机构核准。

证券监督管理机构对股票发行的监管权主要体现在对公司股票发行的

核准权上，该项工作由发行审核委员会（简称"发审委"）完成。《证券法》第22条规定："国务院证券监督管理机构设发行审核委员会，依法审核股票发行申请。发行审核委员会由国务院证券监督管理机构的专业人员和所聘请的该机构外的有关专家组成，以投票方式对股票发行申请进行表决，提出审核意见。发行审核委员会的具体组成办法、组成人员任期、工作程序，由国务院证券监督管理机构规定。"《证券法》第23条规定："国务院证券监督管理机构依照法定条件负责核准股票发行申请。核准程序应当公开，依法接受监督。参与审核和核准股票发行申请的人员，不得与发行申请人有利害关系，不得直接或者间接接受发行申请人的馈赠，不得持有所核准的发行申请的股票，不得私下与发行申请人进行接触。国务院授权的部门对公司债券发行申请的核准，参照前两款的规定执行。"第228条还相应规定，违反法律规定的职责，必须依法追究其法律责任。

虽然除此之外实践中还就发审委委员规定了回避制度、考核制度和监督制度，但"王小石"事件使发审委判断的独立性和证券交易委员会的公信力面临前所未有的质疑。随着发行注册程序的明确，上述问题便不复存在。

推进股票发行注册制改革，其本质是以信息披露为中心，由市场参与各方对发行人的资产质量、投资价值作出判断，发挥市场在资源配置中的决定性作用。在与股票发行注册制改革方案相协调的基础上，《证券法（修订草案）》以公开发行在证券交易所上市交易的股票为主线，确立了股票发行注册的法律制度。

关于上市监管，《证券法》第48条规定："申请证券上市交易，应当向证券交易所提出申请，由证券交易所依法审核同意，并由双方签订上市协议。证券交易所根据国务院授权的部门的决定安排政府债券上市交易。"修订草案第63条增加了及时公告要求，规定："证券上市交易申请经证券交易所审核同意的，应当及时公告。"

证券发行、上市后，证券监督管理机构还要对证券的交易、登记、存管、结算等系列环节进行持续监管。

2. 信息披露的监督检查

信息披露是诚信原则的要求，更是公开原则的体现，是《证券法》的核心。因此，对信息披露的监督检查成为证券监督管理机构履行监管的基础性手段，要求信息披露要真实、准确、完整、及时。

信息披露分为发行信息披露和持续信息披露，发行信息披露包括《证券法》第 12 条规定的招股说明书和第 17 条规定的公司债券募集说明书。持续信息披露包括上市公告书、年度报告（第 66 条）、中期报告（第 65 条）、临时报告（第 67 条）和上市公司收购公告（第 86 条、第 89 条、第 100 条）。

《证券法（修订草案）》第 253 条将《证券法》第 179 条规定的"信息公开"改为"信息披露"，整个立法用词行文更为严谨、统一。尤其是，《证券法（修订草案）》为了突出信息披露的重要性，专门设立第 6 章，对信息披露的要求和形式作出更为详细的规定。例如，《证券法（修订草案）》第 141 条规定了季报要求，规定："上市公司、股票在国务院批准的其他证券交易场所公开交易的公司和债券公开交易的公司应当按照国务院证券监督管理机构和证券交易场所规定的内容和格式编制定期报告，并按照以下规定报送并公告：（一）在每一会计年度结束之日起四个月内，报送并公告年度报告，年度财务会计报告应当经符合本法规定的会计师事务所审计；（二）在每一会计年度的第三个月、第六个月、第九个月和该会计年度结束之日起一个月内，报送并公告季度报告。国务院证券监督管理机构可以对定期报告的报送和公告时间另行规定。"

（三）证券市场主体的监督管理

《证券法》第 179 条规定，国务院证券监督管理机构"依法对证券发行人、上市公司、证券公司、证券投资基金管理公司、证券服务机构、证券交易所、证券登记结算机构的证券业务活动，进行监督管理"，《证券法（修订草案）》第 253 条将其修改为"依法对证券发行人、公众公司、证券经营机构、证券服务机构、证券交易场所、证券登记结算机构的证券业务活动，进行监督管理"，将"证券公司、证券投资基金管理公司"合并为"证券经营机构"，将"证券交易所"改为"证券交易场所"，立法条文更趋简洁、严谨，而且为证券交易委员会监管新出现的其他形式的证券经营机构和证券交易场所预留空间。

（四）违法违规行为的查处

《证券法》第 179 条规定，国务院证券监督管理机构"依法对违反证券市场监督管理法律、行政法规的行为进行查处"，有关该权力的行使，详见随后有关监管方式和措施的分析。《证券法（修订草案）》第 253 条将该项规定修改为"依法对违反证券市场监督管理法律、行政法规及国务院证券监督管理机构规章、规则的行为进行查处",扩大了查处依据。

(五) 其他职责

《证券法》第 179 条规定,国务院证券监督管理机构"依法对证券业协会的活动进行指导和监督",《证券法(修订草案)》第 253 条将该项规定修改为"依法对证券业协会及其他市场组织的自律管理活动进行指导和监督";最后有一个兜底性条款,规定"法律、行政法规规定的其他职责"。此外,《证券法(修订草案)》第 253 条增加了一项职责——"依法开展投资者教育",并规定"国务院证券监督管理机构在调查违反证券市场监督管理法律、行政法规及国务院证券监督管理机构规章、规则的行为时,可以要求证券交易场所以及其他自律性组织给予协助"。

三 证券监督管理机构的监管方式与措施

《证券法》第 180 条规定了监管方式,包括现场检查,调查取证,询问,查阅、复制、封存,查询、冻结,查封,限制证券买卖等。具体规定如下:"国务院证券监督管理机构依法履行职责,有权采取下列措施:(一)对证券发行人、上市公司、证券公司、证券投资基金管理公司、证券服务机构、证券交易所、证券登记结算机构进行现场检查;(二)进入涉嫌违法行为发生场所调查取证;(三)询问当事人和与被调查事件有关的单位和个人,要求其对与被调查事件有关的事项作出说明;(四)查阅、复制与被调查事件有关的财产权登记、通讯记录等资料;(五)查阅、复制当事人和与被调查事件有关的单位和个人的证券交易记录、登记过户记录、财务会计资料及其他相关文件和资料;对可能被转移、隐匿或者毁损的文件和资料,可以予以封存;(六)查询当事人和与被调查事件有关的单位和个人的资金账户、证券账户和银行账户;对有证据证明已经或者可能转移或者隐匿违法资金、证券等涉案财产或者隐匿、伪造、毁损重要证据的,经国务院证券监督管理机构主要负责人批准,可以冻结或者查封;(七)在调查操纵证券市场、内幕交易等重大证券违法行为时,经国务院证券监督管理机构主要负责人批准,可以限制被调查事件当事人的证券买卖,但限制的期限不得超过十五个交易日;案情复杂的,可以延长十五个交易日。"《证券法(修订草案)》第 254 条将上述第 180 条规定的"措施"改为"方式",将现场检查的范围扩大到"持有公众公司百分之五以上股份的股东、实际控制人",增加了"扣押"方式,作了其他更加详细的修改，使立法体系更为严谨、科学。

查询、冻结、查封又称"准司法权"，人们对赋予证券交易委员会"准司法权"存在争议。为此，《证券法》对证券交易委员会准司法权的行使设置了多重制约，包括上述第 180 条第 6 款规定的"经国务院证券监督管理机构主要负责人批准"，第 181 条规定的"二人参与"，第 227 条第 2 款规定的违规行政处罚，等等。约束"准司法权"的行使，有利于减少公权力滥用。类似的，第 115 条还将限制交易的权力赋予证券交易所。

《证券法（修订草案）》第 255 条对"监管措施"赋予新的含义，与监管方式区别开来，系统罗列了监管措施。具体规定如下："国务院证券监督管理机构依法履行职责，可以在规章中规定下列监督管理措施：（一）责令改正；（二）监管谈话；（三）出具警示函；（四）责令公开说明；（五）责令参加培训；（六）责令定期报告；（七）暂不受理与行政许可有关的文件；（八）认定为不适当人选；（九）法律、行政法规规定的其他监督管理措施。"

四 证券监督管理机构监管权力的制约

如上所述，《证券法》还就监管权力的行使设置了制约制度。

（一）监管过程中应当承担的义务

1. 监管行为须符合程序规定

《证券法》第 181 条规定，监管人员例行监督检查职责时，除至少二人参与外，还须出示合法的证件和通知书。

2. 监管者的忠实、保密和兼职禁止义务

《证券法》第 182 条规定："国务院证券监督管理机构工作人员必须忠于职守，依法办事，公正廉洁，不得利用职务便利牟取不正当利益，不得泄露所知悉的有关单位和个人的商业秘密。"《证券法》第 187 条规定："国务院证券监督管理机构的人员不得在被监管的机构中任职。"《证券法（修订草案）》将上述两条规定合并为第 268 条，规定："国务院证券监督管理机构工作人员应当忠于职守，依法办事，公正廉洁，不得利用职务便利牟取不正当利益，不得泄露所知悉的有关单位和个人的商业秘密。国务院证券监督管理机构的人员不得在被监管的机构中任职。"

（二）监管规则和处罚的公开义务

《证券法》第 184 条规定："国务院证券监督管理机构依法制定的规

章、规则和监督管理工作制度应当公开。国务院证券监督管理机构依据调查结果,对证券违法行为作出的处罚决定,应当公开。"

(三) 移交司法机关的义务

《证券法》第 186 条规定:"国务院证券监督管理机构依法履行职责,发现证券违法行为涉嫌犯罪的,应当将案件移送司法机关处理。"

(四) 调解和建立诚信档案的义务

《证券法(修订草案)》第 260 条规定:"国务院证券监督管理机构对涉嫌违反证券法律的单位或者个人进行调查期间,被调查的当事人书面申请和解,作出主动说明并且纠正涉嫌违法行为,提出有关投资者损失赔偿以及消除损害或者不良影响的整改方案,符合条件的,国务院证券监督管理机构可以与被调查的当事人就其涉嫌违法行为达成和解协议。被调查的当事人履行和解协议的,国务院证券监督管理机构可以决定终止调查。前款规定的和解的具体实施办法,由国务院证券监督管理机构制定。"第 261 条规定:"国务院证券监督管理机构应当建立证券市场诚信档案,记录证券市场参与主体的诚信信息。具体办法由国务院证券监督管理机构制定。"

五 证券监督管理机构监管权力的保障

(一) 被监管者的配合、报告义务

《证券法》第 183 条规定:"国务院证券监督管理机构依法履行职责,被检查、调查的单位和个人应当配合,如实提供有关文件和资料,不得拒绝、阻碍和隐瞒"。第 230 条规定:"拒绝、阻碍证券监督管理机构及其工作人员依法行使监督检查、调查职权未使用暴力、威胁方法的,依法给予治安管理处罚。"《证券法(修订草案)》的相关责任规定更加详细,第 328 条规定:"拒绝提供或者隐瞒有关资料、信息,提供虚假资料、信息,隐匿、销毁、转移、泄露有关证据,或者有其他违反本法第二百五十七条的规定的行为的,由国务院证券监督管理机构给予警告,并处以十万元以上一百万元以下的罚款。构成违反治安管理行为的,由公安机关依法给予治安管理处罚。证券经营机构、证券服务机构违反本法第二百五十七条的规定,情节严重的,可以并处暂停相关业务活动或者撤销相关业务许可。对直接负责的主管人员和其他直接责任人员,可以并处撤销任职资格或者证券从业资格。"按照《证券法》第 231 条规定,被监管者违法构成妨碍公务罪的，还应追究刑事责任。

此外，《证券法（修订草案）》第259条规定："证券交易场所、证券登记结算机构依照规定需要向中国人民银行报送有关数据的，应当通过国务院证券监督管理机构报送。"第262条规定："证券经营机构、证券服务机构的从业人员在其从事的证券业务中发现涉嫌违反证券法律、行政法规行为的，应当及时向证券经营机构、证券服务机构的合规负责人报告。证券经营机构、证券服务机构及其合规负责人应当及时向国务院证券监督管理机构、证券交易场所报告。证券交易场所、证券登记结算机构及其从业人员发现证券发行与交易中涉嫌违反证券法律、行政法规以及国务院证券监督管理机构规章、规则行为的，应当及时向国务院证券监督管理机构报告"。

（二）信息共享机制

《证券法》第185条规定："国务院证券监督管理机构应当与国务院其他金融监督管理机构建立监督管理信息共享机制。国务院证券监督管理机构依法履行职责，进行监督检查或者调查时，有关部门应当予以配合。"《证券法（修订草案）》就信息共享和协作作出了更加详细的规定，第258规定："国务院证券监督管理机构与国务院有关部门应当建立监督管理信息共享机制以及协调合作机制。国务院证券监督管理机构依法履行职责，进行监督检查或者调查时，可以提请有关主管部门和单位提供与被调查事件有关的户籍资料、征信记录、出入境信息、社会保险记录、海关记录、纳税记录、工商资料等信息，有关部门和单位应当予以配合。"

（三）跨境监管合作机制

《证券法》第179条规定："国务院证券监督管理机构可以和其他国家或者地区的证券监督管理机构建立监督管理合作机制，实施跨境监督管理。"《证券法（修订草案）》第264条丰富了相关内容，将该规定修改为："国务院证券监督管理机构可以和其他国家或者地区的证券监督管理机构建立监督管理合作机制，在跨境监督管理中履行本法规定的职责，并可以采取本法规定的方式和措施。对于境外证券监督管理机构提出的协助请求，国务院证券监督管理机构进行相关调查后，收集的有关信息和证据可向境外证券监督管理机构提供，但依法应当保密的除外。未经国务院证券监督管理机构和国务院有关主管部门同意，任何单位和个人不得擅自向境外提供与证券业务活动有关的文件和资料。"

参 考 文 献

一 中文文献

1. 著作

［1］张路：《诚信法初论》，法律出版社2013年版。

［2］张路：《从金融危机审视华尔街改革与消费者保护法》，法律出版社2011年版。

［3］柴松霞、张路：《庞氏骗局的法律分析》，法律出版社2013年版。

［4］胡光志：《内幕交易及其法律控制研究》，法律出版社2002年版。

［5］王旸：《金融衍生工具法律制度研究——以场外衍生工具为中心》，群众出版社2008年版。

［6］刘俊海：《公司的社会责任》，法律出版社1999年版。

［7］刘俊海：《中国资本市场法治前沿》，北京大学出版社2012年版。

［8］罗培新、卢文道等：《最新证券法解读》，北京大学出版社2006年版。

［9］李飞主编：《中华人民共和国证券法（修订）释义》，法律出版社2005年版。

［10］赖英照：《最新证券交易法解析》，中国政法大学出版社2006年版。

2. 译著

［11］［美］阿道夫·伯利、加德纳·米恩斯：《现代公司与私有财

产》，甘华鸣等译，商务印书馆2005年版。

[12][美]路易斯·罗思、[美]乔尔·赛里格曼：《美国证券监管法基础》，张路等译，法律出版社2008年版。

[13][美]约翰·科菲：《看门人机制：市场中介与公司治理》，黄辉、王长河等译，北京大学出版社2011年版。

3. 学位论文

[14]张路：《投资银行诚信责任比较研究》，博士学位论文，武汉大学，2004年。

[15]彭景：《美国证券市场"看门人理论"在我国的移植效应研究》，博士学位论文，对外经济贸易大学，2013年。

4. 一般论文

[16]郭雳：《注册制改革应把握重点、有序推进》，载桂敏杰总编《证券法苑》第十二卷，法律出版社2014年版。

[17]张路：《公司治理中的权力配置模式再认识》，《法学论坛》2015年第5期。

[18]傅穹、曹理：《禁止内幕交易立法理念转换及其体系效应——从反欺诈到市场诚信》，《法律科学》2013年第6期。

[19]李清池：《美国的公司法研究：传统、革命与展望》，《中外法学》2008年第2期。

[20]赵渊：《"董事会中心说"与"股东中心说"：现代美国公司治理学说之辩》，《比较法研究》2009年第4期。

[21]肖中华、马渊杰：《内幕交易、泄露内幕信息罪认定的若干问题》，《贵州大学学报》（社会科学版）2013年第1期。

[22]赵旭东：《内幕交易民事责任的价值平衡与规则互补》，《比较法研究》2014年第2期。

[23]闻志强：《我国内幕交易罪刑法规制的困境与应对分析》，《行政与法》2015年第6期。

[24]叶林、钟维：《核心规制与延伸监管：我国期货法调整范围之界定》，《法学杂志》2015年第5期。

[25]叶林：《关于股票发行注册制的思考——依循"证券法修订草案"路线图展开》，《法律适用》2015年第8期。

[26]邢天才等：《场外金融衍生品监管改革的国际比较》，《生产力

研究》2014年第9期。

[27] 鲍晓晔:《论场外衍生品交易商审慎监管制度的构建》,《南方金融》2015年第5期。

[28] 李燕、杨淦:《美国法上的IPO"注册制":起源、构造与论证——兼论我国注册制改革的移植与创生》,《比较法研究》2014年第6期。

[29] 董华春:《期货市场中最大的毒瘤——对操纵期货市场价格行为的认定和处罚》,《金融法苑》2001年第6期。

[30] 黄韬:《存款还是证券》,载桂敏杰总编《证券法苑》第九卷,法律出版社2013年版。

[31] 上海证券交易所法律部:《资本市场建设需要进一步弘扬法治精神》,载桂敏杰总编《证券法苑》第八卷,法律出版社2013年版。

[32] 钟维:《期货市场内幕交易:理论阐释与比较法分析》,《广东社会科学》2015年第4期。

[33] 曾颜璋:《董事会中心主义阶段公司权力异化与对策的法学分析》,《法学杂志》2009年第6期。

[34] 吴防昱:《我国证券内幕交易主体之理论解读与规则构建》,《政治与法律》2015年第7期。

[35] 彭冰:《信息披露是注册制的核心》,《证券法苑》2014年第十二卷。

[36] 彭冰:《非法集资活动的刑法规制》,《清华法学》2009年第3期。

[37] 朱慈蕴、沈朝晖:《类别股与中国公司法的演进》,《中国社会科学》2013年第9期。

[38] 鲍晓晔:《我国场外衍生品市场监管模式的困境与改革》,《求索》2015年第11期。

[39] 黄辉:《中国证券虚假陈述民事赔偿制度:实证分析与政策建议》,载桂敏杰总编《证券法苑》第九卷,法律出版社2013年版。

[40] 中国社会科学院课题组:《证券法律责任制度完善研究》,载桂敏杰总编《证券法苑》第十卷,法律出版社2014年版。

[41] 张子学:《雇员证券违法引致的证券机构行政法律责任》,载桂敏杰总编《证券法苑》第九卷,法律出版社2014年版。

[42] 蒋大兴：《隐退中的"权力型"证券交易委员会——注册制改革与证券监管权之建构》，《法学评论》2014 年第 2 期。

[43] 沈朝晖：《流行的误解："注册制"与"核准制"辨析》，《证券市场导刊》2011 年第 9 期。

[44] 陈甦、陈洁：《证券法的功效分析与重构思路》，《环球法律评论》2012 年第 5 期。

[45] 李文莉：《证券发行注册制改革：法理基础与实现路径》，《法商研究》2014 年第 5 期。

[46] 胡启忠：《金融刑法立罪逻辑论——以金融刑法修正为例》，《中国法学》2009 年第 6 期。

[47] 杨东、刘磊：《论我国股权众筹监管的困局与出路》，《中国政法大学学报》2015 年第 3 期。

[48] 杨东：《论金融衍生品消费者保护的统合法规制》，《比较法研究》2011 年第 5 期。

[49] 胡光志：《反内幕交易法的公平性基础》，《现代法学》2002 年第 4 期。

[50] 胡光志：《反内幕交易法律制度的经济根源》，《现代法学》2001 年第 6 期。

[51] 姜宇：《衍生品市场的法逻辑》，《陕西行政学院学报》2016 年第 1 期。

[52] 郭斐然：《阿里巴巴最大的成功是合伙人的成功》，求是网，2014 年 9 月 29 日。

[53] 肖百灵：《证券发行注册豁免制度前瞻》，《证券市场导报》2014 年第 6 期。

[54] 李炜、李婉丽：《市场中介与公司治理：重构"看门人"制度框架》，《湖北社会科学》2015 年第 10 期。

[55] 蔡崇信：《阿里巴巴为什么推出合伙人制度》，中国证券网，2013 年 9 月 27 日。

[56] 刘峰：《从信托义务理论到盗用信息理论：美国内幕交易监管经验与启示》，《社会科学研究》2012 年第 3 期。

[57] 杨狄：《上市公司股权结构创新问题研究》，《现代经济探讨》2014 年第 2 期。

[58]《马云释疑为何选择合伙人制度：没有人是完美的》，中国企业家网，2014 年 5 月 22 日。

二 外文文献

1. 著作

[59] Tamar Frankel, *Fiduciary Law*, New York: Oxford University Press, 2011.

[60] Stephen M. Bainbridge ed., *An Overview of Insider Trading Law and Policy: An Introduction to the Insider Trading Research Handbook*, Northampton: Edward Elgar Publishing Ltd., 2013.

[61] Philip McBride Johnson and Thomas Lee Hazen, *Derivatives Regulation*, New York: Aspen Publishers, 2004.

2. 论文

[62] Donald C. Langevoort, "Fine Distributions in the Contemporary Law of Insider Trading", *Columbia Business Law Review*, 2013.

[63] Roberta Romano, *Is Regulatory Competition a Problem or Irrelevant for Corporate Governance?* Yale Univ. Int'l Ctr. For Fin., Working Paper No. 02-05, 2005, available at http://papers.ssrn.com/sol3/papers.cfm?abstract_id=693484.

[64] Margaret M. Blair, "Reforming Corporate Governance: What History Can Teach Us", *Berkeley Bus. L. Rev.*, Vol. 1, 2004.

[65] David Kershaw, "The Path of Corporate Fiduciary Law", *NYU Journal of Law and Business*, Vol. 8, 2012.

[66] Thomas A. Smith, "The Efficient Norm for Corporate Law: A Neotraditional Interpretation of Fiduciary Duty", *Michigan Law Review*, Vol. 98, 1999.

[67] Stephen M. Bainbridge, "Director Primacy and Shareholder Disempowerment", *Harvard Law Review*, Vol. 119, 2005-2006.

[68] Stephen M. Bainbridge, "The Board of Directors as Nexus of Contracts", *Iowa L. Rev.*, Vol. 88, 2002.

[69] Stephen M. Bainbridge, "Directors Primacy: The Means and Ends of Corporate Governance", *Nw. U. L. Rev.*, Vol. 97, 2003.

[70] Stephen M. Bainbridge, "Directors Primacy in Corporate Takeovers: Preliminary Reflections", *Stan. L. Rev.*, Vol. 55, 2002.

[71] Jerry W. Markham, "Fiduciary Duties under the Commodity Exchange Act", *Notre Dame Law Review*, Vol. 68, 1992.

[72] Margaret Blair & Lynn Stout, "A Team Production of Corporate Law", *Virginia Law Review*, Vol. 85, 1999.

[73] Yesha Yadav, "Insider Trading in Derivatives Markets", *The Geogetown Law Journal*, Vol. 103, 2015.

[74] René Reich - Graefe, "Deconstructing Corporate Governane: Absolute Director Primacy", *Brook. J. Corp. Fin. & Com. L.*, Vol. 5, 2011.

[75] Martin Gelter and Geneviève Helleringer, "Constituency Directors and Corporate Fiduciary Duties", in Andrew Gold & Paul Miller eds., *The Philosophical Foundations of Fiduciary Law*, New York: Oxford University Press, 2014.

[76] Dallas, L., "Two Models of Corporate Governance: Beyond Berle and Means", *J. of Law Reform*, Vol. 22, 1988.

[77] Stepehn Bottomley, "From Contractualism to Constitutionalism", *Sydney Law Review*, Vol. 19, 1997.

[78] Michael P. Dooley, "Two Models of Corporate Governance", *The Business Lawyer*, Vol. 47, 1992.

[79] Tamar Frankel, "Fiduciary Law", *Calif. L. Rev.*, Vol. 71, 1983.

[80] Marcel Kahan & Edward Rock, "Symbiotic Federalism and the Structure of Corporate Law", *Vanderbilt Law Review*, Vol. 58, 2005.

[81] Larry E. Ribstein, "Partnership Governance of Large Firms", *The University of Chicago Law Review*, Vol. 76, 2009.

[82] Joan MacLeod Heminway, "How Congress Killed Investment Crowdfunding: A Tale of Political Pressure, Hasty Decisions, and Inexpert Judgments That Begs for a Happy Ending", *Kentucky Law Journal*, Vol. 102, 2013-2014.

[83] Jorge Pesok, "Insider Trading: No Longer Reserved for Insiders", *Fla. St. U. Bus. Rev.*, Vol. 14, 2015.

[84] Margot Priest, "The Privatization of Regulation: Five Models of Self-

Regulation", *Ottawa Law Review*, Vol. 2, 1997-1998.

[85] Saule T. Omarova, "Wall Street as Community of Fate: Toward Financial Industry Self – Regulation", *University of Pennsylvania Law Review*, Vol. 159, 2011.

[86] Matthew P. Allen, "A Lesson from History, Roosevelt to Obama – The Evolution of Broker-Dealer Regulation: From Self-Regulation, Arbitration, and Suitability to Federal Regulation, Litigation, and Fiduciary Duty", *Entrepreneurial Business Law Journal*, Vol. 1, 2010.

[87] Susanna Kim Ripken, "The Dangers and Drawbacks of the Disclosure Antidote: Toward a More Substantive Approach to Securities Regulation", *Baylor Law Review*, Vol. 58, No. 1, 2006.

[88] Lisa L. Casey, *Enforcing Fiduciary Duties Through Criminal Prosecution of Honest Services Feaud*, Notre Dame Law School Legal Studies Research Paper No. 09-27, http://ssrn.com/abstract=1420082.

[89] Michelle V. Barone, "Honest Services Fraud: Construing the Contours of Section 1346 in the Corporate Realm", *Delaware Journal of Corporate Law*, Vol. 38, 2013.

[90] Frank Partnoy, "Barbarians at the Gatekeepers? A Proposal for a Modified Strict Liability Regime", *Washington University Law Quarterly*, Vol. 79, 2001.

[91] Joan MacLeod Heminway, "The Best of Times, the Worst of Times: Securities Regulation Scholarship and Teaching in the Global Financial Crisis", *J. Bus. & Tech. L.*, Vol. 5, 2010.

[92] Susanna Kim Ripken, "Paternalism and Securities Regulation", *Stanford Journal of Law, Business & Finance*, Vol.21, 2015.

[93] Ronald J. Colombo, "Merit Regulation Via The Suitability Rules", *J. Int'l Bus. & L.*, Vol. 12, 2013.

[94] Onnig H. Dombalagian, "Self and Self-Regulation: Resolving the SRO Identity Crisis", *Brook. J. Corp. Fin. & Com. L.*, Vol. 1, 2007.

后　　记

本书是我一次新的尝试，是我倡导的中文语境和中国法治语境下"诚信法"的具体应用。本书按照我提出的公司治理双重权力模式展开分析，围绕公司治理私权力与公权力之间的转换，打通了公司法和证券法的连接点，进一步明确公司法本质上属于任意性规范的性质，展示证券法对合同法、侵权法和公司法的继承与发扬关系。最终，本书依据诚信原则，对《证券法》展开逐条解释，当然这项工作有待进一步追踪《证券法》修订进程继续进行。

本书作为教育部人文社会科学研究规划项目"资本市场诚信法律制度建设研究"（批准号：13YJA820069）的研究成果，感谢教育部的支持。感谢重庆大学法学院黄锡生院长，他主持规划的重庆大学法学院系列丛书将本书纳入其中。感谢重庆大学法学院的同仁与我并肩战斗。

感谢我的父母，感谢他们的养育之恩，虽然他们是农民，不会欣赏儿子的作品，更不会欣赏儿子从事科研、著书立说历经的艰辛。

感谢天津财经大学，感谢天津财经大学张嘉兴校长给我的人文关怀和大力支持，也感谢我以前一起奋斗的法学院同事们。

感谢本书所引各种文献的作者们，谢谢他们的资料支撑。当然，本书所引一切资料均以支持我自己的观点为目的，绝无重复、抄袭、剽窃他人学术观点和成果之意。故此，文中纰缪（如有），概由我本人负责。

最后，感谢中国社会科学出版社梁剑琴女士为本书出版提供的专业指导。

张　路
2016 年 9 月 10 日
于重庆大学虎溪花园